轻刑化趋势的
一体化考察

付 强◎著

The Research on the Trend of
Moderation of Penalty under the
Category of Criminal Integration Concept

中国政法大学出版社

2018·北京

图书在版编目（ＣＩＰ）数据

轻刑化趋势的一体化考察/付强著.—北京：中国政法大学出版社，2018.4
ISBN 978-7-5620-8201-9

Ⅰ.①轻… Ⅱ.①付… Ⅲ.①刑法－研究－中国 Ⅳ.①D924.04

中国版本图书馆CIP数据核字(2018)第064015号

出 版 者　中国政法大学出版社
地　　址　北京市海淀区西土城路 25 号
邮寄地址　北京 100088 信箱 8034 分箱　邮编 100088
网　　址　http://www.cuplpress.com（网络实名：中国政法大学出版社）
电　　话　010-58908289(编辑部) 58908334(邮购部)
承　　印　固安华明印业有限公司
开　　本　880mm×1230mm　1/32
印　　张　8.75
字　　数　215 千字
版　　次　2018 年 4 月第 1 版
印　　次　2018 年 4 月第 1 次印刷
定　　价　38.00 元

前 言

一、轻刑化的当代命题

轻刑化是刑事法律发展的国际性趋势，是一种发展方向，指的是所有的刑事制裁手段都要趋向于缓和与宽松。轻刑化的改革符合国际人道主义精神的内涵，是刑法谦抑性的本质要求，也是法治乃至整个人类社会文明和进步的重要体现。轻刑化理念符合世界主要国家刑事政策的总体趋势：在西方，"轻轻重重"的两极化刑事政策强调两极分化：对于轻罪，更加轻处；对于重罪，也必须在总体刑罚趋缓的前提下，处罚更加严格。在我国，宽严相济的刑事政策是在对我国"承办与宽大相结合"刑事政策的扬弃，以及在对严打政策的深刻反思下，提出的指导当代中国刑事法治领域的基本刑事政策。宽严相济刑事政策虽然坚持宽严互补，区别对待，但并非强调宽严并重，而是在确保对个别严重刑事犯罪保持高压态势的前提下，对数量占绝大多数的轻罪案件采取更宽缓的刑事政策，用今日之宽来弥补和修正过去之严。同时，即便是严，也要强调宽的相济，摒弃所谓的不加区分一律从严的不科学做法，做到严中有宽。宽严相济刑事政策为中国推进轻刑化提供了良好的制度环境，轻刑化必将在宽严相济的助推下迎来改革的春天。

轻刑化不论在西方国家还是我国，虽被明确确定为一个改革的概念和方向时间不长，但它的实践却从未停歇，甚至是伴随着人类社会发展的整个历史。可以说，近现代刑事法治发展的历史是一个从重到轻、从残忍严酷到文明宽容、从刑主民辅到大民法小刑法的历程。因此，轻刑化是贯穿整个立法的一条主线，也是理解和预判未来发展趋势的一把钥匙。在这个意义上看，是否符合轻刑化趋势已经逐渐成为判断一个民族或者国家刑事法治以及整个社会文明和进步与否的重要标志。通过全面梳理各国轻刑化发展的脉络，可以总结并分析出各国推动轻刑化改革中的利弊得失，为当代中国轻刑化的实践提供有益的参考。

二、轻刑化的中国话语

轻刑化思想来源于西方社会，从西方启蒙主义运动到新社会防卫论，轻刑化思想不断发展完善并臻于成熟。其实，我国自古以来就具有轻刑化的一切思想基础。古代中国的轻刑化元素主要体现在"明德慎罚"的思想和对残酷肉刑的约束适用这两个方面：一是"明德慎罚"的思想，这是中国奴隶制时期刑事立法的一个基本原则。西周的"明德慎罚"思想是我国法律史上的宝贵财富，对往后的各朝各代都产生了深远的影响，这在汉唐时期体现得尤为明显。二是对残酷肉刑的约束适用，即"从轻处罚"的思想，这是轻刑化的重要表现。轻"刑"，就是对"罪"犯论罪定刑，从轻科罚，以防重刑的滥用。这种从轻处罚的思想，不仅在当时深得民心，且有效地避免了冤案发生后造成无法挽回的后果，而且也起到了缓和当时社会矛盾的作用。因此，在中国法律史上，"明德慎罚"和"从轻处罚"的思想可以说是我国轻刑元素的主要表现形式。其中最有代表性的理论是"刑罚世轻世重"，即根据各个时期政治社会形势的变化来衡量各种犯罪的社会危害程度，判处相应不同的刑罚，在顺应形势发展的前提下，尽可能做到罪刑相适应。但是，"盛世用重典"的思想一直有着较为悠久的历史，而且在封建时期经久不衰。即使在当下，由于我国处于极速的社会转型时期，各种社会矛盾较为尖锐和突出，以至于重刑主义的思想仍有一定的抬头迹象。然而，重刑主义未必是最有效的社会治理方式和刑事政策的应然方向，反而，合理的轻刑化才是极为必要的，是对重刑主义的纠偏，是对国家治理能力和治理体系现代化的体现。

而且，除慎刑、轻刑、减少酷刑、反对酷刑滥用之外，我国传统法制史上还有如下几个原则或制度体现了刑法的轻刑化元素：一是"亲亲得相首匿"。"亲亲得相首匿"是汉代刑罚适用原则之一，指亲属之间可以相互隐瞒犯罪行为，不予告发和作证。这是合乎父子之情、夫妇之道的，对这种行为，法律不应追究。该规定是对儒家所提倡的家族道德的一种维护。其来源于孔子宣扬的"父为子隐，子为父隐，直在其中矣"。从"亲亲"和"尊尊"的封建伦理纲常到儒家提倡的"亲亲相隐"原则，最终至唐代形成了完整的同居相为隐制度，这项看似悖谬的法律原则还充分体现了刑法对于人性的尊重。二是"存留养亲"制度。它是指对于犯死刑、流刑等重刑犯，如果该罪犯家中有需要其赡养的直系血亲，则准许死刑犯在家"侍亲缓刑"，准许流刑犯在家"权留养亲"，等到被奉养人去世后，再令罪犯服刑的制度。"存留养亲"制度从北魏时期开始，到唐朝时期定型完善，一直延续到明清，经历了千年之久。该制度具有缓刑的性质，在一定程度上有利于罪犯的改造和感化，有利于维护社会与家庭的稳定。三是"赦"或"勿论"的规定。在我国各个朝代的刑法条文中都有"赦"或"勿论"等不以犯罪论处的规定，例如《唐律》中所规定的类似于现代刑法中的正当防卫制度，也表明古代立法者在一定程度上对刑罚的发动予以限制。四是"赎刑"制度。主要是指允许罪犯通过缴纳一定数量的财产或通过其他方式来代替原判刑罚。这种具有替代刑性质的刑罚执行方法发展至唐朝时开始趋于成熟，并为后来多朝刑法所继承。这种替代刑罚制度至少从两个方面体现了轻刑化思想：其一，对老、幼、妇、残的适用体现了刑法对弱势群体的关注以及我国古代刑法的人道性；其二，对过失犯罪等轻微罪行的适用，有利于避免轻刑犯与重刑犯在共同关押的过程中出现"白沙再净，仍与之俱黑"的情况，从而有利于罪犯的改造。尽管各个朝代对"赎刑"的规定不尽相同，但一般都对其适用对象及适用条件予以严格限制。

但是，在我国漫长的封建社会时期中，上述这些轻刑化的思想、主张以及相应的立法、司法实践与中国古代几千年的重刑主义相比，不过是沧海一粟，即使曾对社会文明的发展起到了一定的作用，但并无法从根本上改变古代刑罚残酷严苛的事实。因此，轻刑化的思想从未真正成为中国刑法文明核心思想。

　　然而，新中国成立后，尤其是改革开放以来，轻刑化思想迎来了新的春天，并在中国的刑事法治体系内扎根成长。简言之：一是轻刑化是当下的刑事法治理念。相比于我国传统封建社会的轻刑化思想，新中国成立后的轻刑化理念是以西方近现代形成的轻刑化思想为基础，同时结合国情而形成的。因此，两种轻刑化的社会制度性质存在根本差异，二者的具体主张也存在功能和价值的根本差异。从近现代的刑法变革看，轻刑化是刑事法治体系与结构不断趋于优化的内在要求，有助于更好地保障人权和惩治犯罪，因此，当下中国的轻刑化话语背景完全是独立自主的，而且是符合依法治国基本理念的，是刑事法治不断追求完善的体现。二是理论研究日趋繁荣。从中国知网看，以"轻刑化"或"轻缓化"为主题收录的论文近千篇，具体涉及轻刑化的域外考虑与轻刑化的思想根源、理论基础、现实条件、价值与意义、类型或实践样态，轻刑化的中国化路径、方式、策略以及政策导向等问题。因此，在如此繁荣的理论研究的基础上，轻刑化的中国实践有了更为扎实的科学理论指导。三是刑事司法改革稳步推进，不断贯彻和落实轻刑化理念。在刑事立法日渐完备的基础上，同时由于社会治安形势与犯罪形式的不断变化，刑事司法改革始终处于进行中的状态。其中，以轻刑化为导向的刑事司法改革不断推进，不仅极大地推动了轻刑化的理念的中国化进程，同时也有效地解决了刑事司法活动中的一系列问题。从这些年的刑事司法改革来看，死刑改革稳步推进，死刑废除的力度很大，限制死刑适用的效果显著，刑罚体系改革不断强化，调整重刑结构的努力和尝试未曾中断，完善自由刑结构，合理限制无期徒刑和缩短有期徒刑，改革拘役刑和调整管制刑，不断扩大财产刑与资格刑的适用范围，扩充非监禁刑及其适用范围，改革财产刑，增设社区服务，强化行刑社会化，引进恢复性司法制度和规定刑事和解制度，废除劳动教养制度和调整刑法体系，强化对严重犯罪的查处，努力提高破案率，提倡轻罪案件快速审结、职务犯罪轻刑化的合理运用，等等[1]。因此，轻刑化理念已经从构想阶段转入实践的阶段，这使得轻刑化理念的中国化进程更为可靠和有效。

与此同时，在强化轻刑化的研究与改革之际，与轻刑化理念相关的配套措施也在如火如荼地付诸实践。其中，以下几点显得尤为突出：一是犯罪学学科的发展，犯罪学是讨论轻刑化的事实基础，为轻刑化提供经验层面的支持，是轻刑化最终获得有效性的重要保障。二是《宪法》规定了"人权保障"的基本内容，这使得轻刑化与我国的宪政建设息息相关。在此基础上，2012年《刑事诉讼法》同时也明确增补了"人权保障"的规定，这使得轻刑化的当代价值与意义更为

---

〔1〕 参见黄华生：《论刑罚轻缓化》，中国政法大学 2004 年博士学位论文，第 1 页；李震：《论刑罚轻缓化》，山东大学 2008 年博士学位论文，第 1 页。

突出。三是自十八大以来，尤其是党的十八届三中全会后，党和国家的政治体制改革、经济体制改革以及文化体制改革不断深入，轻刑化改革及其实践的政治基础、经济基础、文化基础更为扎实。四是党的十八届四中全会后，全面推进依法治国已经成为法治国家的未来图景，并且刚刚结束的党的十九大专门成立了中央全面依法治国领导小组，从而为依法治国提供了强有力的政治保障，这些都使得轻刑化迎来了前所未有的法治契机，在此背景下，轻刑化与依法治国的进程紧密联系在一起。总之，我国当前的轻刑化改革与党和国家的全面改革开放、全面推进依法治国紧密联系在一起，是刑事司法体制改革、刑事司法制度建设以及刑事法治体系完善的重要组成部分。

三、轻刑化的中国样态与改革

当下，中国轻刑化在宽严相济刑事政策的背景下取得了快速的发展。宽严相济刑事政策自 2005 年提出以来，已经运行了十几年，它的正面效果明显并主要体现在以下方面：①在理论上，关于宽严相济的研究成果颇丰，仅在知网上以"宽严相济"为关键词查询论文就高达 30 585 篇；②在立法上，《刑法修正案（八）》《刑法修正案（九）》《刑法修正案（十）》陆续颁布，刑诉法、民诉法相继修改，其中都蕴含了宽严相济的精神；③在司法上，除最高人民法院和最高人民检察院分别颁布的贯彻落实宽严相济刑事政策的总指导性文件外，还有最高人民法院、最高人民检察院等单独或者联合颁布的多个司法解释，而且，各地司法机关也都充分发挥能动性，开展了轰轰烈烈的司法改革探索与实践，为宽严相济刑事政策的真正落实起到了重要的推动作用。其中，轻刑化因素是深入落实宽严相济的主要方面和有效形式，这些成果同时也是当代中国轻刑化的改革成果。因此，通过整体分析这些内容，对于帮助我们进一步厘清轻刑化发展思路有着更为直接和正面的促进作用。

虽然轻刑化在我国取得了可喜的成绩，但也是问题丛生。简言之：①在观念层面，屡屡曝光的恶性案件一次次地激起国人朴素的复仇情绪，也使决策者对重刑治国的理念仍有所留恋；②在现实层面，转型时期矛盾凸显，发案数量持续增加，社会治理能力低下，都使得刑罚特别是重罚的威慑力和对犯罪的抑制作用有相当的存在空间，决策者也始终不能毫无顾忌地明确宣示和强力推行轻刑化改革；③在制度层面，传统的"小刑法"体系，已使刑罚的作用范围受到极大限制，如果再全面推行轻刑化势必影响到其作用的发挥，不免导致刑事立法与刑事司法之间因各自需要发生冲突；④在实践层面，"维稳"的压力继续存在，诉讼案件的爆炸式增长带来工作量的不断攀升，轻刑化后的如非羁押、非监禁的正确执行、各项考核指标的限制等配套改革到位不及时，这些使得轻刑化在实践中总是心有余而力不足。

轻刑化是刑事法治发展的必然趋势，党的十八大也进一步明确了追求法治文明的奋斗目标。我们必须顺应这个发展潮流，不能裹足不前或只是小步慢走，要以先进的法治理念为指引，在新的平台上迈出更大的步子，推进轻刑化的根本性变革，具体来说体现在以下方面：①要构建"大刑法"体系，将社会治安管理处罚法和原劳动教养的规定及其包括的部分行为予以"刑法化"，纳入司法审查体系，建立统一的、全面的刑事法体系；②要推动刑事程序制度的改革，从侦查、审查起诉、审判阶段等环节进行分流，完善非羁押保障措施的改革，改革犯罪附随后果，优化司法绩效考核，警惕职务犯罪的轻刑化。

在此基础上，应当重点从实体法和程序法两方面推进轻刑化改革，并辅以其他的改革，具体而言体现在以下方面：①在实体法层面，对犯罪进行分层，区分重罪、轻罪、轻微罪；细化罪名标准，对各层级罪名的界限做出进一步界定；建立层级分明、阶梯连续、轻重有别的统一刑罚制裁体系，分别对应不同程度的犯罪行为；立法上，增加或者细化罪名，严密刑事法网；司法上，提高侦破能力，避免选择性执法，确保有罪必罚，改变"为了避免处罚漏洞而转由加大处罚力度以增强威慑力"的不当做法。②在程序法层面，为应对扩大犯罪圈、增加非羁押措施等带来的工作量剧增的压力，对诉讼案件进行繁简分流，对诉讼程序进行繁简分类，做到重点突出、详略得当。③此外，还要研究配套制度改革，为大量非羁押、非监禁措施的正确运用提供可靠的保障。④其他方面，为确保轻刑化的顺利实施，还必须对两方面工作着手进行改革：一个是司法管理方式的改革。当前普遍存在于司法机关内部的考核机制，虽然对司法工作发挥了一定程度的引导和监督的正面作用，但对于发挥司法能动性、贯彻轻刑化先进理念，却成了桎梏。必须进一步改革考核方式，为司法实践中推进轻刑化改革提供良好的制度环境。另一个就是刑罚附随后果体系的重构。当前受"小刑法"的影响，触犯刑律被视为非常严重的行为，以至于除了遭受刑罚惩罚外，还要受到其他法律（如公司法、公务员法等）的制裁，不仅本人受到耻辱，个人发展受到制约，而且其家人和亲朋好友的名誉也要受到损害，另外直系亲属的就业、升学、入伍等也要遭受牵连。在实践中，一旦涉嫌犯罪，将对罪犯本人及周围人带来极为严重的连锁负面反应。因此，要建立"大刑法"以实现轻刑化，必须贯彻比例原则和罪刑相适应原则，重新梳理建立更为科学和适当的刑罚附随后果体系，避免因犯罪圈扩大而带来犯罪标签效应的泛滥之势，降低轻刑化实施后的负面效应。

轻刑化改革是一个更为宏大的整体性概念，包含实体、程序、执行等多个层面，涉及立法，更关涉司法，当然还有理论研究层面的探讨。单纯在某个方面推行轻刑化都是不完整的，也是无法单独实现的。因此，必须采用一体化（整体）的研究思路，通过全方位、多角度的立体式研究方式，完整、全面地考虑轻刑化战略，统筹兼顾、协调推进，才能顺利推进轻刑化，实现轻刑化既定的发展目标。

基于此，应当积极采用刑事一体化的研究方式，通过界定轻刑、轻刑化、轻罪刑事政策、重刑主义、宽严相济刑事政策等相关概念，进一步明确轻刑化的研究主题。通过对国内外轻刑化发展态势的认真考察，回顾和反思当代中国宽严相济背景下和轻刑化实践的基础上，提出中国轻刑化发展的改革思路，即在构建统一"大刑法"的基础上，通过犯罪分层，区分不同程度的犯罪，并进一步厘清各层级犯罪的界限，

然后构建与之相对应的总体趋缓的科学刑罚体系。为保障这
一思路的顺利实现，我们还需要排除相应的障碍：防止因处
罚漏洞而带来的单纯依靠增加刑罚量增大威慑力的不当做法，
因而要严密法网、有罪必罚；防止因扩大处罚犯罪而给司法
机关带来的巨大负担，因而要推行案件分类、程序分流；防
止因现实实施存在障碍而影响非羁押措施的应用，因而要进
一步完善非羁押执行制度和实施，扩大社会组织的参与程度；
防止因公检法内部考核机制的不科学而阻碍轻刑化的正确贯
彻，因而要改革考核方式，建立更为科学的司法管理机制；
防止因犯罪圈扩大而引起犯罪标签效应泛滥的严重后果，因
而要建立科学合理的犯罪附随后果体系。

　　推进轻刑化的前途是光明的，但是，任重而道远。然而，
只要在确立正确的发展战略基础上，科学谋划实施方案，妥
善解决可能遇到的阻力和障碍，中国的"轻刑化"一定能够
稳步推进，轻刑的目标也会在不久的将来分步实现，并助推
和谐社会与法治社会的全面实现[1]。

---

　　〔1〕　参见惠晓梅：《实行刑罚轻刑化之我见》，载《实事求是》2009年第3
期。

轻刑化的基本理论

第一章

CHAPTER 1

　　任何一个问题的厘清都离不开基本概念的探讨，它是研究整个问题的基础。轻刑化作为当代刑事法律制度研究的特点话题，本身就是一个复杂的概念体系。而且，概念之间也存在千丝万缕的联系。比如，轻刑、轻刑化、轻刑化与重刑化、轻刑化与宽严相济刑事政策等概念容易混淆，应当区分。基于此，应当从基本概念入手，将轻刑化概念与其他相似概念区分开来，从而明确轻刑化的内涵。轻刑化主要是指一种发展的趋势，即刑罚不断轻缓和缓和的发展态势，它彻底抛弃了报应论的因果循环，让刑罚回归到人权和法治文明的轨道。因此，轻刑化是必须采用一体化的研究方式，予以整体推进。

一、相关概念的关系界定

　　概念，思维的基本形式之一，反映客观事物一般的、本质的特征。人类在认识过程中，把所感觉到的事物的共同特点抽出来，加以概括，就成为概念。[1] 概念具有高度的凝练特征，但却包括了事物的最主要因素，是事物为外界所认识的主要载体。对于法学这一学科而言，概念具有更加特殊而重要的意义。法学是由无数个相关概念组合的科学，对客观存在的世界进行

---

　　[1] 中国社会科学院语言研究所词典编辑室编：《现代汉语词典》（第6版），商务印书馆2012年版，第418页。

切分和模式化，用具体的"模具"即概念加以描述。探讨法学问题，当然也包括刑法学问题，必须首先对研究的问题本身进行准确的概念界定，其次才能为接下来的研究范围、研究对象、研究方法等提供必要的前提。关系，是事物之间相互作用、相互影响的状态。[1] 关系和概念二者之间的"关系"是十分密切的，因为只有界定了概念，才是划分了范围，才能谈其与其他概念的关系；也只有把概念与其他关涉概念的关系厘清了，才能真正把概念界定准确。因此，关于轻刑化问题的讨论，必须从基础的概念和关系入手，将基本的平台搭建好，为接下来的深入研究提供必要的支撑。

（一）轻刑化的概念

轻刑或者轻刑化，毫无疑问，它是一个刑法学概念，但是，它并非实体法或程序法上的法定化术语，而是在刑事法研究层面，或者是刑事政策的层面上，对刑事法体系与结构的总体状况的描述或是预测。

轻刑，可以由狭义、广义两个层面的含义。狭义的轻刑，主要指比较轻的刑罚，刑罚相对轻缓与缓和。此外，在刑罚轻缓的同时，与刑罚相关联的定罪问题也趋向轻缓，如对于一些社会危害性不大，没有必要予以刑事处罚但又被现时法律规定为犯罪的行为，做非犯罪化处理。广义层面的轻刑，则除定罪和刑罚轻缓外，与之相关的程序法也趋向缓和，如审前非羁押等。轻刑化，则是指一种发展的趋势，即刑事法不断轻缓和缓和的发展态势。这里主要从广义层面探讨轻刑和轻刑化问题。重刑和重刑化，则与轻刑和轻刑化恰恰相反，是刑事法的另一方向的状态和发展趋势。

---

〔1〕 中国社会科学院语言研究所词典编辑室编：《现代汉语词典》（第6版），商务印书馆2012年版，第477页。

轻刑，轻与重是相对应的一对范畴，有重才有轻，有轻必有重。在理解轻和重时，可以有两个不同层面：

（1）在一个的刑事法体系中。任何一个刑事法内部，不论是古时的严刑峻法时期，还是当代的文明人性时期，也不论中外，都必定有轻重之分。在这个意义上说，轻刑与重刑相对应，存在于任何时期和任何一个刑罚体系中。

（2）在不同的刑事法体系间。不同的刑事法体系，虽然内部轻重有别，但是互相之间仍然有总体趋轻还是总体趋重的区别。如果一个刑事法体系，总体上都比较严厉，刑罚多采用死刑、肉刑或者自由刑，犯罪圈覆盖面广，犯罪门槛低下，诉讼程序以羁押为多数，等等，那往往是重刑。而另一个刑事法体系在总体上比较宽缓，刑罚主要以财产刑、资格刑等为主，自由刑为辅，肉刑或者死刑基本不用，犯罪圈适度，犯罪门槛科学，诉讼程序多采用非羁押措施，那往往是轻刑。当然，轻刑和重刑是相对的，判断标准也并非一成不变，考察轻刑和重刑都必须站在特定的历史时期具体问题具体分析。

这里所论及的轻刑，是广义层面上的轻刑。在纵向对比与界定一个刑法体系是轻刑还是重刑时，又需要从两个方面去考察：

（1）立法层面。也就是从成文法的层面，即规范意义上，刑事法律体系是轻还是重。具体来说，立法层面又可以分为实体法、程序法、执行法以及相关司法解释四个方面：①实体法。内容通常包括：刑法的目的、原则，犯罪概念、犯罪构成，刑罚类别和结构，具体罪名的犯罪构成及刑罚尺度。区分该法属于轻刑还是重刑，就要看：刑法的根本目的是维护政权的工具还是保障人权的宪章；与之相应的刑法原则、犯罪概念、犯罪构成是更强调刑法的入罪功能还是突出刑法的出罪机能；刑罚结构是以自由刑、生命刑为主，还是以非监禁刑、罚金刑为主；

具体的罪名分布是否科学、细密，刑罚量是偏重还是偏轻，等等，这些都是衡量一部实体法是轻刑还是重刑的标准。②程序法。内容主要是规定刑事诉讼的流程、部门分工等程序意义的事宜。从历史的发展来看，诉讼法本身的独立就是刑事法治朝着不断科学和文明的方向发展的产物。因此，诉讼法就是与实体法轻刑化发展相伴随的。具体到诉讼法的内容，是否体现维护保障人权的根本目的，诉讼流程是否设计合理，审前羁押是否得到有效控制，诉讼过程是否体现保障诉讼参与人的合法权益，各部门之间是否分工科学，是否能够发挥相互的监督制约功能，都是衡量一部程序法是轻刑还是重刑的重要标准。③执行法。主要规定了刑罚执行的程序、责任部门及其相关事宜。我国没有统一的刑事执行法，目前主要有《监狱法》，另一个规范性文件是《社区矫正实施办法》（最高人民法院、最高人民检察院、公安部、司法部联合颁布）。二者分别对监禁刑和非监禁刑的执行进行了详细的规定。应当说，社区矫正法律的出现本身就是轻刑化的产物，社区矫正的实施意味着非监禁刑的广泛使用，而推进轻刑化的一个主要指标就是逐步扩大非监禁刑的适用比例。对于《监狱法》，则主要看监禁刑的执行是否体现人道主义，是否侧重于犯罪矫治和再犯预防，这些内容都是衡量这部法律是否体现轻刑化方向的重要考察指标。④司法解释。特指我国最高司法机关在具体适用法律问题时，对相关问题进行的具有指导法律适用的有权解释，由审判机关的解释和检察机关的解释两部分组成。司法解释具有"准立法"的性质，我国各级法院和检察院在具体适用法律时都必须严格遵守。因此，探讨轻刑化在立法层面的表现，必然会涉及司法解释的制定。司法解释涉及面很广，涵盖实体法、程序法、执行法等多个方面。通过对司法解释的分析与研究，也可以看出轻刑化和重刑化的不同及其表现。而且，从某种意义上看，司法解释更像是轻刑化或重刑化的"风向标"，因为司法解释的制定更灵活，制定频率也更高，更能鲜明地反映出一个时期内一个国家形势政策走向到底是轻刑化还是重刑化。

（2）司法实践层面。意指司法实践中，司法机关具体适用法律时是轻刑化趋势还是重刑化趋势。具体来说，实践层面又分为定罪量刑、诉讼程序、刑罚执行三个方面：①定罪量刑。具体认定犯罪并处以刑罚的活动。在定罪量刑过程中，衡量是轻刑化还是重刑化也有一些指标：入罪标准是否严格、入罪门槛是否抬高；犯罪构成是否科学，是否有畅通的出罪机制；量刑是偏轻还是偏重。②诉讼程序。即诉讼过程中具体遵循程序的有关情况。关键指标就是强制措施的运用，审前羁押是常态的为重刑，审前羁押为例外的则是轻刑。③刑罚执行。即行刑机关对具体刑罚的执行。非监禁刑的广泛运用标志轻刑化的实践，而刑罚最终究竟是监禁刑还是非监禁刑，决定权在审判机关，属于定罪量刑的范畴，不是刑罚执行的问题。这里衡量是否是轻刑化还是重刑化，主要在于监禁刑的具体适用过程中，执行机关对服刑人员的管理是否体现人性化、是否存在非人道处遇，监狱的封闭程度有多高，刑罚执行方式是否有变通，减刑和假释是否广泛运用等。

轻刑化是一个动态的概念，是指刑罚从重到轻的变革趋势，是一个渐变的过程，而非一蹴而就的结果状态，因而，也可以从纵向和横向两个维度来考察比较：

（1）纵向。从一个刑事法体系本身的历史发展看，它基本上处于不断降低总体的严厉程度的状态。虽然它内部还保留轻重之分的做法，但是，不论是重还是轻，都整体上向着更加轻缓的方向发展。

（2）横向。从不同的刑事法体系的对比来看，相对较重的刑事法体系吸收借鉴相对较轻的刑事法体系的相关因素，从总体上降低自身的严厉程度，从而推动自身刑事法体系的（相对）轻刑化改革。

在通过对我国刑法体系自身的发展变化进行考察，同时与世界其他国家刑法体系进行比较的前提下，这里试图探讨我国当前轻刑化理念的发展趋势和实现路径。

审查当下中国刑事法的具体格局与态势，在与世界其他国家的刑事法体系对比中，可以发现，总体上当前我国的刑事法结构总体仍然较重：[1]

从立法层面看，储槐植教授曾经对刑罚结构进行过科学划分：死刑占主导地位；死刑和监禁刑占主导地位；监禁刑和罚金刑占主导；监禁刑占主导地位；其他替代措施占主导地位。其中，死刑占主导地位的历史已经过去，其他替代措施占主导地位的模式则尚未实现。而其他三种模式则在当今世界均有存在。死刑和监禁刑占主导地位可称为重刑刑罚结构，监禁刑和罚金刑占主导地位可称为轻刑刑罚结构。[2]考察我国刑法典的刑罚配置，死刑和自由刑共同占主导地位应无异议，因此，我国的刑罚体系可以划为重刑结构一类。

具体到我国刑法分则具体罪名的法定刑，也呈现明显的重刑特点：在刑法分则规定的451种具体犯罪中，能够判处5年以上有期徒刑、无期徒刑或死刑的有327种，约占72.5%；能够判处3年以上有期徒刑、无期徒刑或者死刑的有362种，约占

---

〔1〕　界定轻刑、重刑，如文中叙述，有多项指标，涵盖面非常广，本论文在研究轻刑及轻刑化问题时，受限于统计资料及个人精力的限制，同时也便于更加突出重点，仅选取了一些关键指标进行考察比较，而未面面俱到，特此说明。

〔2〕　储槐植：《论刑法学若干重大问题》，载《北京大学学报》（哲学社会科学版）1993年第3期。

80.3%；最高判处 3 年或者以下有期徒刑的有 89 种，约占 19.7%。刑罚的配比充分说明我国刑法典的重刑特质。此外，刑与罪二者紧密关联，刑罚的轻重反映了罪名的轻重。从我国刑罚分布来看，我国刑法典是一部重罪法，加之我国刑法的犯罪概念模式是定性加定量，所以轻罪在我国刑法典中占比很小，我国刑法典是一部典型的"重罪+重罚"的法。

我国的程序法虽然对逮捕、取保候审、监视居住等审前强制措施的运用做出了原则规定，但缺乏更加具体的条件限制，也没有对审前非羁押应作为常态做出明确规定，因而从总体上看，我国的刑事诉讼法也呈现重刑主义的倾向。

从司法层面看，我国的逮捕率、起诉率仍然偏高，法院判决的自由刑占主导地位，缓刑数量偏少，刑期也较重，刑罚执行方式封闭，减刑与假释的适用率不高，等等。[1] 因而，总体上看，我国仍然属于重刑主义。

此外，在我国民众的观念中，刑法仍然是对严重危害社会的"坏"分子的惩罚；[2] 在社会治理者的观念中，刑法仍然是维护秩序、发挥震慑力的主要手段。因此，当前仍然属于重刑文化。[3] 这是对我国刑事法治状态的客观描述。轻刑文化则是未来通过改革努力达到的一种理想状态。不论重刑还是轻刑，都是静态的，是对特定刑法结构的客观评价。

我国刑法目前还属于重刑结构与体系，但是，我们要努力实现轻刑的目标。因此，要对当前我国的重刑刑法进行改革，从自身的历史维度和世界维度比较研究中，寻找适合我国国情

---

〔1〕　具体的数字在本书第三章中有详细的描述，特此说明。

〔2〕　参见李卫红：《当代中国犯罪观的转变》，载《法学研究》2006 年第 2 期。

〔3〕　参见张宇琛：《中国刑法重刑化之文化解读》，载《湖南社会科学》2013 年第 1 期。

的轻刑化道路，推动我国刑法的轻刑化改革。

（二）轻刑化与刑事政策

轻刑化，是刑事法治发展的一种变化与趋势，与之相对的范畴是重刑化。而刑事政策，则是一个特定的概念，主要内容是国家应对犯罪问题所采取的对策和策略。

1. 刑事政策的概念

（1）概念。刑事政策，从早期纯粹的打击犯罪的人类自发性反应，到作为合理而有效地反犯罪斗争的手段并成为政治国家和市民社会整体系统性的政策而加以推进，完全是欧洲启蒙时期以后的事情。真正的刑事政策只有在对刑法制度进行反省后才会产生。[1] 关于刑事政策的概念，有学者将其分为最狭义、狭义和广义三个层面。最狭义层面：刑事政策是刑法即刑事实体法的刑事政策，是使刑法的实体规定特别是刑罚措施如何更好地发挥威慑作用的法律政策。狭义层面：刑事政策是运用刑罚以及具有与刑罚类似作用的法律制度预防和控制犯罪的法律政策，包括刑事立法政策、刑事司法政策、刑事执行政策等，刑事政策的作用界域扩大到刑罚以及与刑罚具有类似作用的领域。广义层面：刑事政策是国家以预防犯罪及压制犯罪为目的的一切手段或方法，刑事政策的作用界域扩展到一切与犯罪有关的领域。在广义的层面上，刑事政策并不限于直接的以预防犯罪为目的之刑罚诸制度，而间接的防止犯罪有关的各种社会政策，例如居住政策、教育政策、劳动政策以及其他公的保护政策等均包括在内。[2] 因此，刑事政策，是治国之道，刑事政

---

[1] 卢建平：《刑事政策与刑法变革》，中国人民公安大学出版社 2011 年版，第 46 页。

[2] 田兴洪：《宽严相济语境下的轻罪刑事政策研究》，法律出版社 2010 年版，第 2 页。

策可以称为"刑事政治",上至亚里士多德关于政治的一般定义,再到费尔巴哈、李斯特关于刑事政策的概念界定,近到马克·安塞尔提出并现已经得到普遍认同的广义刑事政策观,都可以引申出,刑事政策就是国家和社会整体为了治理或解决犯罪这一公共问题而制定实施的"战略"与"艺术"。[1]

(2)分类。刑事政策的内容不是单一的、孤立的,而是一个政策系统,可以分为若干个层面,也即宏观层面、中观层面和微观层面,与之相对应的就是总的刑事政策、基本刑事政策、具体刑事政策,它们分别在不同的领域发挥各自的作用。一般来说,刑事政策的层级越高,内容就越概括,宏观的指导性就越强,稳定性也越持续。反过来,刑事政策的层级越低,内容就越具体,实践性就越强,灵活性就越突出。一般而言,我国总的刑事政策是社会治安综合治理,而宽严相济则是目前我国的基本刑事政策。而未成年人犯罪刑事政策、老年人犯罪刑事政策、职务犯罪刑事政策等,均属于具体的刑事政策,只在某一特定领域犯罪中发挥作用。总刑事政策可以涵盖和指导基本刑事政策,但是不可以取代;基本刑事政策可以涵盖和指导具体刑事政策,同样也不可以取代。每个层面的刑事政策都有着其自身独特的作用,相互联系,共同发挥作用。

2. 轻刑化与刑事政策的内在逻辑

刑事政策是一个国家用以指导刑事活动的方针和政策,往往被官方正式颁布,有较为详尽的内容,在指导理论研究、立法、司法活动中具有法定效力。至于轻刑化,则是对一国刑事活动的趋势的一种预测,不一定被官方正式认可。轻刑化是一种根据社会发展的规律和现实国情所进行的一个科学判断,可

─────────

〔1〕　卢建平:《刑事政策与刑法变革》,中国人民公安大学出版社2011年版,第51页。

以成为一种指导思想,对刑事活动发挥着潜移默化的引导和约束。因而,二者在对刑事司法实践以及刑事立法的指导作用上具有一致性,但是,同时在指导的方式、影响的途径等方面存在一定的差异。在理解轻刑化的概念时,有必要澄清二者的共同之处和差异所在。

两者具有相通之处:

功能定位。刑事政策和轻刑化都具有宏观性,不能作为刑事活动具体的指导规则,只是通过指导实践发挥作用。

表现形式。刑事政策和轻刑化因其宏观指导性,因而,对二者的解读并没有一个确定统一的正式文本。在基本中心思想不变的情况下,学界、官方等可以有着多种版本的解释,其内涵和外延也处于不断地变化中。

两者的区别体现在:

效力不同。刑事政策是国家正式颁布的,具有强制力,可以成为理论研究、立法、司法活动的法定依据。轻刑化不一定被国家正式认可,不具有强制力,仅作为一种指导思想影响着刑事活动。

形式不同。刑事政策在国家的法定文件、领导人讲话、研究著作、成文法律以及司法文书中都可能体现。轻刑化的内容则仅存在于研究著作中,在正式的官方文件中往往没有相应的体现。

3. 轻刑化与宽严相济刑事政策的异同

宽严相济刑事政策是我国的基本刑事政策,与之相对应的范畴是"严打"刑事政策、"惩办与宽大相结合"的刑事政策等。因此,轻刑化与宽严相济是位于不同层面的两个概念,但是,两者却有着极为密切的联系。

(1)宽严相济刑事政策。关于宽严相济刑事政策,这里仅就与轻刑化相关联的一些问题进行阐释，而不深究宽严相济刑事政策的一些本源问题以及争议。

第一，宽严相济刑事政策的历史演进。宽严相济思想在我国源远流长。古代《尚书·吕刑》《左传》等著作中均有记载。近代以来，特别是中国近代革命以来，刑事政策经历了从苏区革命的"镇压与宽大相结合"，到新中国成立后的"惩办与宽大相结合"，而且，"惩办与宽大相结合"被写入了1979年的《刑法》。此后，我国又陆续开展了三次"严打"斗争，强调"从重、从快"打击犯罪的"严打"刑事政策。在深刻总结我国以往刑事政策，特别是"严打"刑事政策的利弊得失后，并在借鉴西方两极化刑事政策的基础上，宽严相济刑事政策终于登上历史舞台。宽严相济刑事政策，体现了区别对待、矛盾对立统一的基本哲学规律，符合当代中国的实际国情，有利于实现我国的法治文明，因而从一诞生起就具有强大的生命力。

第二，宽严相济刑事政策的主要内容。2005年12月份全国政法工作会议上，罗干同志提到宽严相济刑事政策，明确指出宽严相济是指"对刑事犯罪区别对待，做到既有力打击和震慑犯罪，维护法制的严肃性，又要尽可能减少社会对抗，化消极因素为积极因素，实现法律效果和社会效果的统一"。有学者将宽严相济刑事政策的内容概括为："该严则严，当宽则宽；宽严互补，宽严有度；审时度势，以宽为主。"[1]最高人民检察院于2006年12月发布了《关于在检察工作中贯彻宽严相济刑事司法政策的若干意见》，对检察环节落实宽严相济刑事政策提出了比较具体的实施意见。近几年来，每年最高法院和最高检察院向全国人大所做的工作报告中，均有关于落实宽严相济的相关内

---

〔1〕　卢建平主编：《刑事政策学》，中国人民大学出版社2007年版，第165页。

容，表明宽严相济已成为全国法院和检察院开展工作的一项基本指导方针。

第三，宽严相济刑事政策的职能定位。前已谈到，宽严相济刑事政策是我国当前的基本刑事政策，因而，它是刑事活动必须遵守的基本指导思想。宽严相济刑事政策，又可以分为宽严相济刑事立法政策、宽严相济刑事司法政策等。

（2）轻刑化与宽严相济刑事政策。宽严相济刑事政策是刑事政策的下位概念。在对比分析轻刑化与刑事政策的异同基础上，进一步分析轻刑化与宽严相济刑事政策的异同。

两者相通之处：

首先，都体现了"宽"的内涵。"宽"即为宽容、宽缓，与严厉、苛酷相对。宽严相济，虽然强调宽和严两个方面，强调宽严互补，但是，深入分析则可以看出，宽严相济是在深刻反思我国"严打"刑事政策的基础上出台的一项刑事政策，重点在于"纠严放宽"。所谓的"严"，也主要指严格，强调法网严密、有罪必罚，附之以严厉。而轻刑化，则指刑事法活动趋向于更加轻缓、宽缓。因而，两者的内容有诸多相似甚至相同之处。

其次，互相支持和依存。宽严相济的实施成果，一个重要体现就是实现轻刑化。所以，轻刑化是检验宽严相济刑事政策实施效果的重要指标，没有轻刑化的实现，就没有宽严相济的成功。与此同时，轻刑化的实现依赖于宽严相济的正确实施。轻刑化主要是对刑事法发展的趋势描述，"徒法不足以自行"，这个法治目标必须在认真贯彻落实宽严相济刑事政策中予以实现。因此，没有宽严相济，轻刑化很有可能只是一个幻想。

两者不同之处：

首先，内容包含面不同。宽严相济，虽然强调宽的一面，但并非只有宽的内容，还有严的成分。并且，强调"严"对

"宽"的补充和制约，不能宽大无边、不能一律从宽，必须宽中有严，区别对待。而且，特别要明确，只有该严当严，才能实现当宽则宽，严是宽得以实现的必要条件。轻刑化，则是指整个刑事法活动都趋向于从缓和从宽，强调轻刑化是总的发展方向，严也要向着宽的方向逐步转变。

其次，存在逻辑上的包含关系。宽严相济和轻刑化都包含宽的成分，除此之外，宽严相济还有严的因素，但是，并不等于说宽严相济比轻刑化的逻辑外延大，相反，轻刑化可以涵盖宽严相济的全部内容。也就是说，宽严相济，只是在一个特定的环境下，强调宽和严的并用和互补，核心是区别对待。然而，具体是一个什么环境，什么程度叫宽，什么程度叫严，并没有明确的限制，宽和严的程度是相对的，整个大环境可能是相对较轻缓，也可能是相对较严厉。但是，轻刑化却强调整个外部环境朝更轻缓的方向发展，不论是"严"还是"宽"，它的绝对值都在趋于宽和。因此，在这个意义上看，轻刑化意味着整体"平台"向着宽缓的方向发展，而宽严相济只是在这个"平台"上关注相对宽和相对严的区分，轻刑化是整体上的轻刑化，宽严相济则是整体内的宽严相济。

（三）轻刑化与两极化刑事政策

"两极化"刑事政策，是当今西方国家的主要刑事政策，也是刑事政策发展的世界性趋势。在我国台湾地区，2005 年将"宽严并进的刑事政策"（实际上就是"两极化"刑事政策）作为刑法修正的主要方向。我国有学者主张，应当在我国吸收和借鉴西方国家的两极化刑事政策。[1] 两极化刑事政策与我国宽严相济刑事政策有着密切的关联，在世界性的轻刑化运动中发

---

[1] 参见李希慧等：《"轻轻重重"应成为一项长期的刑事政策》，载《检察日报》2005 年 5 月 26 日。

挥了重要的推动作用，因而，有必要对两极化刑事政策与轻刑化的关系加以探讨。

1. 两极化刑事政策的内涵

（1）历史背景。二战以后，世界各国刑事政策朝着"宽松的刑事政策"和"严厉的刑事政策"两个不同方向发展，即对于重大犯罪及危险犯罪，采取严厉的刑事政策，对于不需要矫治或者有矫治可能的犯罪采取宽松的刑事政策。[1] 两极化刑事政策，是西方国家在继续贯彻预防优先，大力推广教育刑、社区矫正刑等基础上，为应对日益严峻的刑事犯罪和刑罚资源相对不足的矛盾，而采取的一项刑事政策。

（2）主要内涵。我国学者对两极化刑事政策进行了解读。如储槐植教授将两极化刑事政策称为"轻轻重重"刑事政策。[2] 杨春洗教授认为，"轻轻"就是对轻微犯罪，包括偶犯、初犯、过失犯等主观恶性不重的犯罪，处罚更轻；"重重"则是对严重的犯罪，处罚比以往更重。[3] 笔者赞同的是，两极化刑事政策的核心含义仍然是区别对待，轻重不同、轻重有别，体现了刑罚的个别化。[4]

（3）与宽严相济刑事政策的关系。理论界存在两种截然对立的观点：一种是"等同论"，认为两者在本质上内容相同；另一种是"对立论"，主张两者在产生的背景、内部关系、调整重点等方面存在诸多不同之处，最为关键的是两极化政策的核心

〔1〕 参见郑善印：《两极化的刑事政策》，载《罪与刑——林山田教授六十岁生日祝贺论文集》，台湾五南图书有限公司1998年版，第736页。
〔2〕 储槐植：《美国刑事政策趋向》，载《北京大学学报》（哲学社会科学版）1985年第3期。
〔3〕 杨春洗主编：《刑事政策论》，北京大学出版社1994年版，第397页。
〔4〕 参见储槐植、赵合理：《国际视野下的宽严相济刑事政策》，载《法学论坛》2007年第3期。

是重刑主义。[1]笔者认为,"等同论"和"对立论"都是不可取的,是违反辩证唯物主义哲学观的,也不符合实际情况。首先,回顾两极化刑事政策和宽严相济刑事政策的产生背景,可以看出两者虽然产生年代有所不同,但是,都无非是应对社会现实与形势的一种策略选择,而且,二者面临的现实社会与形势则有惊人的相似:犯罪行为的多样化、多元化,刑罚目的报应性和预防性的并存,刑罚资源的有限性等。而且,我国宽严相济刑事政策的产生是在借鉴吸收西方两极化刑事政策的基础上产生的,两者在一定程度上具有渊源上的一致性。其次,两极化刑事政策和宽严相济刑事政策都包含了丰富而且相似的内容,都含有宽和严的两个方面,都强调区别对待,都体现了宽和严是既对立又统一互补的关系。最后,虽然从表面上看,两极化刑事政策有两个极端,轻者更轻,重者更重,更强调"外张";宽严相济则突出宽和严的互补更强调内缩,甚至还有避免两个极端的意味。但是,这只是字面上的理解,实际上通过考察两极化刑事政策和宽严相济刑事政策的实施情况,可以更加深入地理解两者的内涵,即都强调宽和严的区别对待,宽和严的明显对立以体现差异,但是,也同时互补弥补单一和极端。因此,笔者认为,两者本质上基本一致,但根据不同的国情和时代特征,侧重点有所不同,宽严相济更接近于中国本土化了的两极化刑事政策。

2. 轻刑化与两极化刑事政策的异同

在轻刑化与宽严相济刑事政策关系的关系上,可以说,两者既有相似之处,如都强调宽的成分;也有区别之处,如描述的范畴不同。前已论述,宽严相济刑事政策和两极化刑事政策

---

[1] 参见黄华生:《两极化刑事政策之批判》,载《法律科学》2008年第6期。

的本质相通、内容相似。因而，轻刑化和两极化刑事政策的关系与轻刑化与宽严相济刑事政策的关系基本一致。但是，应当指出的是，轻刑化和两极化刑事政策都发源于西方国家，西方国家轻刑化的推进依赖于两极化刑事政策的实施，两者相互依存、相互影响，发展进程基本一致。当前，轻刑化是世界性的刑罚改革方向，两极化刑事政策也在世界范围内继续产生深远的影响，因此，在谈及我国轻刑化改革进程中，不能仅仅着眼于我国的宽严相济刑事政策，而是要有国际视野，密切关注两极化刑事政策的发展态势，深入研究两极化刑事政策变革对国际轻刑化运动的影响，进而调整我国轻刑化改革与宽严相济刑事政策的互动关系，调整我国轻刑化改革的发展方向，使之符合世界轻刑化改革潮流，沿着正确的轨道不断前进。

（四）轻刑化与轻罪刑事政策

轻罪刑事政策，是近几年提出的概念。它的产生的背景是，以卢建平教授为代表的一批学者主张借鉴西方国家关于犯罪分层的理论与实践，在中国引入犯罪分层理论。[1] 而且应当构建"大刑法"，将劳教废除后的相关行为及部分治安管理处罚法的行为统一纳入犯罪圈，在此基础上，对犯罪进行分层，分为重罪、轻罪和轻微罪，分别采用不同的应对方式。[2] 由此而衍生出关于轻罪的专门刑事政策，就是轻罪刑事政策。

1. 轻罪刑事政策的概要

在进行犯罪分层后，占数量较大比重的轻罪是研究的重点，是落实宽严相济刑事政策的主要着力点，因而，它与轻刑化有更为密切的联系。

---

〔1〕　参见卢建平：《犯罪分层及其意义》，载《法学研究》2008 年第 3 期。

〔2〕　参见卢建平、叶希善：《犯罪分层与刑法完善》，载《中国犯罪学研究会第十六届学术研讨会论文集》（上册）。

（1）主要内容。顾名思义，轻罪刑事政策，主要就是针对轻罪这一类犯罪所采取的刑事政策。[1]一般而言，它可以分为广义和狭义两个层次。广义的轻罪刑事政策，是指社会整体为了预防和控制轻罪而采取的据以合理有效地组织反轻罪行动的策略、原则和措施的综合。核心内涵是"轻"或者"从轻"。这里的"轻"是相对于重罪而言的，是指"轻罪轻处、轻罪轻罚"。而狭义的轻罪刑事政策以"轻轻"为核心内涵，这里的"轻轻"是相对于传统的轻罪治理措施而言的，是指"轻罪更轻"。这是有利于节约司法资源、降低刑罚严厉性和帮助犯罪人顺利回归社会以及体现国家宽宥、慎刑情怀的轻缓刑事政策，即"立法更宽缓、程序更宽简、处罚更宽和、处遇更宽松"[2]。

（2）功能定位。这涉及轻罪刑事政策与其他刑事政策的关系。前已论述，刑事政策分总刑事政策、基本刑事政策和具体刑事政策这几个层面。在我国，社会治安综合治理是总的刑事政策，宽严相济是当前的基本刑事政策，因而，轻罪刑事政策就是一项具体的刑事政策。宽严相济刑事政策包含了宽和严两个方面，其中，"宽"主要体现在轻罪刑事政策上，轻罪刑事政策是宽严相济刑事政策的重要组成部分，也是落实宽严相济刑事政策必不可缺的重要内容。

2. 轻刑化与轻罪刑事政策的关联

轻罪刑事政策是宽严相济刑事政策的重要组成部分，宽严相济刑事政策中"宽"是主要方面，而轻刑化就是朝着更加宽缓、轻缓发展的一种趋势。因而，轻罪刑事政策与轻刑化的关

---

〔1〕 参见田兴洪、刘师群：《轻罪刑事政策论纲》，载《法学杂志》2010年第4期。

〔2〕 参见田兴洪：《宽严相济语境下的轻罪刑事政策研究》，法律出版社2010年版，第70~71页。

系首先均符合宽严相济刑事政策与轻刑化的关系。除此之外，两者的共通之处主要体现在目标一致：轻刑化与轻罪刑事政策的目标都是推进刑事法的轻缓和宽缓，轻罪刑事政策是实现轻刑化的主要路径，轻罪刑事政策的主要发展方向应当是实现轻刑化。但是，两者也有不同之处：

（1）涵盖面不同。轻刑化是一种发展趋势，涉及刑事活动的全部内容和全部过程，不论重罪、轻罪、轻微罪，还是理论研究、立法、司法等，均可以根据轻刑化的发展方向进行相应的改革。而轻罪刑事政策则不同，仅指在犯罪分层后，对于轻罪这一类罪名发挥具体的作用。因而，轻刑化的覆盖面较轻罪刑事政策要大很多。

（2）包含内容不完全相同。虽然轻刑化和轻罪刑事政策都包含了轻缓和宽缓的内容，但是两者的内容还不完全相同。轻刑化的轻缓和宽缓不仅针对轻罪，而且还包括轻微罪和重罪，特别是重罪，轻刑化理论主张重罪的"重"是相对于"轻"罪的轻而言的，"重"只是一个相对概念，其绝对值也在不断地轻缓和宽缓，也符合轻刑化的趋势。而轻罪刑事政策针对轻罪这一类罪而言，虽然主要内涵是轻罪的轻缓和宽缓，但也必须遵守宽严相济的刑事政策，必要时也要有"严"来济"宽"，体现严的成分，而且特别强调，没有必要的严，就无法实现真正的宽，严是轻罪刑事政策实现宽的必要保障条件。

二、轻刑化的实践路径

轻刑化是对整个刑事活动的一种总体预测，而刑事活动既包括理论探讨，又包括制度层面的立法活动，还有司法层面的具体实践，既涵盖实体法，又包括程序法，还有执行法，既涉及刑事侦查环节，又涉及审查起诉、刑事审判环节，还关注刑事执行活动，等等。总之，轻刑化是个宏观的概念，轻刑化涉及刑事活动的诸多方面。因此，研究轻刑化问题，要有大视野；实现轻刑化，必须着眼于刑事诉讼的全过程，实现整体的轻刑化。所以，轻刑化覆盖整个刑事活动，是整体刑事法的轻刑化。按照不同的领域，可以分为理论研究、刑事立法、刑事司法三个层面。

（一）理论研究

理论是行动的先导。理论研究往往具有前瞻性，对事物特别是新事物的产生和发展发挥了极为重要的作用。轻刑化在世界范围内虽然有了广泛的实践和探索，并取得了积极的成效，但是在中国，它是绝对的新事物。纵观中国古代刑事法活动，可以说是一部典型的重刑刑法史，直到近代以来，随着西方现代法治文明思想的引入，中国社会才开始逐渐接收轻刑的思想。新中国成立后，由于阶级斗争思想的长期存在，重刑仍然被视为主要的管理社会的手段，它表现为1979年《刑法》颁布前的"无法无天"时代，20世纪80年代陆续的"严打"斗争，都使重刑思想得到不断的强化。直到宽严相济刑事政策提出后，"宽"才被官方正式地提到"台面"。然而，在我国，由于种种原因，理论研究受到政治影响的程度很大，在宽严相济刑事政策出台前，囿于"宽""轻"并没有在政治上得到"正名"，使得关于轻刑化的理论研究似乎也成为一个默认的"禁区"，关于轻刑化的理论研究成果较为有限。[1]因此，轻刑化作为一个符

―――――――――――

〔1〕　笔者在知网上以"轻刑"为关键词进行搜索，在2005年以前仅有30余篇文章；而2005年至今，则有上百篇相关文献。代表性的文章有：张智辉：《刑法改革的价值取向》，载《中国法学》2002年第6期；刘家琛：《宽严相济 逐步实现刑罚轻刑化》，载《法学杂志》2006年第4期；赵志华、鲜铁可：《轻刑化问题实证研究——以轻刑化趋势和犯罪态势的内在平衡为视角》，载《中国刑事法杂志》2011年第9期；与此同时，2005年以后，以"宽严相济"为关键词的研究文章高达2000余篇，可见当前关于刑法（刑罚）轻缓类的研究课题是理论界的热点问题之一。由于文献数量较多，这里就不逐一列举。

合时代发展方向的"新生事物",应当得到理论界的高度重视,相关的研究成果也将越来越丰富,可以说,轻刑化在理论研究领域将大有可为。

(二)刑事立法

刑事立法是理论研究成果最直接的载体,特别在具有成文法传统的国家(如大陆法系国家),刑事立法是国家刑事活动的主要组成部分。轻刑化经过理论研究达到一定程度后,就会在刑事立法活动中予以体现。而且,只有经过刑事立法的确认,轻刑化的思想才能"白纸黑字"地被确认下来,也才为最终在司法实践被贯彻上取得关键性的一步。我国具有成文法的传统,古代社会"以刑为主",刑事立法非常发达,但是,主要体现重刑思想。近代以来,随着先进法治思想的传入,在立法上有了一定的体现。新中国成立后,长达30年没有成文刑法,虽然修订了1979年《刑法》与1979年《刑事诉讼法》,然而,内容主要体现"以刑治国"的思路。直到1996年《刑事诉讼法》、1997年《刑法》的颁布,轻刑化的思想才在立法中逐步加以体现。宽严相济刑事政策实施以来,在历次的刑法修正案,以及2012年修改后的《刑事诉讼法》中,轻刑化思想得到了进一步的体现。具体来看,刑事立法可以按照不同的内容分为刑事实体法、刑事程序法和刑事执行法三个层面。

1. 刑事实体法

实体法,就是规定犯罪与刑罚的法律。关于立法模式,主要表现为两大法系所采用的不同的立法模式。英美法系的传统立法模式表现为简单的法律加上复杂的判例,即在制定了比较完备的刑法典之后,却仍然保留着判例的地位和作用(英美法系多数没有完备的刑法典)。而大陆法系刑法的典型立法模式则与英美法系传统的立法模式大不相同,一般表现为系统的刑法典加上单行刑事法规以及附属刑事法规（包括行政法规和经济法规当中所规定的有关犯罪与刑罚的法律规范）。通常认为，我国的刑法立法模式为：以制定刑法典为核心方式，以单行刑法和附属刑法为相应的补充方式，同时重点采用刑法修正案的方式对刑法进行修正。因此，轻刑化在刑事实体法上的实现，在我国主要是通过刑法典的方式，在刑法典无法短期内可以进行大改的情况下，现阶段主要通过刑法修正案的形式实现立法活动，所以，也是体现轻刑化的重要方式。[1] 简单地说，从实践路径看：一是要严密刑事法网，提高违法必究率，以此为前提降低刑罚的严苛；二是实行犯罪分层，从法律上对犯罪进行层次划分，做到轻重有别；三是调整刑罚结构，严格限制自由刑的使用，扩大非监禁刑和财产刑的适用范围。

2. 刑事程序法

程序法，就是保障实体法正确实施的法律。除此之外，现代法治赋予了程序法作为保障法之外的独立程序正义价值。现代刑事诉讼的本质就是如何有效地将国家追诉犯罪的活动纳入诉讼轨道的问题。[2] 刑事诉讼活动是公民权利面临严重威胁的一个司法领域，在刑事诉讼中，警察权、检察权、审判权最容易被滥用，因此，必须将刑事诉讼纳入法治化轨道。刑事诉讼与轻刑化最直接相关的环节是刑事诉讼中强制措施的运用。[3]

---

〔1〕 司法解释是法律解释的一种。在我国，根据法律解释的效力不同，法律解释分为正式解释和非正式解释，其中司法解释仅次于立法解释跻身于正式解释的行列。因此，司法解释作为有权解释，有时具有"准立法"的性质，因而作为刑事立法的范畴一并加以探讨。司法解释在我国刑事立法和刑事司法中具有极为特殊的地位，在完善法律实施、弥补法律漏洞，指导司法实践方面发挥了重要的促进作用。因此，在推进轻刑化过程中应给予高度关注。

〔2〕 陈瑞华：《法律人的思维方式》，法律出版社2007年版，第255页。

〔3〕 刑事诉讼与轻刑化的关系，还包括侦查手段（监听、扣押等）的严格控制，鉴于篇幅和精力有限，本文对此不再详细探讨。

在刑事诉讼中，为了保障刑事诉讼的顺利进行，国家有权对涉嫌犯罪的公民采取拘留、逮捕、取保候审、监视居住等强制措施。但是，这些强制措施对公民的基本权利构成了严重威胁，有些严厉程度绝不亚于定罪后的刑罚，必须慎用。然而在我国，目前的司法实践中，刑事拘留、逮捕仍然是强制措施的首要选择，审前羁押率还非常高。为了推行轻刑化，必须大幅度减少审前羁押，扩大非羁押性强制措施的运用。

3. 刑事执行法

执行法，就是规定刑罚如何执行的法律。通过刑事诉讼活动后，对嫌疑人定罪判刑后，就进入了刑罚执行阶段。从某种意义上看，刑罚执行才是刑事法体系实现报应与预防根本目的的最终环节。与刑罚特别是被判处有期徒刑刑罚相比，刑事诉讼的过程毕竟短暂，被定罪的罪犯将面临漫长的监禁刑罚。目前，在我国，目前阶段被定罪判处的刑罚比例中，监禁刑仍然占据较大比重，因而，轻刑化主要就是针对两个方面：其一，如何进一步降低监禁刑的判决率、执行率，推进非监禁刑的广泛适用；其二，在被判处监禁刑后，如何改善他们的待遇，切实加大减刑、假释的力度，帮助他们早日回归社会。

（三）刑事司法

法律的生命在于执行，法律是实践性很强的科学。不论理论研究还是立法活动，最终的效果都取决于司法实践。因此，轻刑化改革与司法实践的运行情况密切相关。司法活动既受思想理论影响，也受刑事立法的制约，因此，轻刑化思想和关于轻刑的立法都会在刑事司法上体现出现实的成效。进一步讲，轻刑化理论和立法的进行都需要在刑事司法中检验。此外，刑事司法还有自身的独立性。理论研究和刑事立法毕竟是"纸上谈兵"，无法穷尽丰富的社会现实，而刑事司法面对一个个鲜活的案例时，必须在既有的法律范畴内做出相对符合实际的司法裁决，这就决定了司法活动有着一定的灵活性。尤其是在英美法系，更加强案例实践及其司法意义。因此，轻刑化既要在理论研究和刑事立法上予以推进，但更要关注刑事司法的实践活动：其一，确保既有的理论和立法成果能够在实践中落实并取得较好的效果；其二，在不突破既有法律框架的前提下，充分司法发挥能动性，按照符合规律和现实的基本要求，创造性地开展工作，促使轻刑化可以被很好地实践，反过来再推动理论研究和刑事立法活动的进一步发展。具体来说，结合我国实际，刑事司法活动按照不同的诉讼阶段，可以分为刑事侦查、审查批捕和审查起诉、刑事审判和刑罚执行阶段。

1. 刑事侦查

刑事侦查是刑事诉讼的第一个环节。在这一阶段中，因为只是处于对刑事案件的调查取证阶段，一般不做出终局性的结论，因而与轻刑化相关联的主要在两个方面：一是刑事侦查手段的运用。要尽量减少一些可能严重侵犯公民基本权利手段的运用，如监听、搜查、对财产的扣押等。二是强制措施的运用。主要就是避免具有羁押性质的传唤、刑事拘留被滥用，扩大取保候审和监视居住等非羁押强制措施的运用。

2. 审查批捕和审查起诉

审查批捕和审查起诉密切相关，主要是这两项职能在我国都由检察机关承担。关于审查批捕职能，主要就是减少逮捕率，包括两个方面：一是严把关口，防止不构成犯罪的轻微案件进入刑事诉讼轨道；二是慎捕，对轻（微）罪案件减少羁押率。关于审查起诉职能，也包括两个方面：一是加强羁押必要性审查，及时对符合条件的案件变更强制措施；二是扩大不起诉适用范围，对符合条件的轻（微）罪案件终止诉讼程序。扩大检察机关的不起诉权，将是实现刑事司法领域轻刑化的重要路径，原因主要有两个：一是不起诉后及时终止诉讼活动，降低刑罚率，减少犯罪标签效应；二是实行"大刑法"后，犯罪圈会扩大，非监禁刑将被广泛适用，由此带来的刑事案发量增加以及司法机关工作量增大的现实困难，需要通过适用不起诉权来实现案件分流，确保司法机关的正常运行。

3. 刑事审判

刑事审判是刑事诉讼的终结性程序，将对诉讼活动作出确定的结论，明确刑罚的种类和幅度。因此，刑事审判对实现轻刑化具有至关重要的作用，它的主要实现路径是通过降低自由刑的刑期或者减少监禁刑的适用比例，大量适用缓刑、资格刑等羁押替代措施，在司法适用中实际降低刑罚的严厉度，达到轻刑化的目的。此外，对于包括侦查、起诉和审判在内的整个刑事诉讼流程，还必须关注诉讼程序本身繁简程度所带来的案件效率和质量的异同，即对案件按照罪行轻重等因素进行繁简分流，分别适用不同的诉讼流程，进而突出对简易案件的简化审理，为减少诉累、降低刑罚的量创造有利条件。

4. 刑罚执行

刑罚执行是对既定刑事判决的执行，虽然它没有直接决定刑罚种类和数量的权力，但是，也在两个方面影响着轻刑化的实现：其一，在监禁刑的执行过程中，如何改善监禁的处遇以体现人道主义要求、如何完善机制促进服刑人员改造实现再社会化以及如何规范减刑假释制度帮助服刑人员早日回归社会等，都是轻刑化需要关注的内容。其二，如何确保非监禁刑的正确执行。非监禁刑在我国之所以适用数量较少，主要是由行刑体制分散、行刑效果不明以及过分苛求非监禁刑的适用条件等原因所导致的。[1]因此，如何有效提高非监禁刑执行的效果，直接影响着非监禁刑的适用比例，从而决定轻刑化的实施效果。

三、轻刑化的一体化研究路径

通过对轻刑化所涵盖内容进行探讨，可以看出，轻刑化是一个大概念，涉及整个刑事活动，因此，轻刑化的实现必定是整体的轻刑化。因此，对轻刑化问题的研究也必须有宏观和全局的观念，充分运用系统理论，采用一体化的方式深入开展研究。

（一）刑事一体化的产生和发展

早在德国刑法学理论中，李斯特作为新派的代表性人物，就已经提出了"综合刑法学"的论点，主张将刑法和刑事政策统一起来，重视刑事政策在教育改造罪犯和保卫社会的作用。[2]尽管受限于时空距离，但是，"综合刑法学"的思想同样在我国生根发芽。在我国，与之相关联的是"刑事一体化"的概念，它最早是由储槐植教授正式提出的。储教授在1989年第1期的《中外法学》中发表了题为《建立刑事一体化思想》的论文。文章提出构建刑事一体化思想包含三个方面：一是更新观念。二是调整结构。包括重筑刑法堤坝；协调罪刑关系；调整刑罚体系。三是完善机制。[3]1997年，储教授出版了《刑事一体化与关系刑法论》一书，完成了刑事一体化思想的基本构建。此后，刑事一体化思想逐渐被刑法学界所接受并得到了发

---

〔1〕 参见吴宗宪：《试论非监禁刑及其执行体制的改革》，载于《中国法学》2002年第6期。

〔2〕 参见马克昌主编：《近代西方刑法学说史略》，中国检察出版社2004年版，第205页。

〔3〕 参见储槐植：《建立刑事一体化思想》，载《中外法学》1989年第1期。

展。2003 年北京大学举办了"刑事一体化"学术研讨会，储教授教授做了《再论刑事一体化》的主题报告，2004 年法律出版社出版了储槐植教授专著《刑事一体化》，标志着刑事一体化学术思想已经基本成熟。此后，2005 年法律出版社出版了《刑事一体化与刑事政策》，收集了关于刑事一体化学术思想的主要论文成果。至此，刑事一体化作为一种观念和方法基本被学术界广为接受，在刑事一体化视野下探讨刑法学问题的论文日益趋多，内容涵盖刑事法学的各个领域，取得了丰硕的成果，促使刑事法研究和实践获得了新的发展和进步。

（二）刑事一体化的主要内容

刑事一体化思想有两层意思，即作为观念的刑事一体化和作为方法的刑事一体化。刑事一体化作为观念，旨在论述建造一种结构合理和机制顺畅（即刑法和刑法运作内外协调）的实践刑法形态。刑事一体化作为方法进一步说是作为刑法学研究方法，重在"化"字，即深度融合。刑法在关系中存在和变化，刑法学当然也在关系中发展。此处的关系首先指内外关系，内部关系主要指罪刑关系以及刑法与刑事诉讼的关系，外部关系包括前后关系，即刑法之前的犯罪状况，刑法之后的刑罚执行情况；还包括上下关系，即刑法之上的社会意识形态、政治体制、法文化、精神文明等，刑法之下的经济体制、生产力水平、物质文明等。从整体到部分，刑法学研究均适用一体化方法。作为刑法学方法的一体化至少应当与有关刑事科学（如犯罪学、刑事诉讼法学、监狱学、刑罚执行法学、刑事政策学等）知识相结合，疏通学科隔阂，关注边缘现象，推动刑法学向纵深开拓。[1]

---

〔1〕 参见储槐植：《再说刑事一体化》，载《法学》2004 年第 3 期。

（三）轻刑化与刑事一体化的功能结构契合

轻刑化，是覆盖整个刑事活动、对刑事法体系整体发展的一种趋势性预测。它包含两个关键词："轻刑"和"化"。"轻刑"泛指刑事法结构轻缓的状态，而"化"则既指发展方向，也指多领域的融合和协调。因此，研究轻刑化问题，必然要借鉴刑事一体化的研究思想和研究方法。按照轻刑化的要求，在观念上，如欲建造一种符合轻刑化要求的结构合理和机制顺畅的刑法形态，更重要的是在方法上应当强调深度的融合，简言之：

（1）内部关系：刑法的罪刑关系、刑法学与刑事诉讼法学都应按照轻刑的思路进行改革和协调，达到实体罪刑均衡、严而不厉，程序繁简适当、公正高效。

（2）外部关系：

第一，前后关系：研究犯罪学，加以科学治理，为轻刑创造前提；按照轻刑的要求，改革行刑制度。

第二，上下关系：将轻刑纳入到整个社会大范畴内研究，从精神层面到实践层面，使之更加符合客观发展规律。

第三，涵盖学科：轻刑化研究，涉及刑事法整个领域，同时也要有社会全局的视野来审视问题，具体涉及的刑事法主要学科有犯罪学、刑法学、刑事诉讼法学、监狱学、刑事执行法学（主要指社区矫正）以及刑事政策学等。

纵观刑事法学体系的内外关系，从研究发案的规律，改进治理方式的犯罪学；到研究罪刑关系、改进刑法结构的刑法学；再到研究程序正义，改进诉讼程序的刑事诉讼法学；再到研究监禁刑的制定，改进罪犯处遇的监狱学；再到研究整个刑罚执行，主要指非监禁刑的执行的刑事执行法学；最后到研究刑事政治，提高决策科学性的刑事政策学，都是实现轻刑化所必须涉及的学科领域。因此，应当积极运用刑事一体化的方式，充分运用系统的理论和思考方式，强调关联学科和问题的深度融合，对轻刑化问题开展全方位研究，力争在科学理论的指导下，立足中国现实的立法司法状况，为破解轻刑化问题提供有益的思路，推动中国轻刑化取得更进一步的发展。

四、轻刑化的思想源流与实践考察

轻刑化思想是近现代刑事法治理念的产物，而不是凭空产生的。从源头看，轻刑化思想的根源可以追溯到启蒙思想。经过刑事古典学派和刑事社会学派以及实证学派的不断努力，轻刑化思想已经得到了极大的完善，已经成为一个成熟的概念。在此基础上，轻刑化思想也成为指导西方刑事司法改革的重要指导思想。而且，从轻刑化思想的历史流变及其实践探索的进程看，也将为我国的轻刑化改革提供有益的借鉴。

(一) 轻刑化思想的启蒙

在人类历史进入 20 世纪中期后，在欧洲的文艺复兴和启蒙运动蓬勃发展的背景下，刑法谦抑精神的思想作为近代人文主义思想在法学领域的具体体现应运而生。资本主义经济的萌芽和发展为文艺复兴奠定了经济上的基础，新兴的资产阶级为了维护其既得利益和地位，并最终摧毁封建专制政权，迫切要求树立新的法律思想、创立新的法学理论体系，反对国家公权力对公民个人权利的恣意干涉，喊出了"自由、平等、博爱"的口号，从而把法律从神权的束缚下解放出来。文艺复兴运动成功地冲破了传统宗教势力对西方社会的束缚，推动了人文主义思想的蓬勃发展。人文主义思想是一种以"人"为中心的学说，关注人的价值和人应该受到的人道待遇，是人类对于人性、自身价值和尊严反思的结果。人性的基本要求乃是指人类出于良知，并在其行为中表现出的善良与仁爱的态度和做法，即把任何一个人都当作人来看待。[1] 在人文主义思想的影响下，西方近代法律的发展植入了理性的基因，在刑法上表现为反对刑罚的擅断、残酷，主张轻缓刑罚，在法学理论上强调人性论、平等、博爱、自由等人道主义的要素。这成为轻刑化思想的源泉和动力。

1. 启蒙时期刑罚轻缓化的主要内容

启蒙主义运动使个人从中世纪封建专制和教会权威束缚下解放出来，唤起人们对自由、民主觉醒的思想理论。[2] 启蒙主义运动的主要代表人物有贝卡里亚等人。这些思想家代表是新生的资产阶级的利益，为了适应进一步发展资本主义的需要，大力抨击阻碍资本主义发展的封建专制制度和教会神权统治，提出民主、自由、平等、天赋人权的口号，宣扬从人性论出发的自然法，鼓吹理性主义或功利主义，为资产阶级民主和法制建设奠定了理论基础。

刑事古典学派是 18 世纪和 19 世纪资本主义上升时期反映资产阶级刑法思想和刑事政策的刑法学派。刑事古典学派的代表人物主要有意大利的贝卡里亚、英国的边沁、德国的费尔巴哈、康德和黑格尔等人。刑事古典学派与启蒙思想家一脉相承，继承了启蒙思想家的刑法思想并加以发扬，建立了比较系统的刑事法律理论体系。刑事古典学派的代表贝卡里亚在其著作《论犯罪与刑罚》中，重点阐述了国家为何没有死刑适用的权利。[3] 在此基础上，还提出了罪刑法定的思想，演化为后来的罪刑法

---

〔1〕 赵秉志等：《中国刑法的运用与完善》，法律出版社 1989 年版，第 334 页。

〔2〕 马克昌主编：《近代西方刑法学说史略》，中国检察出版社 1996 年版，第 1 页。

〔3〕 ［意］贝卡里亚：《论犯罪与刑罚》，黄风译，中国大百科全书出版社 1993 年版，第 43 页。

定原则。罪刑法定原则和罪刑均衡原则、刑罚人道原则并称为刑法三大原则，充分体现了西方启蒙思想家们对人性的呼唤，这对追求刑法谦抑精神和达到保障人权、实现刑法机能的转变的目标有着重要的意义。

2. 启蒙时期轻刑化思想的局限

由于历史条件和人类认识能力的限制，启蒙思想家所倡导的轻刑化思想也不可避免地存在不足：

（1）刑法理论相对比较僵硬。启蒙思想家关注的重心只是抽象的犯罪行为以及如何公正地进行惩罚。在刑事古典学派的理论构造中，刑法学的全部内容就是犯罪的判断和惩罚方式的确定。[1]因而，往往把犯罪仅仅看作是一个法律实体，把刑罚看成是对违反刑法行为的报应。由于过度机械地执行罪刑法定原则，导致即使从预防犯罪角度看，对某个人的行为并无处罚的实益，也仍然必须按照罪刑法定原则处以刑罚。

（2）忽视对犯罪原因的研究，过于强调刑法的报应功能。启蒙思想家的某些思想认为人具有完全的意志自由，犯罪是行为人在自由意志支配下的产物。由于缺乏对犯罪原因的深入研究，必然导致将刑罚当作对付犯罪的主要手段甚至是唯一手段，忽视刑法的预防功能和教育功能的研究。因此，在刑事古典学派的理论框架内轻刑化思想有着较大的局限。例如，菲利认为："立法者常常忽视社会防卫规则，当某种犯罪猛增时才大吃一惊，但除了加重刑法典中规定的刑罚之外，别无它计可施。如果1年监禁不够，就加重为10年。如果仅凭加重处罚还不够，那就通过一个特别法。这是我们在每一个现代国家里都能看到的

---

〔1〕 周光权：《刑法学知识传统中的"人"》，载《金陵法律评论》2001年第1期。转引自冯卫国：《行刑社会化研究》，北京大学出版社2003年版，第17页。

状况，而造成这一状况的原因主要在于盲目崇尚刑罚。"[1]

（3）刑罚人道主义的局限性。刑事古典学派虽然承认犯罪人"人"的地位，主张刑罚的人道主义，反对酷刑镇压，但是，刑罚人道主义只限于本着对犯罪人的怜悯态度，控制刑罚的强度，防止刑罚过于残酷，保障罪犯基本的生活待遇，等等。例如，在刑事古典学派刑罚思想引导下的由霍华德发起的监狱改良运动，其主要成果就局限于罪犯在监狱内物质生活待遇得到改善，而并没有提高监狱的教育改造效能。反而，帮助犯罪人改过自新、复归社会，尊重其社会价值，才是高层次的人道主义。虽然当时霍华德等监狱学家也曾提到对罪犯进行改造的思想，但是，由于刑事古典学派理论的局限，以至于忽略了各个活生生的具体的犯罪人所具有的具体的个性和人格特征，因此，当时不可能提出系统有效的矫正理论。

（二）轻刑化思想的发展

1. 刑事实证学派的历史贡献

刑事实证学派产生于 19 世纪后期，由于当时西方资本主义国家社会矛盾激化，犯罪率急剧上升，特别是累犯、惯犯的大量增加。面对波涛汹涌的犯罪浪潮接踵而至，古典学派的犯罪理论已经无法适应现实需要，因而，以有效遏制犯罪、保卫社会为目标的实证学派应运而生。和刑事古典学派相比，刑事实证学派十分注重犯罪原因的研究，并在此基础上提出了特殊预防论和刑事矫治论等重要理论。

龙布罗梭是刑事实证学派的鼻祖，并首创以实证的方法研究犯罪和犯罪人，致力于探索犯罪行为背后的犯罪原因。龙布罗梭认为，犯罪并不完全是行为人自由意志的选择，更重要的

---

[1]　[意] 恩里科·菲利:《实证派犯罪学》，郭建安译，中国人民公安大学出版社 2004 年版，第 191 页。

是其自身的某种先天因素所导致的，从而将犯罪的原因归结于隔代遗传的产物，并提出了"天生犯罪人论"。龙布罗梭主张从犯罪人出发寻求犯罪对策，提出了社会防卫论和特殊预防论，从而开创性地将研究的焦点从抽象的犯罪法律概念指向具体的犯罪人和犯罪原因，开创了现代犯罪学。从犯罪到犯罪人的视角转变，促使刑法学界对传统的刑罚的惩罚制度进行反思。龙布罗梭认为，刑罚的目的不是为了对犯罪人的报应和对其他一般人的威吓，而是通过剥夺犯罪人的犯罪能力，为矫治犯罪人创造条件，进而实现社会防卫。当然，龙布罗梭的刑事思想也存在一些重大缺憾，例如，采取切除前额、剥夺生殖机能等手术措施来消除犯罪的生理原因，将危险性大的罪犯流放到荒岛、终身监禁，以体刑作为监禁刑的替代措施之一等。[1] 菲利在承认犯罪的人类学因素的基础上，进一步认为犯罪原因还包括自然因素和社会因素，并提出了"犯罪原因三元论"。菲利认为，犯罪是由人类学因素、自然因素和社会因素综合作用的产物，社会因素起着首要的作用。菲利基于对犯罪原因的认识指出，刑罚并非总是对付犯罪的最佳手段，而刑罚替代措施应当成为防卫社会的重要手段；在量刑和行刑中，应当充分考虑犯罪人犯罪的个案特征，并对犯罪人进行科学的分类，采取差别化的预防措施。由于菲利的倡导，刑罚的个别化制度、不定期刑制度和保安处分等矫正制度得以产生和发展，菲利倡导的刑事矫正思想也主导了近代刑罚改革的方向。刑事矫正观念的确立，使监狱的性质发生根本性的转变，监狱制度只是体现报应和惩罚的功能向刑事矫正功能的转变。菲利的犯罪预防思想除了对犯罪人进行矫正即刑罚预防之外，更重要的是社会预防，正是

---

〔1〕 马克昌主编：《近代西方刑法学说史略》，中国检察出版社 1996 年版，第 155~157 页。

在看清了犯罪的社会根源的基础上，提出了"如预防犯罪，首先必须改革社会"的结论。[1]

李斯特作为刑事社会学派的杰出代表，提出了以目的刑论为核心之一的刑罚理论。目的刑论主张，刑罚的主要任务不是对已经发生的犯罪进行报应，而是以预防再犯和保卫社会为目的。刑罚不应当是对犯罪的本能的、冲动的报应和惩罚，而应当是为了保护一定的利益，目的、有意识地适用刑罚。刑罚不能仅仅体现报应的传统刑事观念，适用刑罚的更重要的目的在于对犯罪人的教育改造，消除其人身危险性，从而达到预防犯罪的目的。因而，"应受处罚的不是行为而是行为人"，即刑事责任的基础不是行为人的犯罪行为，而是行为人反社会的危险性格，对不同类型的犯罪人处以不同的刑罚，实行刑罚个别化。鉴于短期自由刑的弊害，应当采用缓刑和累进，适用罚金刑和设立刑务委员会，对少年犯、精神病犯人采取特别处遇等。[2]但是，对于那些不可改造的罪犯，需要采取与社会永久隔离的措施，也即"矫正可以矫正的罪犯，不能矫正的不使其为害"。总之，"最好的社会政策就是最好的刑事政策"。

2. 刑事实证学派的思想局限

刑事实证学派对刑罚轻缓化运动的贡献巨大，但是，这一学派也同样理论存在着局限和不足：

（1）刑事实证学派的主张过于理想化，过于夸大了刑罚的教育改造功能，忽视了刑罚本身应该具有的惩罚功能。主张以矫正取代惩罚，将刑罚当成治疗或教育，这种观点过于理想化，脱离了社会的现实条件，运用到刑罚执行时会在很大程度上削弱刑罚的功能和效果。易言之，当罪犯没有受到身体上的痛苦、

---

〔1〕 陈兴良：《刑法的启蒙》，法律出版社1998年版，第219页。
〔2〕 吴宗宪：《西方犯罪学史》，警官教育出版社1997年版，第336页。

其犯罪所获得的唯一后果却是免费教育特权时，刑罚的存在意义难免令人质疑。[1]

（2）刑事实证学派的刑罚思想偏重于强调社会保护，忽视对犯罪人的人权的保护。"如果单独考虑社会保护的利益，罪犯就可能像被追逐的猎物一样而不是像人一样地被对待，但这不是使他们改良的正确方法。"[2] 刑事实证学派强调特殊预防和刑罚个别化，这违背罪刑法定原则和罪刑相当原则。所以，像不定期刑、保安处分等刑罚个别化制度，有可能在矫正和社会防卫的旗号下，损害公民的权利和自由。在现代社会，每个人都应当是具有独立人格的主体，在司法实践中，决不能把犯罪人仅仅当作客体来对待和处置。20世纪20年代左右，由于受到矫正刑论这一激进思想的影响，意大利1921年《刑法典》和苏俄1926年《刑法典》都曾取消"刑罚"，代之以"制裁"或"社会保卫方法"。但是，"这两个立法文献却证明了废除刑罚的时机还未成熟：消灭了'刑罚'的字眼，以制裁名义实施的仍是刑罚性质的处分。'挂羊头卖狗肉'的严厉指责可谓正中要害。"[3]

（3）刑事实证学派的理论对刑事古典学派所倡导的报应刑理论持一种完全否定态度，会导致破坏法治的危险。"不受报应制约的个别化必然导致无罪施罚；不受报应制约的个别化必然导致轻罪重罚与同罪异罚。"[4] 只要可以在潜在的犯罪人身上找出犯罪的萌芽，那么在犯罪行为以前，可以根据其人身危险性

---

〔1〕 ［意］加罗法洛：《犯罪学》，耿伟、王新译，中国大百科全书出版社1996年版，第228页。

〔2〕 曲新久：《刑法的精神与范畴》，中国政法大学出版社2000年版，第551页。

〔3〕 ［德］拉德布鲁赫：《法学导论》，米健、朱林译，中国大百科全书出版社1997年版，第95页。

〔4〕 邱兴隆：《刑罚个别化否定论》，载《中国法学》2000年第5期，第102页。

处以保安处分。这为当权者滥用权力破坏法治提供了"正当"根据。例如，在第二次世界大战时期纳粹德国和意大利，法西斯把人身危险性这种人的主观特性作为作适用刑罚和保安处分的主要根据，完全抛弃罪刑法定原则和罪刑相当原则。

（三）轻刑化思想的完善

1. 社会防卫运动

第二次世界大战以后，现代西方法律哲学史上出现了自然法学的复兴，产生了新自然法学派。这是人们对战争期间纳粹法西斯政权滥用权力的暴行以及对实证主义法学之间的联系进行的反思的结果。德国著名法学家拉德布鲁赫承认，法律应当具有绝对的价值准则，在实在法和正义原则发生冲突时，应当服从正义原则。拉德布鲁赫的转向促进了新自然法学的发展。富勒、罗尔斯、德沃金是战后新自然法学派的主要代表，都在不同程度地秉承了当年古典自然法学的基本传统，信仰以个人权利为中心的自由主义，强调法律与道德的紧密联系，并对正义问题进行了实体上和程序上的全面研究。在此背景下，西方各国掀起了新一轮的刑事法律制度改革，"新社会防卫论"由此发展起来。安塞尔等新社会防卫论者主张对李斯特、普林斯等人主张的社会防卫论进行改造，主张积极地把人类各种科学研究成果纳入到刑事政策的实践活动之中，合理地组织对犯罪的反应。新社会防卫论的宗旨是强调保护社会免受犯罪侵害，对犯罪人实行再社会化，实行人道的刑事司法。由于新社会防卫论的代表人物不仅从事理论研究，而且强调理论的实用性，强调对刑事立法、刑事司法和社会环境进行实际的改革，故也被称为"社会防卫运动"。[1] 社会防卫运动的兴起，标志着轻刑化

---

〔1〕　参见康树华：《新社会防卫论评析》，载《当代法学》1991 年第 4 期。

思想的发展进入一个新的时期。新社会防卫主义促使西方国家的刑罚体系和刑法制度做出调整，向着轻刑化发展，为刑罚的宽缓奠定了理论基础。

2. 激进的社会防卫理论

社会防卫论在早期以意大利学者格拉马蒂卡的激进社会防卫论为代表，并在他的代表作《社会防卫原理》中得到了集中的体现。

激进的社会防卫论思想的主要特征为：首先，不赞同普林斯的社会防卫目的的主张，社会防卫更本质的目的是"改善那些反社会的人"[1]，而不是保障人权，目的是要那些"反社会的人"重回社会。同时，由于社会原因或个人原因而反社会的，不能简单地予以处罚，应根据不同的情况采取教育和治疗的方法。其次，传统的刑事责任作为评价行为人的标准，往往强调行为人的行为所引起的危害结果或危害状态，这是对个人违反社会规范应受到的惩罚性义务的体现，所以，国家可以启动刑罚权。但是，按照激进的社会防卫论，应当按照"反社会性的指标及其程度"进行判断，以此确定相应的刑事制裁。最后，由于刑罚的本质目的和犯罪的本质及其评价的体系不同，所以，相应的刑事制裁手段就不能是原有的刑罚体系及其刑种，而应当是社会防卫处分，这是完全基于生物学、心理学和社会学等科学知识所建立的一套措施，包括治疗性、教育性等措施。

由此可知，按照激进的社会防卫论思想，犯罪、责任和刑罚等传统概念难以继续被保留，反而，传统的刑法体系应被取消，代之以全新的社会防卫论体系。

在格拉马蒂卡的《社会防卫原理》一书中，激进的社会防

---

〔1〕 参见马克昌主编：《近代西方刑法学说史略》，中国检察出版社2004年版，第345页。

卫论的主要做法得到了集中的阐述：首先，确立反社会性的概念及其具体要素。所谓"反社会性"，是指"对不遵守法律规范者在法律上的一种称呼"，是一种主观主义立场，是以人的反社会人格为根据的，它包括三部分：一是客观的要素，即反社会的行为，包括作为和不作为；二是心理的要素，即反社会性的能力和意思；三是法的要素，是指违法性的问题。其次，是关于反社会性的指标及其程度。反社会性的指标，是指反社会性的表征，也即法律所规定的各种反社会行为的类型。反社会性的指标应当在《社会防卫法典》中加以明确规定，是一种毫无道德评价意义的行为类型。[1]关于反社会性的程度，是指反社会性的严重性，往往要根据和结合社会资质调查或人格调查予以确认。再次，主张运用社会防卫处分。刑罚和保安处分不能融合到一个体系中，因为前者是报复性措施，后者是社会防卫性措施。社会防卫性措施应当完全取代刑罚，也不能简单等同于保安处分，它包括教育性和综合性措施等，在执行中根据人格的变化而发生变化。最后，注重改变原有的刑事诉讼程序，用人格调查为主的"社会防卫程序"取而代之。

综上，以格拉马蒂卡为代表的激进的社会防卫论反对刑罚报应观，从保障人权、改善个人和使个人回归社会的目的出发，提出了对传统刑法变革的主张，这是可取的。但是，将改善个人和防卫社会加以完全的对立，同时只强调抽象的人权观，这是其阶级局限性所导致的。而且，完全否定传统的犯罪、刑事责任和刑罚观念，并且同时否定传统的刑法体系，并代之以其他的"反社会性""反社会性指标及其程度""社会防卫处分"以及"社会防卫程序"等，这些观点过于激进，也未必契合实

---

[1] [意]格拉马蒂卡：《社会防卫原理》，[日]森下忠译，成文堂1980年版，第150页。

际需要。

3. 新社会防卫论的轻刑化思想

马克·安塞尔的新社会防卫论是由刑事实证学派和格拉玛蒂卡的社会防卫思想演变而来，但修正了格拉玛蒂卡的某些极端观点，使社会防卫运动建立在更现实的基础上。新社会防卫论既不主张抛弃刑法，也不否认刑事责任的概念，而主张在刑法科学里努力发展道德化法律化的人道主义，安塞尔将其学说自称为"人道主义的刑事政策运动"[1]。

安塞尔把新社会防卫论的基本观点归纳为三点：其一，新社会防卫论首先对现有的与犯罪作斗争的制度进行批判性的研究，甚至对某些所谓的"神圣原则"提出质疑。对现行制度毫不客气的批判是社会防卫论最坚实的内容之一。其二，新社会防卫论始终主张联合所有的人文科学，包括心理学、生理学、社会学和教育学等，对犯罪现象进行多学科的综合研究，从一开始就反对单纯强调刑法对犯罪现象、法学家对犯罪现象的研究以及所谓解决办法的专有权这一传统观念。其三，社会防卫论希望利用它对现行制度的科学批判及它与人文科学的合作这两点，并遵照以下两个互为补充的指导思想建立起一个崭新的刑事政策体系：一方面，坚决反对传统的报复性惩罚制度；另一方面，立志坚决保护权利，保护人类，提高人类价值，强调对犯罪人的教育改造，使其回归社会，这也就是人们所说的社会防卫运动的人道主义。[2]

（1）核心内容是合理地组织对犯罪的反应。要对现行的制

---

〔1〕 参见鲜铁可：《安塞尔新社会防卫思想研究》，载《中外法学》1994年第2期。

〔2〕 ［法］马克·安塞尔：《新刑法理论》，卢建平译，香港天地图书有限公司1990年版，第30~31页。

度进行检讨，甚至提出异议，并号召所有人文学科通过多学科的研究提出符合我们这个时代要求的、对打击犯罪更有效的反应方式和战略。[1]而且，合理地组织对犯罪的反应的关键在于以人道主义的刑事政策为基础。真正的最高的人道主义，就是承认犯罪人有回归社会的权力，社会有使犯罪人回归社会的义务，把犯罪人教育改造成为新人，使之复归社会。因此，新社会防卫论积极探索在法制结构内把人道主义和刑罚实际效果结合起来的途径与方法，并期望最终通过非刑事措施来代替刑罚，以达到使犯罪者重新社会化的目的。[2]"从重打击""加重刑罚"不是与犯罪作斗争的好办法，犯罪增加的原因主要是个人尤其是青年人得不到任何真正对话的机会，寻找不到他人谅解或理解以及失望所致。对付犯罪应尽量避免千篇一律地适用刑罚，而应重在预防。刑法不是唯一的甚至不是主要的对付犯罪的工具。首先，应当对预防予以极大的注意，通过预防抵制诱发犯罪的因素，其中包括个人的因素即特殊预防和社会肌体的因素以及一般预防。其次，还应超越刑罚的范围，运用民法的、行政法的、社会法的以及教育、卫生、社会福利组织等方法。[3]

（2）坚决反对死刑。在一个以尊重个人和生命价值与维护人类进步的自信心或希望以实现社会增值为核心任务的社会里，死刑是绝对不应存在的。[4]

（3）对监禁刑持异议。随着死刑越来越受限制乃至逐渐废

---

〔1〕　［法］马克·安塞尔：《从社会防护运动角度看西方国家刑事政策的新发展》，王立宪译，载《中外法学》1989年第2期。

〔2〕　储槐植：《欧美刑法改革》，载《国外法学》1987年第1期。

〔3〕　［法］马克·安塞尔：《从社会防护运动角度看西方国家刑事政策的新发展》，王立宪译，载《中外法学》1989年第2期。

〔4〕　马克昌主编：《近代西方刑法思想史略》，中国检察出版社1996年版，第323页。

除，监禁刑成为各国最常用的刑罚方法，并强调对在押罪犯进行"监狱治理"以帮助它早日重返自由社会。但是，安塞尔认为，"理想的监狱"是不存在的。监狱这一与犯罪作斗争的主要工具反而成为重新犯罪的学校，扰乱了罪犯的精神，导致人格异化，使人陷入一种被动的服从状态或不服从的反抗状态从西方国家 30%~40%的累犯比例看，监狱已不再是与犯罪作斗争的有力武器，反而，成了一所"重新犯罪的学校"。而且，剥夺自由刑还导致罪犯与正常的社会生活隔绝，与家庭、朋友、工作完全隔绝，常常造成家庭破裂、夫妻离异，使人处于一种非常不自然的境地，妨碍其重新适应自由社会的生活。[1]因此，对那些确信可以改造的罪犯，西方国家都纷纷采取缓期执行制度以免将这些人送进监狱。如法国的 1958 年《刑事诉讼法典》肯定了以缓刑考验的形式（由"缓刑官"进行监督）。[2]

监禁刑妨碍罪犯重新社会化，最终应当废除监狱刑。但是，监禁刑目前还不能废除，然而，至少可以将监禁刑从法定、常用、普遍实行的刑罚变成一种例外的刑罚，即只有在极其严重和极其少量的情况下才适用。为此。提出了以下监禁刑的替代措施：其一，在保留传统的监禁制度的前提下改变绝对的关押方法。如建立"开放监狱"、实行周末监狱等。其二，扩大缓刑和假释的适用。其三，推广前苏联的"不剥夺自由的劳动改造制"和英国的"公益劳动制"。其四，适当地用罚金刑替代短期监禁刑，可用"日额罚金制"等方法对罚金刑进行改造。[3]

---

〔1〕 卢建平：《社会防卫思想》，载赵秉志主编：《刑法论丛》（第 1 卷），法律出版社 1998 年版，第 178~180 页。

〔2〕 ［法］马克·安塞尔：《从社会防护运动角度看西方国家刑事政策的新发展》，王立宪译，载《中外法学》1989 年第 2 期。

〔3〕 马克昌主编：《近代西方刑法学说史略》，中国检察出版社 1996 年版，第 325 页。

（4）倡导非刑事化的思想。概括而言，它的内容表现为以下"四化"：其一，非犯罪化。只将某些过时的罪名从刑法中取消，如侵害王室和王权罪、亵渎圣物罪、通奸罪等，以便更加集中精力对付其他新型犯罪。其二，非刑罚化。即在不取消罪名的情况下，改变刑罚的适用。如免予刑事处分等。其三，受害人化。指对刑事案件首先弄清所受损失，作出估价，并责令侵害人或社会专门组织（如"受害人补偿委员会"）对受害人进行赔偿。其四，社会化。即将预防犯罪问题不局限在刑法学和刑事政策学范围内，而应统一到整个刑法哲学和社会中政策学中去，用全社会的力量来保卫社会及罪犯人权。[1]

（5）新社会防卫论的轻刑化思想具有局限性。新社会防卫论存在导致刑罚过分轻缓化的不当倾向，简言之：其一，理论上过于超前。新社会防卫论"重返社会"和"非刑罚化"的人道主义思想，为未来的刑罚轻缓化指明了前进方向。但是，其中的一些方案过于超前，不适当地夸大教育感化的作用，忽视惩罚在当前社会条件下的意义。像对待犯错的孩子一样对待犯罪人，对其不是进行惩罚而是进行教育，这确实是人类社会对付犯罪的理想境界。但是，在目前遵纪守法者尚且面临失业、贫困威胁的社会条件下，如果罪犯反而可以享受免费的教育和治疗，服刑完毕后可以得到良好的就业安置，对此公众有理由质疑这种法律的公正性。其二，实践中难以贯彻。用感化代替惩罚的立法愿望是为了感化罪犯，更有效地治理犯罪。但是，从实践情况看，"重返社会"和"非刑罚化"的方案还缺乏足够的物质条件，也得不到政府部门、司法机构和社会舆论的充分理解和支持。这容易出现事与愿违的情况：犯罪人既未得到有

---

〔1〕 马克昌主编：《近代西方刑法学说史略》，中国检察出版社1996年版，第327页。

效改造，又未得到公正的惩罚。从某种程度上讲，"这场重要的使刑事司法制度人道主义化和非刑罚化的运动，在其发展的最后阶段与犯罪本身的变化产生了对立。"[1] 20 世纪 60 年代以后，日益严重的青少年犯罪、有组织犯罪、恐怖活动犯罪迫使各国重新恢复对严重犯罪的严厉制裁措施，这也反映了新社会防卫论过于偏重犯罪人复归社会的权利而忽视对犯罪的刑罚惩罚的局限性。尽管如此，并不意味着刑事政策又完全回到了原来的制裁政策，新社会防卫论倡导的刑事政策思想仍然是当今欧洲各国刑事政策的基础。[2]

（四）轻刑化的实践考察

在轻刑化思潮的影响下，西方国家轻刑化实践也取得了丰硕的成果。主要体现在实体法和程序法两个方面。

1. 轻刑化的实体法实践

在刑事实体法上的轻刑化上，主要体现在对于较轻犯罪的从轻处理上，这在美国和法国以及德国体现得更为明显。

以美国为例，非犯罪化运动是轻刑化的一个重要体现。其主要从三个方面展开：①以"私权理论"（Right of Privacy）为基础，将无被害人犯罪非犯罪化。1960 年，美国《模范刑法典》（Model Penal Code）从刑法的非道德观念出发，将同性间的性行为、卖淫、通奸行为非罪化；1963 年以来，许多州已经使一种及其以上的赌博合法化，12 个州创设了国家抽彩给奖办法，8 个州确立赌场的合法化，至少有 6 个州设立了其他类型的合法赌博。②把性质上属于人的身份和状态的行为非罪化。如流浪乞讨、吸毒成瘾、慢性酒精中毒等。③基于正当程序的限制，

---

〔1〕 ［法］马克·安塞尔：《从社会防护运动角度看西方国家刑事政策的新发展》，王立宪译，载《中外法学》1989 年第 2 期。

〔2〕 梁根林：《刑罚结构论》，北京大学出版社 1998 年版，第 200 页。

美国联邦最高法院的判决表明，传播避孕工具等缺乏可查明的社会危害性的私人活动不应当在法律上规定为犯罪。

在法国，二战后法国刑事政策总体上呈现宽缓趋向。这具体表现为犯罪网的紧缩、刑罚适用上的轻刑化。一是犯罪网的紧缩主要体现在对刑法典中的某些犯罪进行非犯罪化。基于对公民权利的进一步保护，法国刑法典中对家庭中的某些事务予以非罪化，如对同一家庭成员间的盗窃不是犯罪，在理论上称之为"家庭豁免"。对通奸、卖淫、贩卖避孕手段、出版淫秽书刊等危害风俗犯罪的非犯罪化，在社会容忍的范围内最大程度地保护性自由的权利；对同性恋的行为非犯罪化等。1975 年《法国刑法典》首次在法律上确认堕胎的非犯罪化立场；1979年《法国刑法典》规定允许在怀孕的前 10 个星期内自愿堕胎；1990 年法国最高行政法院作出了《欧洲人权公约》（European Human Rights Convention）并不排除允许堕胎的可能性的解释。二是刑罚适用的轻刑化实质上也是法国"轻轻"刑事政策的非刑罚化过程，具体表现在刑罚功能重点的转移和适用量的激增。

与英美国家不同，德国刑事政策的走势基本趋轻。整体而言，德国现代刑事政策的进程格局可概括为：犯罪网趋宽，刑罚网疏缓，轻轻重重，整体趋轻。因而，轻罪轻处，重罪重罚，特种犯罪偏重，刑罚总量减轻。在实体法上，德国"轻罪轻处"实际上就是非犯罪化的过程。这始于 1952 年的《违反秩序法》，1968 年的《违反秩序法》又进一步对轻微犯罪实行了非犯罪化。1969 年，《刑法改革法》对妨害风俗行为进行非罪化，废除了对通奸、成年男子间的性行为及与动物性交的刑事处罚。随后对卖淫、吸毒行为也不再作为犯罪处理。1994 年，彻底废除了对同性恋的处罚规定。1975 年刑法改革中，排除了违警罪（性质不严重的轻微罪）的刑事犯罪性质，把违警罪被视为一般的对法规的违反或当作妨碍秩序行为，只对其处以行政罚款，不再适用刑罚。1975 年，颁布新的《德国刑法典》，将以前作为犯罪处理的决斗、堕胎、男子之间单纯的猥亵行为非犯罪化。《少年法院法》第 9 条规定，对轻微违法行为和越轨行为不科处刑罚。同时，还将盗窃和侵占价值甚微物品的行为规定为告诉才处理的案件，且该规定还可相应适用于其他财产型犯罪。

2. 轻刑化的程序法实践

西方刑事程序的轻刑化主要体现在对大量轻微刑事案件的快速处理机制方面。由于西方国家轻微刑事案件数量十分庞大，为了节省司法资源用于重大案件，因此，对于轻微刑事案件制定了相应的快速处理机制，使得该类案件能够迅速交付审判，即惩罚犯罪，又减少当事人诉累，保障人权。这以美国、法国最具代表性。

美国刑事程序的轻刑化主要体现为轻微刑事案件的管辖特定以及逮捕、审判程序。美国司法程序规定，地方法院的一些基层法院只管辖轻微刑事案件，[1] 重罪案件只有层级较高的法院才能管辖。从而，通过特定的管辖使得一些法院能够最快速的审判轻罪案件，提高提高诉讼效率。同时，美国对于逮捕措施的适用十分严格。只有某行为触犯重罪的情况下才可以予以逮捕。在审判时，在美国某些区，对于轻微刑事案件无须通过大陪审团来进行审判，但是，重罪案件则必须通过陪审团来进行。

在法国，轻罪和违警罪案件的诉讼程序与重罪案件也存在很大不同，轻微刑事案件的程序更为经济快速。比如，在 2005 年的司法统计中，轻罪法院一审的案件占刑事案件总数（包括

---

〔1〕 如治安法院、警察法院、夜法庭等。

预审、一审、二审、复核审）的 50%以上。[1] 简言之，轻微刑事案件与重罪案件的区别有三点：一是管辖法院不同。轻微刑事案件由轻罪法院管辖，重罪案件则由重罪法院来管辖审判。二是审判不同。重罪案件预审的介入是必要和严格的，不是选择性的，而轻微刑事案件则是可以介入也可以不介入，判断标准是案件复杂程度。只是对于较为复杂的案件进行介入。而对于违警案件，除非检察官要求预审，否则原则上无须经过预审。三是公诉失效期间也不同。重罪案件的期限为 10 年，轻罪案件为 3 年，违警罪为 1 年。[2]

---

〔1〕 转引自高长见:《轻罪制度研究》，中国社会科学院研究生院博士论文，2010 年 5 月。

〔2〕 参见卢建平、叶良芳:《重罪轻罪的划分及其意义》，载《法学杂志》2005 年第 5 期。

第二章

我国轻刑化的驱动因素分析

　　轻刑化作为刑事法治领域的一种潮流，其实践离不开现实的土壤。在我国研究轻刑化，必须对我国现有国情进行研究，看其是否具备推行轻刑化的条件，有哪些驱动因素。因而，本文拟从我国过去司法实践、现有犯罪结构、司法判决中的重刑和轻刑比等因素来展开考察。

一、理性反思重刑主义

　　实践是理论的基础，治理犯罪的刑事政策离不开对犯罪实践的考察及反思。轻刑化犯罪治理理念的提出离不开对过去打击犯罪实践的总结和反思。正是因为新中国成立后，特别是改革开放后我国打击犯罪政策的某些经验教训，才催生了轻刑化犯罪治理理论的勃兴。

　　在宽严相济刑事政策提出之前，严格来讲，我国对犯罪治理实行的重刑主义策略。在新中国成立至改革开放二十余年里，我国经历社会主义改造时期、全面建设社会主义时期和"文革"时期这三个阶段。总体而言，这段时期的犯罪率低于改革开放之后，社会治安较好。改革开放之后，由于国家对社会管理逐步放开，以往严密化的组织管理模式开始消解，社会经济结构的变化的思想的变化带来了改革开放之后首次犯罪高峰。

　　据统计，1978年全国发生的各种刑事案件53.6万起，犯罪率为5.6起/万人，和1977年基本持平；1979年全国发生的各种刑事案件63.6万起，犯罪率为6.5起/万人，比1978年分别上升了18.7%和16.1%；1980年全国发生的刑事案件和犯罪率继续上升，分别达到了75.7万起和7.8起/万人，比1979年分别上升了19%和20%；1981年出现了改革开放以后的第一次犯罪高峰，全国发生的各种刑事案件高达89万起，比1980年增加17.4%，犯罪率为8.9起/万人，比1980年增长14.1%。1982年的立案数虽比1981年有所下降，但仍高达74.8万起，犯罪率降为7.4起/万人，但仍比1978年犯罪率高出约1/3。1978—1981年全国发生的各种刑事案件和犯罪率年均增长率分别高达18.5%和16.7%。全国平均每年发生的各种刑事案件71.3万起，比改革开放之前全国平均每年发生的各种刑事案件高1.4倍，按人口平均，犯罪率为7.2起/万人，比改革开放之前的犯罪率高63.6%。从犯罪类型上看，仍以传统的刑事犯罪为主，1981年发生的杀人、强奸、抢劫、盗窃等刑事案件共计80.7万起，占当年发生的刑事案件总数的90.6%。[1]贪污贿赂犯罪和走私犯罪现象也呈日趋严重的趋势。1979年全国检察机关立案查办的贪污、贿赂等犯罪案件为702起，1980年猛增到8181起，是1979年的11.7倍，1981年又猛增到15 753起，环比增加90.7%。[2]1979年，全国海关查处走私案件比1978年增加40%，走私货物价值比1978年增加2倍多。1980年下半年到1982年上半年，各地查处的走私案件又比1979年增加4倍，走私货物价值比1979年增加1倍。在此期间，查获走私到香港的

---

〔1〕 参见康树华：《当代中国热点与新型犯罪透视》，群众出版社2007年版，第2页。

〔2〕 参见魏平雄等主编：《犯罪学教科书》，中国政法大学出版社2008年版，第106页。

黄金、贵重药材价值达 5.6 亿美元，走私物品的总价值相当于人民币 20 多亿元。[1] 从犯罪主体来看，国家工作人员开始成为犯罪主体的重要组成部分；14~25 岁的青少年罪犯高达 70%~80%。[2] 在这个时期，犯罪现象开始出现地域性特点：沿海和南方经济开始迅速发展，同北方和中西部地区开始拉开差距，造成犯罪现象在地理分布上的东西和南北差异，即南方经济发达地区犯罪率高于北方不发达地区，东部地区高于中西部地区；经济发达地区财产型犯罪突出，经济落后地区暴力型犯罪突出的现象。

（一）第一次"严打"的反思

为有效遏制严峻的犯罪形势，1983 年 8 月，中央作出了严厉打击严重刑事犯罪活动的决定；9 月全国人大常委会作出了《关于严惩严重危害社会治安的犯罪分子的决定》，开始了为期三年的"严打"斗争。"严打"的效果是明显的，但是，也存在一定的问题。1983 年，全国刑事犯罪案件下降为 61 万起，犯罪率下降为 6 起/万人，刑事案件和犯罪率比 1982 年分别下降 18.4% 和 20.3%；1984 年刑事案件和犯罪率继续下降，比 1983 年分别下降 15.7% 和 17.0%；1985 年和 1986 年严打的效果有所减弱，刑事案件和犯罪率开始略微有所提升，刑事案件维持在 54 万多起的规模，犯罪率维持在 5.1 起/万人的水平。据统计，1983 年 8 月到 1986 年底，全国各级法院共审结刑事案件 140 万件，判决罪犯 172 万名。其中，属于流氓集团、杀人、抢劫、强奸等七个方面的严重刑事犯罪案件 60 余万件，占全部刑事案

---

〔1〕参见欧阳涛等：《经济领域严重犯罪问题研究》，法律出版社 1984 年版，第 4 页。

〔2〕参见康树华：《当代中国热点与新型犯罪透视》，群众出版社 2007 年版，第 19 页。

件的 40% 左右。判决此类罪犯 80 余万人，占案犯总数的 45% 左右。在判处无期徒刑和死刑（包括死缓）的罪犯中，90% 以上属于严打重点打击的七个方面的罪犯。[1] 在 1983 年 8 月到 1984 年 7 月的"严打"第一阶段，判处死刑 24 000 人。[2] 第一次"严打"带来了犯罪率的急剧下降。

根据统计：在 1983—1986 年，我国犯罪总量处于低水平，呈现负增长或低速增长态势，是 1978 年以来刑事犯罪的低谷，其中，1984 年是最低点，全国刑事案件数为 51.4 万起，犯罪率 5 起/万人。

（二）第二次"严打"的反思

第一次"严打"结束不久，我国犯罪又呈上升趋势。1987 年公安机关立案的刑事案件数为 57 万起，比 1986 年增加 4.3%；1988 年全国的刑事案件立案数增到 83 万起，比 1987 年增加 45.1%，犯罪率为 7.5 起/万人，比 1987 年增加 44.2%。1990 年全国公安机关立案的刑事案件增至 221.7 万起，突破 200 万大关，比 1989 年增加 12.7%，犯罪率为 19.4 起/万人，比 1989 年增加 10.9%。1991 年刑事案件立案数又陡增至 236.6 万起，比 1990 年增加 6.7%，犯罪率为 20.4 起/万人，比 1990 年增加 5.1%，1993 年全国发生的刑事案件为 161.6 万起，比 1992 年增加 2%，犯罪率为 13.6 起/万人，比 1992 年增加 0.7%；1994 年刑事案件为 166 万起，比 1993 年增加 2.7%，犯罪率为 13.9 起/万人，比 1993 年增加 2.2%；1995 年刑事案件为 169 万起，比 1994 年增加 1.08%，犯罪率为 14 起/万人，比 1994 年增

---

[1] 参见魏平雄等主编：《犯罪学教科书》，中国政法大学出版社 2008 年版，第 109 页。

[2] 文史参考杂志社：《1949—2010：死刑 60 年》，载《文史参考》2010 年第 20 期。

加 0.7%。其中，重特大案件 70 余万起，比 1994 年上升 12.6%。1995 年，杀人犯罪上升 3%，抢劫案件上升 3.3%，盗窃案件与 1994 年持平。刑事犯罪造成人民群众伤亡比 1994 年分别增加 1798 人和 2365 人，直接财产损失 90 亿元，比 1994 年增加 15.5%。[1] 由此，形成了改革开放后的第二次高峰。

1996 年 4 月，中央决定开展全国范围内大规模的第二次"严打"斗争，主要是侦破一大批重大案件，追捕一大批负案逃犯，打击带有黑社会性质的犯罪团伙和流氓恶势力、抢劫金融财会部门和洗劫过往车辆等重大流窜犯罪案犯、贩毒贩枪、拐卖妇女儿童、卖淫嫖娼、制黄贩黄、赌博以及对群众危害面广的多发性盗窃犯罪。1996 年开展了"严打"斗争，在 4—7 月间，接连组织了三个"战役"，效果明显。1996 年全国刑事案件为 160.1 万起，比 1995 年下降了 5.5%，犯罪率为 13.1 起/万人，比 1995 年下降了 6.4%。1997 年全国各类刑事案件的总量与 1996 年基本持平。

（三）第三次"严打"的反思

第二次"严打"斗争结束之后，我国犯罪行为又开始猛增。1998 年刑事案件为 198.6 万件，比 1997 年增加 23%，犯罪率为 15.9 起/万人，比 1997 年增加 21.4%。"严打"的边际效用开始显现，1983 年的"严打"可维持近三年治安好转，到 1996 年严打的积极作用连一年都维持不了。为此，2001 年 4 月，中央决定召开全国社会治安工作会议，江泽民同志发表了重要讲话，决定从 2001 年 4 月开始在全国范围内开展为期两年的严打整治斗争，以"打黑除恶"专项斗争为重点，分"打黑除恶""治爆缉枪""整顿和规范市场经济秩序"三条战线，以遏制治安形势

---

[1] 参见魏平雄等主编：《犯罪学教科书》，中国政法大学出版社 2008 年版，第 111 页。

迅速恶化的发展态势。在全国政法干警和全国人民的共同努力下，全国刑事犯罪案件大幅增长的态势得到了初步遏制。2001年全国刑事犯罪增长速度由2000年的61.7%下降到22.6%，但刑事犯罪总体量仍在上升，并突破了400万起大关，为445.8万起，犯罪率为34.9起/万人，刑事案件和犯罪率均达到新中国成立以来的最高值，形成了我国刑事犯罪的又一次高峰。2002年刑事犯罪总量得到了有效遏制，出现了少有的负增长（下降2.7%）。但是，相比1983年和1996年两次"严打"都是"立竿见影"的先例，此次效果不容乐观。"严打"整治斗争一结束，刑事犯罪又开始反弹，2003年增长了1.3%，达到439.4万起，犯罪率也上升了0.7%，达到34起/万人。2004年，我国刑事犯罪总数上升到471.8万起，上升幅度明显加快，增长速度达到7.4%，比1978年增加了7.8倍；犯罪率达到36.3起/万人，比1978年增加了5.5倍。

由以上分析可以得知，改革开放之后的三次犯罪高峰和随之的三次"严打"斗争都未能有效遏制犯罪现象的死灰复燃，而且严打对犯罪的遏制作用日益式微。可以说，实践已经证明，依靠严厉的刑罚手段来遏制犯罪不是长久之策。[1]而且，"严打"由于在"依法"层面的突破过多，使得"严打"的法治立场不够坚定。[2]因而，基于过去打击犯罪司法实践的反思和总结，有必要对以往的犯罪治理政策进行转型。基于此，宽严相济的刑事政策提上日程，而宽严相济的刑事政策也为轻刑化的深化实践开拓了道路。

---

〔1〕　参见苏惠渔、孙万怀：《"严打"方针的刑法学思考》，载《法学》2002年第1期。

〔2〕　参见齐文远、周详：《"严打"方针的刑法学思考》，载《法学论坛》2002年第5期。

二、国家治理理论的时代呼应

中共十八届三中全会在《关于全面深化改革若干重大问题的决定》中明确提出，"全面深化改革的总目标是完善和发展中国特色社会主义制度，推进国家治理体系和治理能力现代化。"这是中国共产党首次将"推进国家治理体系和治理能力现代化"作为深化改革的总目标，具有重要意义。习近平总书记在全面深化改革专题研讨班上指出，推进国家治理体系和治理能力现代化，是坚持和发展中国特设社会主义的必然要求，也是实现社会主义现代化的应有之义。2014 年，中共中央《关于全面推进依法治国若干重大问题的决定》明确指出："依法治国，是坚持和发展中国特色社会主义的本质要求和重要保障，是实现国家治理体系和治理能力现代化的必然要求。"因此，国家治理与依法治国息息相关。

犯罪治理作为国家治理的重要组成部分，实现犯罪治理体系和治理能力的现代化，应该是其题中之要义。治理体系和治理能力的现代化这一重要命题提出，是对过去犯罪治理政策的科学总结而得出的。在一定程度上讲，正是我国在犯罪治理问题上的不断理论总结和深化才推出了这一时代命题。简而言之，犯罪治理体系和治理能力必须适应当前改革发展的形势和要求，实现犯罪治理的现代化转型，这种转型，必须对现有刑事政策进行改革调整。因而，轻刑化是犯罪治理体系和治理能力现代化的优先选项。

在提出国家治理体系和治理能力现代化这一概念之前，我国对犯罪的打击方式基本呈现为依靠政策和逐步过渡到依靠法律的特征。但是，即使在依靠法律阶段，由于我国刑法对犯罪处刑过重过严的基本特点，所以决定了我国刑罚仍然没有走出重刑主义的阴影，政策主导的犯罪治理模式依然具有重要的影响力。

在新中国成立后至改革开放之前的一段较长的历史时期，我国对打击犯罪基本采取依靠党的政策来管理的模式。这种犯罪治理模式最先应用于镇压反革命运动以及"三反五反"等运动之中。1950 年 3 月，中共中央发出了《关于镇压反革命活动的指示》，该指示成为镇压反革命的根本依据。后来，由于镇反运动中出现了"过宽"的问题，毛泽东又主持制定并下发了新的《关于镇压反革命活动的指示》（又称《双十指示》）。在这一阶段，虽然也制定了一些法律，但起主要作用的是党的政策。

1957 年"反右"之后，党的政策，特别是个别领导人意志在定罪量刑中的作用日益突出，甚至出现了领导人决定是否犯罪的现象。1955 年，人民日报把胡风上书党中央的信件公开发表，毛泽东亲自写下按语，指出"胡风一伙或是帝国主义国民党的特务，或是共产党的叛徒，由这些人做骨干组成一个暗藏在革命阵营内的反革命派别，一个地下的独立王国"。胡风的罪与非罪问题未经司法机关审判便由毛泽东一人定罪，后胡风被判处有期徒刑 14 年。此后，用党的指示和命令取代法律达到了高潮，开始了与罪刑由"执政党定"的历史。[1]

改革开放之后，我国在总结反思过去历史教训的基础上，开始重视法治。在刑事犯罪领域，先后制定了 1979 年《刑法》和 1997 年《刑法》及后续各部刑法修正案。总体来讲，这一时期走出了过去法律虚无主义的阴霾，法律在治理犯罪中的作用日益凸显，同时，对死刑的罪名也逐步削减，刑罚也逐步轻缓。特别是 2004 年宽严相济刑事政策的提出，法治与政策之间的关

---

〔1〕　卢建平：《刑事政策与刑法变革》，中国人民公安大学出版社 2011 年版，第 132 页。

系得到了良性的互动。

2005 年 12 月，全国政法工作会议上，中共中央政治局常委、政法委书记罗干提出了宽严相济的刑事政策，指出宽严相济的刑事政策是我国在维护社会治安的长期实践中形成的基本刑事政策。据此，宽严相济的刑事政策是"对刑事犯罪区别对待，做到既要有力打击和震慑犯罪，维护法制严肃性，又要尽可能减少社会对抗，化消极因素为积极因素，实现法律效果和社会效果的统一"。一方面，必须坚持"严打"方针不动摇，对严重刑事犯罪依法严厉打击，什么犯罪突出就重点打击什么犯罪，在稳准狠上和及时性上全面体现这一方针；另一方面，要充分重视依法从宽的一面，对轻微违法犯罪人员，对失足青少年，要继续坚持教育、感化、挽救方针，有条件的可适当多判一些缓刑，积极稳妥地推进社区矫正工作。罗干的讲话明确要求全国政法机关必须区别对待犯罪，贯彻宽严相济的刑事政策。随后，2006 年 3 月在十届全国人大四次会议上，最高人民法院、最高人民检察院在工作报告中均提及宽严相济的刑事政策。最高人民法院谈到 2006 年的工作安排时，指出要坚持宽严相济的刑事政策。最高人民检察院的工作报告也提出全国检察机关认真贯彻宽严相济的刑事政策，坚持区别对待。2006 年 10 月 11 日，中共中央第十六届六中全会颁发《关于构建社会主义和谐社会若干重大问题的决定》，提出了要实施宽严相济的刑事司法政策。该决定明确指出要实施宽严相济的刑事司法政策。中共中央第十八届三中全会在提出社会治理现代化的命题是我国刑事政策变革的先声，预示着必然要从宽严相济刑事政策向轻刑化转型。总之，轻刑化理念符合社会治理现代化命题的时代需要，提倡轻刑化是大势所趋。

三、轻刑化的全球趋势

从世界刑事司法发展来看，轻刑化亦是世界刑事司法发展潮流。资产阶级革命胜利之后，平等、自由、博爱等观念逐步深入人心，生命刑和肉体刑等残酷刑法逐步被自由刑替代。特别是第二次世界大战之后，基于对刑罚及其本质的进一步厘清和人权保护观念的再次勃兴，世界范围内的轻刑化运动蓬勃发展。纵观轻刑化的实践与探索，它主要体现在死刑的衰弱和非监禁刑的兴起。

死刑的衰弱主要体现在国际立法的推动和各国废除死刑的实际行动。战后世界各国签署的联合国《公民权利和政治权利国际公约》第6条明确规定："一、人人有固有的生命权。这个权利应受法律保护。不得任意剥夺任何人的生命。"这一条明确宣示了国际社会对个体生命权的保护。同时，面对死刑的现状，该公约明确要求各国最大程度限制死刑。"二、在未废除死刑的国家，判处死刑只能是作为对最严重的罪行的惩罚，判处应按照犯罪时有效并且不违反本公约规定和《防止及惩治灭绝种族罪公约》的法律。这种刑罚，非经合格法庭最后判决，不得执行。……四、任何被判处死刑的人应有权要求赦免或减刑。对一切判处死刑的案件均得给予大赦、特赦或减刑。"该公约的签署对推动世界各国限制乃至废除死刑开辟了新的道路。1989年12月，第44届联合国大会通过了旨在废除死刑的《公民权利和政治权利国际公约第二任择议定书》，又称为《废除死刑公约》。1997年4月3日，联合国人权委员会通过了1997/12号决议，明确呼吁保留死刑的国家要减少死刑适用范围，暂停执行死刑的判决。而后，1998/8号决议再次督促保留死刑国家推迟执行死刑的判决。2007年，联合国大会以104对54个国家的较大优势通过了一项决议，呼吁在世界范围内暂停执行死刑并最终废除死刑。2008年12月迎来了更大的胜利，106个国家投票支持一项类似的决议，只有46个国家投反对票。

在国际区域层面，要求废除死刑的行动也不断开展。1985年生效的《欧洲人权公约》（第六议定书）就明确要求欧洲国家废除死刑。而后，欧洲议会甚至将是否废除死刑，至少立即停止执行死刑的判决作为加入欧盟的必要条件。

在国际社会的推动下，世界各国纷纷限制、废除死刑。自1988年以来的20年间（截至2009年4月30日），废除死刑的国家增加近一倍，达到102个（其中94个国家完全废除死刑，另外8个国家废除了针对普通罪行的死刑）。94个国家在法律中保留了死刑，其中仅48个国家（仅占所有国家的1/4）在过去的10年间曾动用死刑。其余的46个国家在过去的10年间从未动用死刑，被联合国归类为"事实上废除死刑的国家"[1]。

而且，非监禁刑的逐步推行也是大趋势所在。非监禁刑是20世纪非刑罚化运动推动的结果，主要体现在以下方面：

第一，罚金刑的广泛适用。罚金刑可以防止自由刑的弊端，尤其是短期自由刑的问题。德国刑法学者耶塞克明确指出"在现代刑事政策中胜利地向着罚金刑前进的出发点，是同短期自由刑进行的斗争"[2]。从罚金刑的国际现状来看，罚金刑已经成为世界各国最为广泛适用的刑罚种类之一。在日本，罚金刑占据判刑总数的94.43%；在英格兰和威尔士，罚金刑占被判刑总数的79.33%，在德国，罚金刑占被判刑总数的79.31%，在

---

〔1〕 ［英］罗杰尔·胡德：《死刑废止之路新发展的全球考察》，付强校译，高铭暄点评，载《法学杂志》2011年第3期。

〔2〕 ［德］汉斯·海因里希·耶施克：《世界性刑法改革运动概要》，何天贵译，载《法学译丛》1981年第1期。

奥地利，罚金刑占被判刑总数的 70.61%。[1]

第二，社区矫正措施的适用。社区矫正是指针对被判处非监禁刑罚的罪犯，在判决、裁定或决定确定的期限内，置于社区之内，由专门的国家机关在相关的社会团体和民间组织以及社会志愿者的协助下，矫正其犯罪和行为恶习，防止其再度发生违法犯罪的情形，并促进其顺利回归社会的管理、教育、改造活动。[2] 社区矫正于 20 世纪 30 年代—50 年代在欧美等西方国家开始兴起，其宗旨是防止监禁刑导致受刑人隔离社会的弊端，对于一些可以不剥夺人身自由的较轻犯罪行为，采取社区矫正的方式促其回归社会。20 世纪六七十年代是社区矫正的黄金时期。目前，世界各国社区矫正得到了大规模应用。加拿大适用社区矫正的人数占到服刑总数的 50%。1998 年，瑞典判决罪犯 1.9 万余人，其中 1.6 万余人适用社区矫正。

四、"轻罪结构"的制度支持

轻刑化的推行离不开现实的土壤，否则，只能是空中楼阁。只有司法实践提供强大的现实基础，轻刑化才能获得丰富的养料而不断生长。换言之，轻刑化需要与其配套的现实背景。可以设想的是，在社会及其不发达的封建社会很难以推行轻刑化，在一个恶性暴力犯罪突出的社会也难以实践轻刑化。因而，需要对我国的当前犯罪结构进行考察。通过考察，我们发现，特别是宽严相济刑事政策提出以来，我国的犯罪结构已经发生了较大变化，从恶性暴力犯罪高发逐渐转变为以轻罪刑事案件占主体的犯罪现实结构。这种犯罪结构清晰地表明，在轻罪犯罪

---

〔1〕 吴宗宪等：《非监禁刑研究》，中国人民公安大学出版社 2003 年版，第 269 页。

〔2〕 李恩慈：《论社区矫正的几个问题》，载《中国法学》2004 年第 4 期。

行为占主体的社会里，继续推行重刑主义实无必要，因而，有必要对此进行调整。

（一）我国当前犯罪态势的结构

下面文本将分析我国犯罪态势的内在结构，所用资料数据来自中国法律年鉴、两高工作报告、公安部网站资料等。

1. 犯罪量的变化分析

根据有关资料统计，2008—2013年，刑事案件立案数保持在430万起以上，总体上看，目前犯罪率仍然保持高位态势不降，且相对稳定。虽然2010年比2009年有所下降，但是2010年之后一直在缓慢增长。[1]

（1）犯罪率上升是一个世界性趋势，我国犯罪增长速度只属中等。据统计，2008—2013年公安机关刑事案件立案年均增长率达8%左右。就绝对数字而言，这一犯罪增长速度看起来似乎非常快，但如果在世界范围内横向比较其实并不快，而只属中等。因为随着工业化、城市化、国际化进程的推进，犯罪率上升是一个世界性趋势，不仅中国如此，外国也如此；不仅发展中国家如此，发达国家同样如此。据联合国毒品和犯罪问题办事处对全世界127个国家和地区2008—2013年犯罪率的统计，犯罪率上升在全球范围内是一个普遍趋势，并且很多国家犯罪率上升速度比中国快，甚至比中国快很多倍。

（2）与其他国家相比，我国严重暴力性犯罪在全部刑事案件中所占比率非常低。根据公安部的统计，2008—2013年之间，我国故意杀人、故意伤害、强奸、抢劫这四类案件之和除以"刑事案件"总数，比率为4.91%~5.82%。根据联合国毒品和

---

〔1〕参见赵志华、鲜铁可：《轻刑化问题实证研究——以轻刑化趋势和犯罪态势的内在平衡为视角》，载《中国刑事法杂志》2011年第9期（如无特别说明，本小节的数据部分转引自该文章）。

犯罪问题办事处的统计，40个国家和地区中，就四种严重暴力性犯罪占全部刑事案件的比率而言，中国排第32位。换言之，77.5%的国家和地区四种严重暴力性犯罪占全部刑事案件的比率都比中国高，只有8个国家（20%）比中国低。显然，中国严重暴力性犯罪在全部刑事案件中所占的比率是比较低的。相比之下，仅在澳大利亚首都地区，每10万人就有673人犯罪。以凶杀为例，记录显示，2016年每10万俄罗斯人就有15人被杀害，而美国和中国的相应数字是8人和2.3人。

2. 犯罪质的变化分析

（1）经济犯罪案件呈上升趋势。据统计，2008年经济案件立案6.6万起，涉案价值839.1亿元。从2009年起，经济案件又呈快速上升势头。据公安部通报，2010年经济案件立案数7.2万起，同比上升9.7%，是近年来上升幅度最高的一年，其中金融诈骗案件7458起，同比上升1.7%；侵犯知识产权案件1799起，同比上升51.9%。2011年，全国公安机关共立破坏社会主义市场经济秩序犯罪案件8.4万起，比2010年上升4.2%，自2009年以来连续第四年出现明显上升的趋势。从具体案件类型来看，除涉税案件和侵犯知识产权案件有所下降外，其他案件均呈上升走势。其中，妨害公司企业管理秩序3265起，同比上升15.4%；破坏金融管理秩序3976起，同比上升11.3%；金融诈骗9055起，同比上升14.3%；扰乱市场秩序3.9万起，同比上升10.1%。

（2）严重暴力犯罪明显下降。严重暴力犯罪明显下降。以杀人犯罪情况为例：2008年杀人案件立案数为2.5万起，2013年已下降到1.5万起，几乎减少一半。另据公安部全国治安形势通报：2008年1—11月，几类严重犯罪案件下降幅度较大。爆炸案同比下降33.7%，放火案同比下降25.3%，强奸案同比下降 9.8%，杀人案同比下降 7.7%，抢劫案同比下降 5.7%。2009 年，几类严重影响群众安全感的严重暴力犯罪案件如爆炸、放火、杀人、强奸案件，同比分别下降 13.7%、23.9%、15.9% 和 6.8%；2010 年，严重暴力犯罪进一步下降，全国公安机关共立放火、爆炸、杀人等严重暴力犯罪案件 53.2 万起，比 2009 年减少 2.2 万起，下降 4%。这是继 2008 年以来严重暴力犯罪连续三年出现明显下降，也是降幅较大的一年。2009 年严重影响群众安全感的爆炸、放火、杀人、强奸、绑架等严重暴力犯罪进一步减少，同比分别下降 25.2%、11.3%、10.3%、1.9% 和 1.5%。

据公安部统计，2011 年，全国公安机关共立"两抢一盗"犯罪案件 364.6 万起，比 2010 年减少 6.1 万起、下降 1.6%。在公安机关所立的"两抢一盗"案件中，盗窃案件 314.4 万起，比 2005 年下降 0.6%。其中，入室盗窃 107.3 万起，下降 4.9%；盗窃机动车 63.7 万起，下降 6.7%。抢劫案件 31 万起，下降 6.8%。其中，入室抢劫 2.6 万起，下降 16.1%；抢劫机动车 2.4 万起，下降 10.8%。抢夺案件 19.2 万起，下降 9.5%。

（3）过失犯罪案件数量居高不下，并呈上升趋势。随着社会生活越来越丰富化、复杂化，尤其是高速交通运输的发展，过失犯罪案件数量逐年呈上升趋势。进入 2008 年，过失犯罪案件猛增至 7 万件。此后，过失犯罪案件每年都没有低于 13 万件，2012 年达到 30 万件。2008—2013 年间，收案数量达到了 125 万件，是过去 22 年受理此类案件总数的 2 倍以上，平均案件数量比例占到了刑事案件总数的 15.4%。

从以上分析可见，我国现阶段的犯罪态势呈现出三个特点：其一，严重暴力犯罪明显下降；其二，随着经济的快速发展，经济犯罪呈上升趋势；其三，生活节奏加快，社会关系更趋复杂，人们由于各种生活摩擦而产生的矛盾和纠纷，导致的伤害、侵财等轻微犯罪以及各种过失犯罪频繁发生，而且所占全部刑事案件的比例不断提高。

（二）法院判决的"轻罪结构"趋势

1. 2003—2015 年全国法院判决重刑和轻刑的适用比率

上文从犯罪的严重程度来进行分析。为了更好地分析我国适用轻刑化符合我国司法实践，下面将对我国法院刑事案件的判决的状况来进行分析。本文所有的数据均来自《中国法律年鉴》和《人民法院年鉴》中的数据。本文的轻刑以宣告刑为 5年有期徒刑为界限区分轻刑和重刑。

根据资料统计分析，重刑率 2003 年为 23.57%，2004 年为21.75%，2005 年为 21.05%，2006 年为 20.45%，2007 年为19.05%，2008 年为 17.85%。2009 年为 16.31%，2010 年为15.81%，2011 年为 14.22%，2012 年为 13.49%，2013 年为10.79%，2014 年为 9.43%，2015 年为 9.37%。

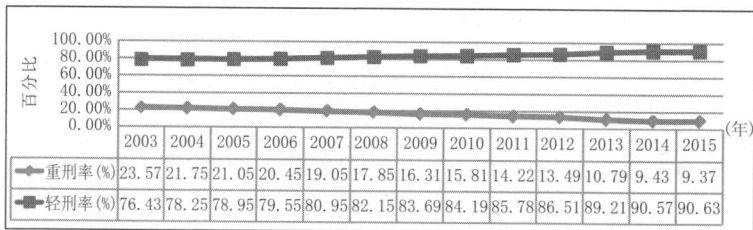

百分比	2003	2004	2005	2006	2007	2008	2009	2010	2011	2012	2013	2014	2015	(年)
重刑率(%)	23.57	21.75	21.05	20.45	19.05	17.85	16.31	15.81	14.22	13.49	10.79	9.43	9.37	
轻刑率(%)	76.43	78.25	78.95	79.55	80.95	82.15	83.69	84.19	85.78	86.51	89.21	90.57	90.63	

图 1　2003—2015 年我国轻刑率和重刑率变化趋势图

从上图可以看出，2003—2015 年，我国法院判决的 5 年以上有期徒刑呈逐年下降趋势，而 5 年以下有期徒刑（包括附加刑和免于刑事处罚）呈现逐年上升趋势。而且，从整体来看，2003—2015 年我国法院判决中的轻刑判决已经占据到了我国法院判决的主体部分。这充分说明：在我国现有刑事犯罪中，实际上是以轻刑判决为主的，以重罪判决为辅的，轻刑化趋势十分明显。

2. 缓刑判决的适用率

缓刑，是对犯罪分子宣告刑罚而附条件不予以执行的一种刑罚方式。缓刑充分体现了刑罚的人道主义一面，同时也契合了轻刑化的世界趋势。因而，从缓刑判决也可以进行研究。下面本文拟从2003—2015年全国法院的缓刑判决来进行研究。经过数据处理，制作如下图表。

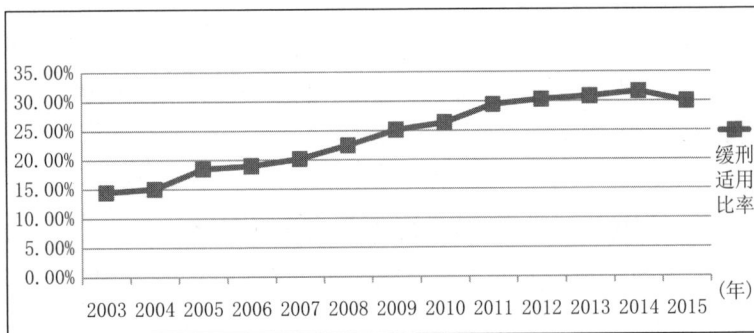

图2　2003—2015年我国法院缓刑适用比率趋势图

经过数据相关处理，可以得知2003年为14.5%，2004年为15.05%，2005年为18.47%，2006年为18.95%，2007年20.15%，2008年为22.45%，到2013年为30.78%，2014年为31.61%，2015年为29.95%。因而，2003—2015年全国法院的缓刑判决也呈明显的上升趋势。这说明我国法院在适用缓刑的力度上不断增加。

3. 监禁刑和非监禁刑判决的适用比率

2003—2015年全国非监禁刑适用比例图如下：

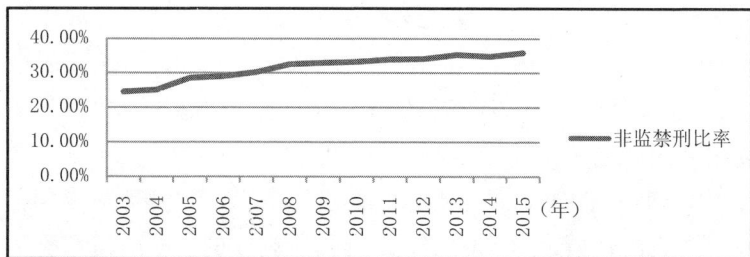

图 3　2003—2015 年我国非监禁刑适用比率趋势图

从上图清晰的可以看出，2003—2015 年，我国法院在判决中适用非监禁刑（包括缓刑、管制、免于刑事处罚等）比率逐步加大，从而再次说明司法实践中的轻刑化趋势。

（三）轻刑化与犯罪态势的当下内合

为了有效检验轻刑化的趋势和犯罪态势之间的关系，应当充分准确把握犯罪态势的内部构造和指标意义。对于我国轻刑化趋势与犯罪态势是否存在内在契合这一争论，最好的思考方式和检验途径不是"我认为如何"，而是根据科学规范的检验逻辑和客观真实的数据，用"数据说话"。据统计的数据表明：犯罪率有明显增长，犯罪率的上升主要体现在经济犯罪率、财产犯罪率、轻微、过失犯罪率的上升，而严重暴力犯罪是呈下降趋势的。所以，轻刑化趋势与犯罪态势是内在契合的。

1. 轻刑化趋势与经济犯罪增加的犯罪态势是内在契合的

首先，许多实证研究的结果证明，2003 年以来，这一时期的社会经济因素对纵向和横向犯罪率的变化均构成显著影响，这又影响着刑事司法。因为当犯罪数量的增长在较大程度上是社会因素作用的结果时，刑罚资源将适度投入，而非机械地相应增长。从表面上看，这是一种不一致的司法投入，实际上，不一致背后蕴含着更加深刻的一致。

　　其次，我国对绝大多数经济犯罪、财产犯罪判处的刑罚严厉程度要甚于许多国家。我国现今经济犯罪的增加有很多的原因，已有的刑罚设置及配套系统不能很好地控制犯罪数目是很重要的原因之一。如果无视效益，增大资源投入、"从严"、"从重"处理经济罪犯，是不合逻辑的。经济犯罪的发生动因带有明显贪利的性质，对这些罪犯，刑罚所剥夺的，即或是一两年的有期徒刑（如果追究概率高的话），其威慑的效应也是大的。既然轻刑已有足够的威慑力，那么我们目前的刑罚体系就确实可以从轻了，这个轻刑化不是一个制度设计的结果，而是现实的发展已不需要大面积的重刑。

　　最后，如果看一些欧洲国家的刑罚演变历史，就可以看到，轻刑化趋势与经济犯罪增加的犯罪态势之间保持了良好的平衡。西方国家在经济犯罪的刑罚设置中以财产刑为主，辅以各类资格刑、保安处分，刑罚的执行成本相对较低，增加的司法资源可以有效地分布在提高受罚概率之上。但是，我国对经济犯罪的刑罚设置是以自由刑为主，执行刑罚需要维持监狱、拘役所等相当多的大型设施的运作及其背后复杂的社会系统的运作，耗费的资源就比较多，相比之下效率偏低，同等条件下能够直接用于减少经济犯罪的资源有限。这种不科学的刑罚设置和资源配置模式势必影响到司法的可行性和有效性，无形中又降低了客观存在的受罚概率，反过来又会刺激更多的犯罪产生。这如同市场经济中资本经常性地流向低风险、高利润的生产部门一样，如此反复便是一个恶性循环。

　　2. 轻刑化趋势与严重暴力犯罪明显下降的犯罪态势是内在契合的

　　随着国际社会人权运动的日益高涨以及刑罚谦抑、人道、宽容思想渐次深入人心，世界刑事政策总的趋势是朝向轻缓化的方向发展。但是，并非对所有的犯罪都予以宽松处理，而是重其重者，轻其轻者，重中有轻，轻中有重，轻重结合，轻重有度。对于严重暴力犯罪、有组织犯罪、恐怖组织犯罪和毒品犯罪等严重危害社会安全的犯罪，并不主张没有原则的从轻，并不是彻底的一律从轻。无论是从犯罪率、犯罪的增长速度，还是从严重暴力犯罪占全部刑事案件的比率来看，我国与其他国家和地区相比都不算高。就犯罪率以及严重暴力犯罪占全部刑事案件的比率而言，我国的比例不仅不是最高，而且相比之下偏低，许多国家包括法治发达国家犯罪率以及严重暴力犯罪占全部刑事案件的比率都是我国的几倍、十几倍、甚至几十倍。尽管自 2008—2015 年间，中国的"毛犯罪率"总体呈上升趋势，但是，伴随着经济的高速增长，非正式社会控制的减弱和资源分配结构的失衡是犯罪增多的重要原因。因而，不能全部归咎于刑罚。

面对这种情况，社会用刑罚对犯罪做出的反应表现出适度克制和轻缓，5 年有期徒刑以上刑罚的适用应当更为审慎。因为刑罚力度不一定与犯罪态势及其数量的多少成正比，倒是与犯罪的社会成因有关。犯罪控制过程，它实际上是个社会控制的过程，包括了犯罪知识论的改造过程，以及刑法运行方式的整合过程。我国现行的轻刑化的趋势是与当前的严重暴力犯罪明显下降的犯罪态势是内在平衡的。

3. 轻刑化趋势与过失犯罪明显上升的犯罪态势是内在契合的

首先，与故意犯罪相比，过失犯罪行为的不法内容和责任内容较轻，过失犯罪的人身危险性比故意犯罪要小。其次，从威慑和矫正的角度看，有两个客观事实我们不能不顾：其一，危害是由行为人因轻率造成的；其二，刑罚可以威慑人们不再轻率行事。对于过失犯罪来说，广泛被适用的刑罚方法应该是单处或并科罚金等轻刑。如日本现行刑法总计 7 种过失犯罪，每一种都在其法定刑中单独或于自由刑后规定了罚金刑；又如《德国刑法典》在其所规定的 20 种过失犯罪中，也在每一种过失犯罪的法定刑中规定可以并科或单处罚金。然而，我国罚金刑在过失犯罪中所占的比率仍然很小，只有《刑法》第137条的"工程重大安全事故罪"规定有罚金刑。我国处罚过失犯罪过分依赖自由刑的状况需要加以改变。

4. 犯罪率只是犯罪态势的指标之一，不能以犯罪率的上升为理由反对轻刑化

根据意大利犯罪学家菲利的"犯罪饱和法则"，如果实际犯罪率远离理想犯罪率而逼近最低或最高犯罪率水平时，就会引发相应的社会反应。20 年来，中国犯罪率也呈上升趋势，甚至某些年份超过了全国 GDP 的增长；同时，也应该引发或将引发刑罚力度的提升。但是，如果仅仅基于有限的经验观察和对罪与罚之间"水涨船高式"关系进行常识性的理解，进而对轻刑化的趋势作出质疑甚至采取反对的态度，是不科学的。

首先，刑罚的投入不完全取决于犯罪数量的消长，而与犯罪率的内在结构以及宏观犯罪原因有关。如果犯罪数量的增长在较大程度上是社会因素影响的结果，刑罚资源的投入不仅不会机械地相应增长反而会受到严格控制。其次，犯罪率中的犯罪数（分子）只是各类犯罪的总和，并不自动反映重罪与轻罪的比例。即使数量上等值，质量上未必同一。再次，犯罪率中的分母是被简化为 10 万的人口数，并未显示人口结构。用犯罪率来表示犯罪状况，还应考虑人口结构因素，从总人口中减去不具刑事责任能力的人口数。最后，犯罪率的计算依据只是已知犯罪的数量，而无法反映"犯罪黑数"的影响。至于犯罪的实际规模与已知规模之间的差额到底有多大，与许多因素有关。

作为相对数，犯罪率似乎使不同时空的犯罪严重程度获得了可比性。其实，从犯罪态势的内在构成来看，犯罪率相等，犯罪状况未必一样。犯罪率只是犯罪态势的指标之一，不能以犯罪率的上升为理由反对轻刑化。

5. 轻刑化趋势不会加重犯罪态势

刑事政策的制定和执行本身是一个动态的过程，它会随着社会形势、犯罪状况而不断调整、完善，始终寻求符合惩罚、预防犯罪目的的最佳手段。我国现阶段推行宽严相济的刑事政策，实际上就是为了从宏观上积极能动地平衡犯罪与社会之间的冲突。在这个视野下，当犯罪率的上升在较大程度上是社会因素作用的结果时，刑罚力度的适当控制就可以理解为"刑法中立"立场的体现。相反，如果这时无视犯罪自身规律而仅仅根据犯罪率上升便加大刑罚力度，反而会加剧犯罪与社会之间的紧张关系，甚至导致恶性循环。如此说来，在这种情况下，犯罪的数量与刑罚力度之间形式上看似不平衡，却体现了法的中立性，而法的中立性又意味着更深刻的内在平衡。所以，现阶段推行轻刑化是可行的，不会诱发犯罪态势的加重。

6. 轻刑化趋势与犯罪态势达到了宏观上的契合，而非微观上的契合

在我国，现阶段总的刑罚量是趋轻的，与犯罪态势达到了宏观上的平衡。但是，它不是微观上的平衡。因为正如前面谈到的，我国各类犯罪的刑罚适用情况差别较大，具体各类犯罪之间的刑罚分配，以及具体分布到各个刑罚种类上，基本上是不均衡的，还需要进一步进行调整，达到更加科学的配置。

五、变革"重罪重刑"法典结构的应然需要

上文已经分析了我国当前的犯罪结构，这种犯罪结构清晰

的表明我国当前恶性犯罪已经大幅下降，占据主体的是经济犯罪、财产性犯罪以及过失犯罪，这种犯罪结构显然与我国刑法典内在的重刑主义色彩浓厚的特点不相适应。通过对我国刑法典的文本进行分析，可以发现我国刑法典在结构上具有"重罪重刑"的流弊。

如果以法定刑3年有期徒刑作为重罪与轻罪的划分标准，可以将我国现行刑法典规定的犯罪区分为重罪和轻罪两类。其中，法定最高刑为3年以下有期徒刑（或拘役）的为轻罪；除轻罪之外，其余法定最高刑为3年以上有期徒刑、无期徒刑或死刑的犯罪，应当视为重罪。同样，以法定刑3年有期徒刑作为刑罚轻重的划分标准，也可以将法定刑为3年以下有期徒刑（或拘役）的刑罚认定为轻刑；法定刑为3年以上有期徒刑、无期徒刑或死刑的刑罚认定为重刑。当然，也存在以法定刑为5年有期徒刑作为犯罪轻重划分标准的观点。

不容否认的是，法定刑期限的长短固然是本文的立论基础，但是，无论是从本文所认可的以法定刑3年有期徒刑作为划分标准来看，还是从部分学者所持的将法定刑5年有期徒刑作为分界线的观点出发，我国现行刑法典均是一部"重罪重刑的'小刑法'"，其流弊之多是显而易见的。

（一）刑法典的"重罪重刑"结构

我国现行刑法典不仅从总体上表现出明显的重刑主义的特征，而且就分则全部犯罪罪行轻重的分布而言，也带有浓重的重刑主义色彩。据统计，在我国现行刑法分则规定的470种具体犯罪中，能够判处死刑的具体犯罪有46种，约占刑法分则规定的全部犯罪的9.78%；能够判处10年以上有期徒刑、无期徒刑的具体犯罪有112种，约占刑法分则规定的全部犯罪的23.83%；能够判处7年以上有期徒刑、无期徒刑或死刑的具体犯罪有 233 种，约占刑法分则规定的全部犯罪的 49.57%；而能够判处 5 年以上有期徒刑、无期徒刑或死刑的具体犯罪则高达 335 种，约占刑法分则规定的全部犯罪的 71.28%。据此，即使将法定刑 5 年有期徒刑作为刑罚轻重的划分标准，在我国现行刑法中，也有占全部犯罪近 3/4 比例的具体犯罪配置有重刑。而如果将刑罚轻重的划分标准由法定刑 5 年有期徒刑降低为法定刑 3 年有期徒刑，那么我国现行刑法中，则有高达 380 种，约占刑法分则规定的全部犯罪的 80.85%。对于这些具体的犯罪，均可以适用重刑。与刑法典中重刑得到普遍适用的情况截然相反，在我国现行刑法中，法定最高刑为 3 年或 3 年以下有期徒刑的犯罪仅有 99 种，约占刑法分则规定的全部犯罪的 20.06%。由重刑和轻刑如此悬殊的适用比例不难看出，我国现行刑法典呈现出明显的依赖重刑的特点。[1]

从另外一个角度来看，我国现行刑法典对具体犯罪配置的法定刑之轻重也在相当程度上反映出不同犯罪的罪质差异和罪量轻重。因为除受立法技术的高低、打击不同犯罪的难易程度和急切程度的不同等因素的影响之外，不同犯罪的法定刑必然与其侵犯某种特定客体的性质和程度成正比。某种犯罪侵犯的客体越重要，程度越严重，其刑罚就应越重；反之，某种犯罪侵犯的客体越次要，程度越轻微，其刑罚也就应当越轻。"罪责越重，刑罚越重"，这是现代刑法中所蕴含的罪责刑相适应原则的必然要求。作为一项基本原则，罪责刑相适应原则不仅应当是一项在刑事司法中应当予以始终坚守的原则，更应该是在刑事立法中予以贯彻和执行的原则。以这一原则为基础，根据上文对重罪和轻罪的划分标准和我国现行刑法典中各类刑罚种类

〔1〕 参见王志祥、韩雪：《我国刑法典的轻罪化改造》，载《苏州大学学报》（哲学社会科学版）2015 年第 1 期。

的分布，不难看出，我国现行刑法典不仅表现出明显的重刑主义倾向，而且还突出地表现出重罪主义的特点。此外，从刑法典总则对犯罪概念的设定模式也不难得出在我国现行刑法典中轻罪的范围必然要受到相当程度的限制的结论。在我国，犯罪的成立不仅要符合定性的要求，而且还要受到定量的限制，"情节显著轻微危害不大的"危害行为并不构成犯罪。由此，更进一步地说明，与刑法典倾向于规定重罪和重罪的规定确实已经遍布于我国刑法典的情形有所不同，轻罪的规定在我国现行刑法典中并未受到应有的重视。

（二）刑罚圈内缩与犯罪圈扩张的冲突恶化

"定性+定量"的犯罪立法界定模式和"重罪重刑"式的罪刑设定模式，"是我国'法不治众'传统社会心理和我国'隆礼轻法'的传统治世经验的反应，表明立法者要把有限的司法力量用以集中对付严重的社会危害行为的战略思想意图"。从有利的方面来看，立法者立足于国民心理构建的罪刑设定模式确实符合我国的历史传统和现实国情。在司法实践中，"重罪重刑"式的刑法典也的确能在一定程度上便于集中力量打击严重的犯罪行为。但是，与这些微弱的优势相比，"重罪重刑"式的罪刑设定模式存在的固有缺陷却更加突出，且应该予以高度关注。具体而言，"重罪重刑"式的刑法典最为突出的一个弊端就表现为刑法典设定的"限缩的犯罪圈"面临不断被恶性扩张的尴尬局面。

与一些西方国家采取将轻微危害行为也纳入犯罪范围的"大犯罪圈"的做法有所不同，受苏联刑事立法模式的影响，我国自 1979 年《刑法》起设，定的犯罪圈就表现出明显的内缩性特征，即刑法典力图将轻微危害行为排除于犯罪圈之外。

所谓内缩的犯罪圈，既表现为刑法总则将犯罪概念设定在具有严重社会危害性的行为的范围内，也具体体现为刑法分则中以"情节恶劣""数额较大""后果严重"等程度描述为限制性处罚条件的一些犯罪，也即对具体犯罪的成立范围进行限制。但是，事与愿违，无论是1979年《刑法》还是1997年《刑法》，两部刑法典均非但没有真正实现限制犯罪圈的目标，反而都存在犯罪圈不断出现恶性扩张的问题。

受时代背景和立法技术的限制，在"宜粗不宜细"的立法原则指导下制定，1979年《刑法》分则仅规定了103个条文和129种具体犯罪。在1979年《刑法》施行之后，伴随我国改革开放大幕的拉开，面对国家在运行和发展中出现的新情况、新问题，1979年《刑法》中极度狭窄的犯罪圈已经完全不能满足司法实践中惩治和预防犯罪的需要，因此只能依靠立法机关不断颁布新的单行刑法、增设附属刑法条款以及依赖司法机关不断适用类推解释来对犯罪圈进行大规模扩张。之所以在社会转型时期颁布的1979年《刑法》出现犯罪圈大规模扩张的现象，主要是因为受我国转型时期的时代背景和尚不成熟的立法技术的影响。然而，在改革开放已经进行近二十年，立法技术逐渐发展成熟，在1997年《刑法》颁行之后，犯罪圈不断恶性扩张的趋势之所以仍然有增无减，则主要是因为我国"重罪重刑"式的刑法典，也即它设置了过于狭窄的犯罪圈并排除了大量的轻罪进入刑法典。虽然从数量上看，在1979年《刑法》的基础上，经过全面修订后的1997年《刑法》已经将分则条文扩充到352条，同时也将犯罪种类扩展到412种。但是，该部刑法典却依然同样难以满足司法实践中打击犯罪和预防犯罪的需要。自1997年《刑法》颁行至今，我国立法机关已经制定了一部单行刑法和十部刑法修正案，且仍有继续通过新修正案来扩充犯罪圈的趋势。在这一部单行刑法和十部刑法修正案中，除《刑法修正案（二）》只对一个条文的罪状进行修改以外，其他单行刑法和刑法修正案均通过以增加新的罪名和犯罪类型、扩充新的罪状或修改犯罪构成要件、降低入罪门槛的形式大量增加了犯罪种类，由此，现行刑法规定的犯罪的数量得以扩张到470种。可以说，自1997年《刑法》以来的刑法修正历史完全就是一部犯罪化史。

除以刑事立法的形式扩张犯罪圈以外，当前在我国还出现了以司法解释来不断扩张犯罪圈的发展趋势。由于受到刑事立法划定的内缩性犯罪圈的限制，为了解决司法实践中出现的一些难以用现行刑事立法加以解决的疑难问题，最高司法机关在对有关刑事立法规定进行解释的同时，甚至不惜打破罪刑法定原则的约束，突破刑事法理论和现有刑事立法的规定，对刑法规范作过渡性的类推解释。如此一来，司法解释在事实上就发挥了刑法立法的作用，客观上具有刑法立法的属性；司法解释权在缺乏正当程序的条件下，以一种积极作为"准立法"方式对刑法的内容进行扩充，从而存在有损刑法立法谦抑、侵蚀入罪慎行之虞。2000年12月5日最高人民法院《关于对变造、倒卖变造邮票行为如何适用法律问题的解释》自公布之日起即饱受争议，它将"变造"行为作为"伪造"行为进行处理；在2001年4月9日由最高人民法院、最高人民检察院联合发布的《关于办理生产、销售伪劣商品刑事案件具体应用法律若干问题的解释》第6条第4款中，将"购买、使用"行为解释成"销售"行为等。这些均是司法解释不断扩张犯罪圈的实例。应当指出的是，尽管司法实践中存在的一些危害行为确实具有较大的社会危害性，也应当将其纳入犯罪圈之中予以规制，但与这些个别的危害行为对社会所造成的危害相比，不经合法的立法程序，只用司法解释就将上述行为任意归罪，具有更大的危害性。目前，越权刑法解释问题已经成为类推制度寿终正寝之后罪刑法定主义的最大敌人，极大地损害了刑法的人权保障机能。

由上可以看出，即使出于善意，我国现行刑法典设定了具有内缩性的刑罚圈。但是，犯罪圈却由于无法应对司法实践中的复杂情况而面临不断扩张的尴尬局面，实际上并未取得预期的良好效果。相反，"重罪重刑"式的刑法典不仅使得我国的刑事立法饱受指责，同时也造成了我国司法机关的刑事执法行为备受批判的结果。简言之，当前我国刑事立法似乎在某种程度上患上了"刑法依赖综合征"[1]。任何层面力有不逮时，设立新罪、刑法登场总会成为最终的选择。[2]在这些场合，刑法似乎既不是犯罪人的大宪章也不是被害人的大宪章，而成为政府管理部门逃避管理失职或不当等问题的避雷针。

因此，改变当前"重罪重刑"式的刑法典罪刑设定模式，以及扩充犯罪圈的范围的后续效应，就成为克服上述弊病的必然选择。

（三）刑罚过重与投入过度的恶性循环加剧

与犯罪圈的内在限缩和外在扩张相伴而生的必然是刑罚量的大量投入和不断增长。犯罪圈的内在限缩要求刑法集中力量打击重罪，并为这些重罪配置较重的法定刑，以达到足以惩治犯罪和遏制犯罪的立法目的。随着犯罪圈的不断扩张，更多的犯罪被纳入到犯罪圈之中，这就要求国家投入更多的刑罚量来满足犯罪圈的扩张所带来的对刑罚总量增长的需求。基于此，一个刑罚攀比的怪圈就得以形成。因为在"重罪重刑"的立法模式之下，被纳入到犯罪圈之中的犯罪更多地表现为重罪，即

---

〔1〕 参见张明楷：《刑事立法的发展方向》，载《中国法学》2006年第4期。

〔2〕 参见刘艳红：《我国应该停止犯罪化的刑事立法》，载《法学》2011年第11期。

便是某些轻罪，由于我国现行刑法典"缺乏重罪轻罪的一般标准，在对分则个罪配置法定刑时，就无法对个罪的社会危害性作出基本的评价"。因此，刑法典在对某种特定犯罪配置法定刑时，就必须参考与其相类似犯罪的规定，从而造成对这些犯罪法定刑的攀附和追随。

过分依赖重刑来惩治犯罪实际上是一种"高成本，低收益"的犯罪治理模式。刑罚惩治成本之高与刑法威慑效果之差不仅已经在我国得到了充分的验证，在其他国家和地区也得到了证实和肯定。事实上，已经看到了过多适用重刑所导致的恶性循环：社会治安形势严峻，于是适用重刑；重刑之后，社会治安不仅没有好转，而且恶性案件上升，于是适用更重的刑罚。这样，恶性案件越来越多，刑罚越来越重。要突破这种重刑基础上又投入更多的重刑的恶性循环，就要从立法层面彻底改变"重罪重刑"式的刑事立法模式，构建轻罪与重罪、轻刑与重刑相均衡的刑法结构。

在刑事司法中注重和保障人权一直以来就是我国刑事司法追求的目标。尽管在一个时期内，特别是"文化大革命"期间我国刑事法治遭受重创，人权与法治遭到践踏。但改革开放以来，随着人权和法治重新得到党和国家重视，我国刑事司法也开始注重刑罚的合理运用。在刑事司法领域，1979 年第一部《刑法》的颁布，结束了新中国没有刑法的历史，开启了我国刑事法治的大门。1997 年《刑法》对刑事法治原则的完全确立，以及刑法修正案的逐步完善，死刑的限制和削减，刑事诉讼法的修改，无论在刑法立法领域，或是司法实践领域，我国轻刑化探索上取得了可喜成绩。但是，我国刑事立法和司法仍然没有完全脱离重刑主义的影响，刑罚仍然过于严厉。因此，回顾我国轻刑化的现状，总结成功经验，直面问题，可以为我们进一步深入探索轻刑化奠定基础。

一、轻刑化的制度探索

（一）刑法立法层面的轻刑化探索

刑法实体法是我国刑事立法制度体系中的核心组成部分，实体刑法的制定和发展最突出体现了一国刑法制度的发展轨迹和体现的刑法文明程度。从我国法律制度规定来看，由于刑法涉及公民人身自由的限制以及财产所有权乃至生命权的处置，我国《立法法》第 8 条明确规定"对公民政治权利的剥夺、限制人身自由的强制措施和处罚"只能制定法律，因而，实体刑法是刑法典以及全国人大常委会颁布的单行刑法以及出台的刑法司法解释。

总的说来，从我国刑法实体法的制定发展历程来看，刑法实体法呈现出了从没有统一的刑法典到制定出第一部真正意义上的刑法典，从第一部《刑法》的粗线条化与简单化到体现刑事法治化与刑法现代文明成果的 1997 年《刑法》，从刑罚制度的额严苛到刑罚的进一步人性化、文明化、轻刑化的基本特点。

为了明确分析我国刑法实体法层面轻刑化的探索轨迹，本文主要择取 1979 年第一部《刑法》制定我国刑事立法的发展、1979—1997 年刑法制定以及后续发展、2005 年宽严相济刑事政策正式提出之后我国刑法的具体体现。在样本的选择上，主要择取历次刑法典、刑法修正案为样本进行分析，从研究样本的分析，我们可以清晰地看到我国实体刑法的发展也显露出刑事法律制度的轻刑化、轻缓化的发展轨迹。

1. 1979 年《刑法》的基础作用

自 1949 年新中国成立以后直至 1979 年 7 月，在长达 30 年的时间里中国没有正式颁布一部刑法。在这 30 年里，新中国利用国家权力对各种犯罪活动进行惩处的主要手段是采用各种单行法规以及国家政策。在这一阶段，主要的特征是国家根据不同历史时期的任务颁布相应的刑事法规和政策来对相应犯罪行为进行惩处。由于 1979 年《刑法》制定颁布之前，我国一直没有一部明确的刑法典，这对我国的人权法治事业来讲是一个遗憾。1979 年《刑法》是新中国第一部刑法，这部《刑法》的诞生经历了曲折坎坷的历程，其诞生本身也是中国法治化进程中的一个标志性事件，1979 年《刑法》也是新中国刑事法治，乃至人权建设事业中值得浓墨重彩书写的一页，具有里程碑性意义。它的诞生标志了新中国用国家权力干涉公民个人人身自由乃至生命财产有了明确法律依据。

从 1979 年《刑法》结构来看，1979 年《刑法》分总则和分则两编，总则含五章，其中第二、三、四章各分成若干节，总则部分共有 89 个法律条文；分则含八章，不分节，共有 103 个法律条文。整部《刑法》共 192 个法律条文，这在世界刑事立法例中当算篇幅简短。由于 1979 年《刑法》制定时候，局限于当时历史条件，该刑法在制定时采取了"宜粗不宜细"的指导原则，因而 1979 年《刑法》呈现出粗线条的形态，这一弊端也导致学界的批评。1979 年《刑法》的粗线条不仅为司法实践领域的自由裁量权过大乃至司法擅断提供了客观基础，而且还会产生有法难依、法律虚置、自动无效现象，则使公民的人身自由、财产、生命等利益得不到切实的保障，从而不符合法治和人权保障的思想。由此，1979 年《刑法》的修订便被提上日程。

2. 1997 年《刑法》的有效贯彻

1997 年《刑法》是在总结 1979 年《刑法》实施以来，特别是在"严打"斗争的实践上而制定颁布的。总的来看，1997 年《刑法》无论从刑事立法精神还是立法科学上都比 1979 年《刑法》有了质的飞跃，进一步体现了刑法的人权保护精神和刑事法治原则，使我国刑法在轻刑化发展道路上取得了显著成绩。

（1）从刑事立法的统一性来看，1997 年《刑法》整合了单行刑事立法和刑法典，初步实现了我国刑法制度的统一性。1979 年《刑法》颁布后直至 1997 年修订刑法前，全国人大常委会先后通过了 25 部单行刑法。由于这些单行刑法的颁布时间不一，呈现出分散性和不系统性的特征，有损于法律的严明简练特性，也不利于司法机关执行落实。因此，1997 年《刑法》修订时将 1979 年《刑法》的 192 条法律规范和 25 个人大的单行刑法规定统一整合为一部刑法典，共 452 条，从而实现了刑法的统一性和完整性。

从刑法整体结构来看，1997 年《刑法》划分为总则与分则两编，同时加进了"附则"部分。总则结构同 1979 年《刑法》相比差异不大，但法律条文由原来的 89 条增至 101 条，增加 12 条。刑法分则变化较大：一是章节有所扩张，由原来的八章扩充为十章，其中第七章"危害国防利益罪"属新增设的一个罪章，第十章"军人违反职责罪"系单行刑法移植进来，这两章的增加表明了制定一部统一的、比较完备的刑法典的意图；第八章"贪污贿赂罪"由原来的"侵犯财产罪"和"渎职罪"中分离出来，又大量吸收了拟制定的反贪污贿赂法的内容。二是对分则进行分节，在第三章"破坏社会主义市场经济秩序罪"和第六章"妨害社会管理秩序罪"中细分为若干节。三是法律条文大幅增加，由原来的 103 条增至 350 条，增加 247 条，这一方面固然是为了顺应打击新型犯罪的需要，另一方面也是改变 1979 年《刑法》粗疏立法技术原则而尽量具体明确规定犯罪行为的体现。

（2）1997 年《刑法》明确将三大刑法原则写进刑法总则条文之中，强化了刑法打击犯罪与人权保障的功能。刑法的基本原则是刑事实体法所特有的并贯穿于刑事立法和刑事司法之中的重要规则。1979 年《刑法》中不仅没有专门法律条文规定刑法基本原则的内容，甚至连"基本原则"这个名词术语也未出现，反而存在与刑法基本原则的内容相矛盾的规定，如关于类推的规定就极具代表性。

1997 年《刑法》在刑法总则的第 3、4、5 条中分别逐一明确规定了刑法的基本原则，即罪刑法定原则、法律面前人人平等原则、罪刑相当原则。

罪刑法定原则是刑事立法中的铁律，是检验一部刑法是否具备现代文明的试金石。这个原则要求不溯及既往、不类推且各种犯罪及处罚必须明确具体。1997年《刑法》在删除类推规定的同时，在刑法总则第3条规定："法律明文规定为犯罪行为的，依照法律定罪处刑；法律没有明文规定为犯罪行为的，不得定罪处刑。"罪刑法定是近现代多数国家刑法所奉行的核心原则。它是刑事法律制度完备和进步的集中体现。1997年《刑法》总则第3条的规定无疑成为这次修改刑法的最显著成果，在新中国刑法史上其意义应是划时代的。

1979年《刑法》没有规定法律面前人人平等原则。我国1982年《宪法》在"公民的基本权利和义务"一章中首先明确规定了公民在法律面前一律平等的原则。这一宪法原则包括司法平等和守法平等。以宪法为立法根据的1997年《刑法》第4条明确规定了法律前的平等权。[1]显然，1997年《刑法》这一规定是我国宪法原则的具体体现，即对任何公民触犯刑律构成犯罪的，在适用刑事法律上一律平等地被定罪判处刑罚，不允许任何人凌驾于刑事法律之上。1997年《刑法》明确规定这一原则是有实际意义的。随着中国社会主义法制建设的日益健全和发展，宪法的权威性将愈来愈明显，当宪法各项原则包括公民在法律面前一律平等原则得以切实贯彻落实时，将来刑法中就无须再规定出宪法已有的原则了。

1997年《刑法》明文规定了罪刑相当原则。关于罪刑相当原则（又称罪刑相适应原则）不曾在1979年《刑法》中明文规

---

[1] 1997年《刑法》第4条规定："对任何人犯罪，在适用法律上一律平等。不允许任何人有超越法律的特权。"

定，但该刑法的制定和贯彻执行中是体现了这一原则的精神的，这在我国刑法学界已成通说。严格地按照罪刑相当原则来衡量，我国的刑事立法和刑事司法，仍有许多需要改善之处，这是近十几年来学术界和立法、司法部门形成的共识。按罪刑相当原则，刑事立法需解决好刑法本身的法条竞合问题、前后法律协调问题、对犯罪的各种情况区别对待问题等；按罪刑相当原则，刑事司法需解决好定罪、刑事责任与量刑的对应问题、量刑的精确化问题、正确适用有关刑罚制度问题等。1979年《刑法》经过17年的实施实践，无论是从吸取经验的角度还是从接受教训的角度，将罪刑相当这一基本原则明文规定在刑法之中已是必然趋势。1997年《刑法》第5条："刑罚的轻重，应当与犯罪分子所犯罪行和承担的刑事责任相适应。"这一规定是罪刑相当原则的庄严记载，表明我国刑事立法已日趋完善。

（3）进一步细化犯罪认定标准，消除刑法条文的模糊性，从而有利于犯罪嫌疑人、被告人维护自己合法权利。由于1979年《刑法》在立法时囿于当时历史条件，刑法条文制定时规定比较粗疏、过于简单、存在不便执行、容易导致执法随意性的问题，所以1997年《刑法》在立法上力求精准、明确，全面体现罪刑法定原则。在对具体犯罪的构成要件和量刑标准的规定上，力求做到明确、具体，特别是分解了流氓罪、投机倒把罪、玩忽职守罪等"口袋罪"，增加了刑法条文的可识别性和可操作性。这既有利于司法机关依法准确定罪、适当量刑，又有利于犯罪嫌疑人、刑事被告人运用法律武器保护自己的合法权利，防止出入人罪和处罚不公。同时，1997年《刑法》坚持惩办与宽大相结合的刑事政策，对未成年人承担刑事责任的范围作了严格限制，规定了应当从轻或减轻处罚的原则，取消了1979年《刑法》对未成年犯罪人可以判处死缓的规定，加强了对未成年犯罪人权利的全面保护；对具有自首、立功情节的犯罪分子规定了从宽处罚的原则，体现了区别对待、立功受奖的政策精神；1997年《刑法》还对适用缓刑、减刑和假释的对象及条件作了明确具体的规定，充分体现了"给出路"的政策，有利于犯罪人改过向善、重新做人，以实现刑罚的目的。

第一，刑罚具体运用。为更好地体现和执行惩办与宽大相结合的刑事政策，鼓励犯罪分子自首、立功，有利于查处犯罪，1997年《刑法》比1979年《刑法》对自首和立功作了更宽大的处刑规定。一是1997年《刑法》在第67、68条中明确规定了自首、立功的概念，为实践中界定自首、立功提供了法律依据（第67条第1款和第68条第1款）。二是将实践中一贯按坦白对待的情况明确规定为自首（第67条第2款），将量刑中的酌定从轻情节上升为法定从轻、减轻情节。三是对自首的更宽大规定，即"把犯罪以后自首的，可以从轻处罚"修改为"可以从轻或减轻处罚"，把对"其中犯罪较轻的，可以减轻处罚"修改为"可以免除处罚"。四是对立功更宽大的处罚规定，即增加规定有立功表现的（无须以自首为前提），"可以从轻或者减轻处罚。有重大立功表现的，可以减轻或者免除处罚"。将原规定犯罪较重的自首后"如果有立功表现，也可以减轻或者免除处罚"修改为"犯罪后自首又有重大立功表现的，应当减轻或者免除处罚"。

第二，缓刑。缓刑是与轻微犯罪作斗争的一项行之有效的刑罚执行制度。1997年《刑法》将1979年《刑法》中规定缓刑的4个法律条文增加到6个法律条文，主要是具体规定了被宣告缓刑的犯罪分子必须遵守有关规定（第75条），放宽了撤销缓刑的条件，将"如果再犯新罪，撤销缓刑"修改为遇有三种情况之一的应当撤销缓刑（第77条）。1997年《刑法》的这些新变化对于更好地发挥缓刑制度的作用提供了具体的法律保障。

第三，减刑。减刑是我国刑法中的一项重要刑罚执行制度，是"惩办与宽大相结合"刑事政策在刑罚执行阶段的重要体现。1979 年《刑法》在第 71、72 条作了规定，但是因为对"确有悔改或者立功表现"没有具体规定，实际执行中难以把握界限，随意性较大，而且没有严格的法律程序规定，故存在的弊病较多。1997 年《刑法》在总结实践中运用减刑制度的经验教训的基础上，为维护法院判决的严肃性，便于实际部门操作，更好地发挥减刑制度的作用，明确规定了悔改表现、立功表现、重大立功表现的具体内容（第 78、79 条）。

第四，假释。假释是世界许多国家都规定的刑罚执行制度，它有利于改造罪犯，促进罪犯及早回归社会。我国 1979 年《刑法》第 73~75 条规定了假释制度，但是由于规定不够明确致使司法实践中随意性较大，影响了该制度鼓励犯罪分子加速改造、回归社会作用的发挥。1997 年《刑法》从第 81~86 条以 6 个法律条文的篇幅详尽规定了适用假释的具体条件、假释的法定程序、被假释犯罪分子必须遵守的有关规定以及撤销假释的条件。与原有规定相比，1997 年《刑法》的重大变化之处为：①规定不得假释的情况。对累犯以及杀人、爆炸、抢劫、强奸、绑架等暴力性犯罪被判处 10 年以上有期徒刑和无期徒刑的犯罪分子，不得假释。这表明适用假释制度要满足更严格的条件，防止严重危害社会的犯罪分子利用假释制度继续危害社会，同时也符合大众心理。②规定适用假释制度的法定程序。③规范撤销假释制度。将撤销假释的条件由原来的"再犯新罪"一种情况修改增加两种情况，即发现有漏罪的或者是"违反法律、行政法规或者国务院公安部门有关假释的监督管理规定，尚未构成新的犯罪的"。上述变化的目的在于更好地发挥假释制度的作用。

3. 宽严相济刑事政策与轻刑化的立法改革

2005 年 12 月，中央政法委书记罗干在全国政法工作会议上正式提出宽严相济的刑事政策。2006 年 10 月 11 日，十六届六中全会颁发中共中央《关于构建社会主义和谐社会若干重大问题的决定》（以下简称《决定》），首次以中央决定的形式提出了要实施宽严相济的刑事司法政策。这表明宽严相济的刑事政策正式成为提上我国刑事立法、司法的指导原则。为此，我国刑法的修改以及相关司法解释都全面体现了这一方针。

1979 年 7 月，五届全国人大二次会议审议通过了《中华人民共和国刑法》这部新中国的第一部刑法后，它先后经历了 1997 年的全面修订以及 1999 年 12 月 25 日《刑法修正案》、2001 年 8 月 31 日《刑法修正案（二）》、2001 年 12 月 29 日《刑法修正案（三）》、2002 年 12 月 28 日《刑法修正案（四）》、2005 年 2 月 28 日《刑法修正案（五）》、2006 年 6 月 29 日《刑法修正案（六）》、2009 年 2 月 28 日《刑法修正案（七）》、2011 年 2 月 25 日《刑法修正案（八）》、2015 年 8 月 29 日《刑法修正案（九）》和 2017 年 11 月 4 日《刑法修正案（十）》10 个刑法修正案，这些修正案都体现了宽严相济刑事政策的基本要求。

如果从宽严相济的刑事政策提出之后的阶段划分，这一阶段主要有 2005 年 2 月 28 日《刑法修正案（五）》、2006 年 6 月 29 日《刑法修正案（六）》、2009 年 2 月 28 日《刑法修正案（七）》、2011 年 2 月 25 日《刑法修正案（八）》2015 年 8 月 29 日《刑法修正案（九）》和 2017 年 11 月 4 日《刑法修正案（十）》6 个刑法修正案。

从这 10 个刑法修正案的内容来看，《刑法修正案（八）》和《刑法修正案（九）》颁布之前，除了《刑法修正案（七）》

部分内容体现了轻刑化的要求之外，其他几个刑法修正案无不都是以入罪和提高法定刑为修改导向。

（1）《刑法修正案（一）》到《刑法修正案（六）》的简要回顾。现将《刑法修正案（七）》出台之前6个刑法修正案的主要内容简述如下：

《刑法修正案（一）》增设了隐匿、故意销毁会计凭证、会计账簿、财务会计报告罪、国有事业单位人员失职及滥用职权罪，增加了期货行业的犯罪规定。从修订来看，这次修法主旨是"为了惩治破坏社会主义市场经济秩序的犯罪，保障社会主义现代化建设的顺利进行"。[1]

《刑法修正案（二）》弥补了现行《刑法》第342条对林地等除了耕地之外的农用地保护不力，在原有条文基础上增加了"林地等农用地"为犯罪对象。其修法主旨是"为了惩治毁林开垦和乱占滥用林地，切实保护森林资源"而颁布的。[2]

《刑法修正案（三）》主要针对恐怖活动犯罪、运输、储存、投放等涉及危险物质的犯罪行为以及洗钱进行了完善，不仅增加了危险物质作为危害公共安全罪中诸多罪名的新的犯罪对象，而且提高了恐怖活动犯罪的法定刑。显然易见，其修法主旨是"为了惩治恐怖活动犯罪，保障国家和人民生命、财产安全。维护社会秩序"[3]，从而对现行《刑法》进行补充和修改。

《刑法修正案（四）》是"为了惩治破坏社会主义市场经

〔1〕《刑法修正案》，载 http://news. xinhuanet. com/legal/2006-04/27/content_5679519. htm，访问时间：2015年3月21日。

〔2〕《刑法修正案（二）》，载 http://news. xinhuanet. com/legal/2006-04/27/content_5679519. htm，访问时间：2015年3月21日。

〔3〕《刑法修正案（三）》，载 http://news. xinhuanet. com/legal/2006-04/27/content_5679519. htm，访问时间：2015年3月21日。

济秩序、妨害社会管理秩序和国家机关工作人员的渎职犯罪行为，保障社会主义现代化建设的顺利进行，保障公民的人身安全"而颁布的。[1]它降低了生产、销售不符合标准的医用器材罪的入罪标准，单独规定了走私固体废物行为的对象范围，将现行《刑法》第344条的保护对象由珍贵树木扩大至国家重点保护的其他植物，降低了非法收购、运输盗伐、滥伐林木罪的入罪门槛，增加了非法雇佣童工劳动罪、执行判决裁定失职及滥用职权罪等3个罪名。

《刑法修正案（五）》的出台主要是针对当时金融犯罪法律空白弊端，是为了满足打击金融等犯罪的需要而颁布的。对此，《刑法修正案（五）》在其说明中却明确表示，"为了适应打击犯罪的需要，1997年修改刑法时，对妨害公司、企业管理秩序的犯罪、破坏金融管理秩序的犯罪、金融诈骗犯罪以及侵犯公民人身权利的犯罪、危害国防利益的犯罪等"作了规定。[2]同时，增加了一些新的罪名，如妨害信用卡管理罪、窃取、收买、非法提供信用卡信息罪、过失损坏武器装备、军事设施、军事通信罪，还增加了原有罪名即信用卡诈骗罪的行为方式。

《刑法修正案（六）》对刑法修改的内容主要分为两部分：一是针对社会经济的变化和打击新型犯罪的需要，它新增加了强令违章冒险作业罪、大型群众性活动重大安全事故罪、不报、谎报安全事故罪、虚假破产罪、背信损害上市公司利益罪等11个罪名；二是对原刑法中的12个既有罪名的修改，这些修改全

---

〔1〕《刑法修正案（四）》，载 http://news.xinhuanet.com/legal/2006-04/27/content_5679519.htm，访问时间：2015年3月21日。

〔2〕《刑法修正案（五）的说明》，载 http://news.xinhuanet.com/legal/2006-04/27/content_5679519.htm，访问时间：2015年3月21日。

部以入罪为内容，或是降低既有罪名的入罪门槛（例如，删去了《刑法》第134条重大责任事故罪中"经有关部门或者单位职工提出后，对事故隐患仍不采取措施"的规定），或是扩大原有罪名的打击范围（例如，在《刑法》第191条洗钱罪的原4种上游犯罪的基础之上，又增加了贪污贿赂犯罪和金融犯罪），或是提高原有罪名的法定刑。可见，从《刑法修正案（六）》的内容来看，其修改主旨依然是如何进一步严密刑事法网，加大刑罚力度，以有效打击各种犯罪行为，保护社会秩序。

从以上6个刑法修正案可以看到，这6个刑法修正案沿袭了以往的刑罚严厉化道路，所有修改条文没有一个属于出罪的规定或减少刑罚的规定。然而，《刑法修正案（七）》的出台首次改变了我国刑法修正的趋势，第一次做到了同时具有出罪机能和入罪功能，凸显了我国刑法修改开始注重刑罚轻缓化的趋向。

（2）《刑法修正案（七）》。《刑法修正案（七）》于2009年2月28日在十一届全国人大常委会第七次会议上表决通过，这是国家立法机关继2006年《刑法修正案（六）》颁布之后对刑法典的又一次重要修正，是我国刑事法治建设中的一个明显的转折点，即开始重视对社会危害行为的出罪考量。从修正案修改目的来看，《刑法修正案（七）》的出台，是立足于我国的现实国情，在刑事法治领域对我国经济和社会发展的维护与促进，是对危害、阻碍社会进步的几类突出的犯罪行为的法律遏制与回应，也是对当前我国经济、社会发展过程中出现的新问题、新情况予以刑法规范的集中反映。[1]因此，《刑法修正案（七）》在修法内容上，修正重点非常突出，时代特征异常鲜明。

---

〔1〕 刘艳红：《〈刑法修正案（八）〉的三大特点——与前七部刑法修正案相比较》，载《法学论坛》2011年第3期。

《刑法修正案（七）》共计15个条文，除第15条为已公布施行之条文外，其余14个有修法实质内容的条文涉及刑法分则第三、四、六、七、八章犯罪共计20种罪刑规范，内容涉及走私、危害金融、妨害税收、扰乱市场秩序、侵犯公民人身权利、贿赂等犯罪类型，有对原罪种构成要件的修改，有适当调整原罪种的法定刑，还有针对近年来最新涌现的或者凸显出来的严重危害社会的行为予以犯罪化处理，即增补新罪种。修改的重点主要是刑法分则第三、四、八章几个重点章节，修改的内容主要集中在经济犯罪、侵犯人身权利犯罪和贪污犯罪领域。

同时，《刑法修正案（七）》是在我国构建和谐社会、提倡宽严相济的刑事政策背景下出台的刑法修正案，因此该修正案也带有明显的时代特色，体现了刑罚轻缓、轻刑的特点。《刑法修正案（七）》改变了过去我国刑法修正案仅注重增大犯罪圈以及提高法定刑的从严从重的立法倾向，开始注意入罪与出罪相结合、从严与从宽相协调，从而较好地体现了宽严相济的基本刑事政策。《刑法修正案（七）》体现刑罚宽缓的一面主要在以下几个方面：

第一，对涉税犯罪立法的进一步规范。《刑法修正案（七）》第3条将原来的偷税罪更为合理表述为逃税的犯罪，并且在《刑法》第201条中增设了第4款并规定经税务机关依法下达追缴通知后，补缴应缴纳税款和滞纳金，并且接受行政处罚的，可不追究刑事责任。这样通过将轻微违反税收管理规定的行为进行非犯罪化处理，适当缩小了逃税罪的犯罪范围，从而既能维护国家税收利益又能对逃税行为的犯罪化进行合理的限制。这一修改较之以前条款更加科学合理。《刑法修正案（七）》第3条第4款规定："有第1款行为（逃税罪行为），经税务机关依法下达追缴通知书后，补缴应纳税款，缴纳滞纳金，已受行政处罚的，不予追究刑事责任；但是，5年内因逃避缴纳税款受过刑事处罚或者被税务机关给予2次以上行政处罚的除外。"这条规定是《刑法修正案（七）》修改《刑法》原第201条偷税罪时增设的一款，这新增条款一方面有条件地对偷税行为不予追究刑事责任，另一方面也同时规定了例外情形。这样修改是因为惩治偷税犯罪的主要目的是为了维护国家税收管理秩序，保证国家税收收入，而不是以惩罚为最终目的。对于偷税初犯，如果税务机关下达追缴通知后，行为人补缴了税款和滞纳金，履行了纳税义务，接受了行政处罚的，如果还将其进行刑罚处罚，有失公允，也不符合维护国家税收利益的目的。因此，对该行为可以不再作为犯罪追究行为人的刑事责任。

第二，增设绑架罪的量刑档次，从而使绑架罪的惩治宽严相济，罪刑设置更科学。《刑法修正案（七）》第6条考虑到司法实践中绑架案件的复杂情况，对《刑法》第239条规定的绑架罪的法定刑设置进行了调整，增加了从轻的法定量刑档次，使得对绑架罪这一严重犯罪的严厉惩治能够做到重中有轻、严中有宽，罪刑设置更为科学，有利于司法机关按照罪责刑相适应的原则惩治形形色色的绑架犯罪。这种全面贯彻宽严相济的基本刑事政策、增补对犯罪的合理从宽处罚的立法特色，是以往刑法修正案所罕见的，也是值得充分肯定的。《刑法修正案（七）》第6条规定："将《刑法》第239条修改为：以勒索财物为目的绑架他人的，或者绑架他人作为人质的，处10年以上有期徒刑或者无期徒刑，并处罚金或者没收财产；情节较轻的，处5年以上10年以下有其徒刑，并处罚金。犯前款罪，致使被绑架人死亡或者杀害被绑架人的，处死刑，并处没收财产。以勒索财物为目的偷盗婴儿的，依照前两款的规定处罚。"绑架罪属于严重侵犯公民人身权利的犯罪，我国《刑法》修改前条文明确规定该行为的起刑点为 10 年，致使被绑架人死亡或者杀害被绑架人的处绝对死刑。但是，从司法实践来看，社会现实中的绑架情形比较复杂，虽然绑架罪的通常行为表现方式是行为人往往以杀害被绑架人相威胁，迫使其家属交纳赎金。在绑架过程中，被害人常常被虐待，有的甚至撕票后再勒索财物。但是，在实践中也有行为人绑架被害人后后悔的情形，甚至还有主动放人的情形存在。而刑法对本罪设定的刑罚只有两个档次，刑罚档次偏少，如果对于情节较轻，或者被害人存在一定过错的情形下，仍然对绑架人施以重刑，不仅不能体现罪责刑相适应原则，而且同时不利于鼓励绑架人积极悔改。因此，原有刑法条文不能完全适应处理这类案件的实际需要，基于此，决定增加一个刑罚档次："情节较轻的，处 5 年以上 10 年以下有期徒刑，并处罚金"。这使得《刑法》对绑架罪这一严重犯罪的严厉惩治可以体现宽严相济。"情节较轻"主要是指主动放弃绑架意图，恢复被绑架人人身自由，并且未造成他人人身伤害、财大损失后果的等情形。

《刑法修正案（七）》虽然首次体现了我国刑事立法宽缓化的趋势，但是也存在一定的缺憾，主要体现刑罚轻缓的条文还不够多，有的需要修改的还没有修改，其对从宽一面的体现还有待加强。在刑法修改中贯彻宽严相济的基本刑事政策是刑法立法之刑事政策化的重要表现，刑法立法的刑事政策化是当代国家社会刑法发展的主要趋势之一。刑法的修改理当自觉接受国家刑事政策尤其是国家基本刑事政策的指导，在基本刑事政策大视野中予以把握。[1]《刑法修正案（七）》虽然对偷税

---

〔1〕 刘艳红：《〈刑法修正案（八）〉的三大特点——与前七部刑法修正案相比较》，载《法学论坛》2011 年第 3 期。

罪、绑架罪的刑法处罚进一步轻缓化、合理化，但是，总的来看，"《刑法修正案（七）》贯彻宽严相济基本刑事政策之从严的一面，即严密法网、加重刑罚处罚，仍是其主调所在。"[1]

（3）《刑法修正案（八）》。《刑法修正案（八）》全面贯彻了宽严相济的刑事政策。该草案的出台就是为了满足中共中央关于深化司法体制改革和工作机制改革意见所要求的对"进一步落实宽严相济的刑事政策"的要求。[2]尽管该修正案有的修改条文规定比过去要严格，比如提高了死缓减刑的有期徒刑期限，提高了数罪并罚的期限，但是从其主流来看，《刑法修正案（八）》体现了刑罚轻刑化的一面。《修法修正案（八）》49个实质性条文对于刑法典的修改分为三个类型：一是为了实现刑罚轻刑化和保障人权而对刑法相关条文进行修改和补充；二是提高刑罚严厉度或者增设新罪以便更好地打击新型犯罪而对刑法相关条文进行修改和补充，这种条文共计25条；[3]三是

---

〔1〕　赵秉志：《〈刑法修正案（七）〉的宏观问题研讨》，载《华东政法大学学报》2009年第3期。

〔2〕　卢建平、刘春花：《刑事政策与刑法的二重协奏——1949年以来中国刑事政策的演进与刑法的变迁》，载《河北学刊》2011年第4期。

〔3〕　它们依次是：第4条提高死缓减刑的有期徒刑期限；第7条增加了构成特殊累犯的犯罪；第9条删除了又自首又立功从轻处罚的规定；第10条提高了数罪并罚的刑期；第15条进一步明确了减刑的刑期限制；第12条增加了犯罪集团首要分子不适用缓刑的规定；第16条将适用假释的刑期由10年提高到"实际执行13年以上"；第20条扩大了第107条资助实施危害国家安全犯罪活动罪的成罪范围；第21条删去了第109条叛逃罪"危害中华人民共和国国家安全的"的规定，扩大了本罪的处罚范围；第22条增加了危险驾驶罪；第23条对第141条生产、销售假药罪扩大了成罪的范围，即只要生产、销售假药，不再要求"足以严重危害人体健康"；第29条增加对境外国际公共组织官员或者外国公职人员行贿构成对商业贿赂罪的规定；第31条增加了集资诈骗罪、票据诈骗罪、信用证诈骗罪的罚金刑种类；第33条增加了虚开普通发票罪；第35条新增非法持有伪造发票罪；第36条明确了强迫交易罪的罪状并提高了其法定刑；第37条新增非法买卖人体器官罪；第38条修改了强迫职工劳动罪的罪状，扩大了其打击范围；第40条调整了敲诈勒索罪的入罪门槛，提高了该罪的法定刑；第41条新增加恶意欠薪罪；第42条完善了寻衅滋事罪的

明确条文适用标准，避免模糊而进行修改。这种修改从表面上看既不涉及出罪与入罪，也不涉及刑罚的提高或降低，但是，从实际效果来看，明确适用标准可以对司法机关的自由裁量权进行限制，实质上仍然对犯罪嫌疑人有利。这类条文一共是6个。[1]

总体来看，虽然提高刑罚严厉度或增设新罪以及扩大已有犯罪处罚范围的条文数量多达25条，占49个条文总数量的51%，似乎《刑法修正案（八）》仍然是一部重刑主义导向的刑法修正。但是，比较前七部刑法修正案，《刑法修正案（八）》有18个条文都是降低刑罚或者缩小处罚范围或者增加对未成年人或老年人人权保障的规定，如果加上另外6个只是为了实现刑事立法的明确性实质上有利于犯罪嫌疑人，那么，虽然绝对数多达25个、比例数为51%的条文都是为了提高刑罚或者扩大刑法的处罚范围，但是仍有比例数为49%的24个条文都是为了实现刑罚轻缓化的目的。这表明，《刑法修正案（八）》扭转改变了前七部刑法修正案在刑法修改上的重刑主义倾向，开始强调以出罪和刑罚轻缓为目的的改革导向，我国刑事立法开始昂首阔步向轻刑化道路迈进。

经统计，《刑法修正案（八）》这类条文共计18条，它们依次是：第1条、第3条对老年人和未成年人从宽处刑的规定，

规定，从严惩处首要分子；第43条明确了黑社会性质组织犯罪的特征，提高了该罪的法定刑；第46条调整了重大环境污染事故罪的构成要件，降低了该罪的入罪条件，扩大了其处罚范围；第47条修改了非法采矿罪的构成要件，降低了成立本罪的条件，扩大了处罚范围；第49条增加了食品安全监管失职罪。

〔1〕它们依次是：第11条明确了缓刑的条件、附加刑的执行条件；第14条将缓刑的考验机构重新作了规定；第18条将假释的考验机构重新作了规定；第24条和第25条分别对生产、销售不符合卫生标准的食品罪以及生产、销售有毒、有害食品罪罚金刑方式作了修改，即将过去的比例加倍数制修改为了"并处罚金"的概括规定；第48条明确了协助组织卖淫罪的构成要件，增强了可操作性。

第 6 条对未成年人不认定为累犯的规定，第 2 条、第 13 条、第 17 条增加社区矫正这一非监禁刑的规定，第 5 条对减轻处罚作了更为具体容易操作的规定，而且是有利于被告人的规定，第 8 条增加了坦白作为法定从宽量刑情节的规定，第 19 条增加了未成年人前科消灭制度，第 26 条取消了走私文物罪、走私贵重金属罪、走私珍贵动物、珍贵动物制品罪的死刑，第 27 条取消了走私普通货物、物品罪的死刑，第 28 条取消了武装掩护走私行为适用无期徒刑与死刑的规定，第 30 条取消了票据诈骗罪、金融凭证诈骗罪与信用证诈骗罪的死刑，第 32 条取消了虚开增值税专用发票、用于骗取出口退税、抵扣税款发票罪的死刑，第 34 条取消了伪造、出售伪造的增值税专用发票罪的死刑，第 39 条取消了盗窃罪的死刑，第 44 条取消了传授犯罪方法罪的死刑，第 45 条取消了盗掘古文化遗址、古墓葬罪、盗掘古人类化石、古脊椎动物化石罪的死刑。具体言之，主要体现在以下几个方面：

第一，进一步取消了死刑的适用。由于一些刑法罪名中规定的死刑条款近年来基本很少适用，甚至有的死刑条款从未适用过，从实际出发，这次刑法修正案取消了 13 个死刑罪名，占死刑罪名总数的 19.1%。关于这一部分内容将在下文我国死刑改革章节中进行详细论述。

第二，对老年人犯罪从宽处理的规定。在《刑法修正案（八）》出台之前，我国《刑法》对未成年人犯罪有从宽处理的规定，但是，对于老年人从宽处理的规定还很欠缺，因为老年人的判断能力、对社会的认识、控制能力比较青壮年人均有减弱，故需要特别保护。因而，该修正案对老人犯罪的死刑进行了限制。[1]对于 75 周岁以上的老年人犯罪原则上不适用死

---

[1]《刑法修正案（八）》第 3 条明确规定："审判的时候已满 75 周岁的人，不适用死刑，但以特别残忍手段致人死亡的除外。"

刑，这是合乎人的生理能力和社会认知的。刑法应当对判断能力、行动能力和理解能力相对降低的老年人保持适当的宽容。这样的老人年实施重罪，一定是迫不得已，有值得同情和谅解的地方，所以，如果法律一定要对这种人实行死刑，难免不强人所难。此外，基于老年人的身体各种机能均有所降低，还对老人犯罪规定了从轻条文。[1]

第三，完善了对未成年人犯罪从宽处理的规定。具体而言：其一，首次规定对犯罪时不满 18 周岁的人不作为累犯处理。[2]除了符合构成累犯的其他条件之外，犯罪分子在犯前罪和后罪时必须都是年满 18 周岁以上的人。如果犯前罪时是不满 18 周岁的未成年人，即使触犯后罪时已满 18 周岁，也不构成累犯。青少年是国家的未来，青少年犯罪和成年人犯罪相比较，还是更多需要以挽救为主，以惩罚为辅。这主要是为了考虑到未成年人身心发育尚未成熟，对犯罪的未成年人更好地体现以教育挽救为主的方针，以使他们能更好地接受教育改造，便于他们以后顺利融入社会，成为服务社会的有用之材，从而在刑法中增加了有关未成年人犯罪不构成累犯的规定。其二，对未满 18 周岁的人犯罪被判处 5 年有其徒刑以下刑罚的，免除其前科报告义务。[3]未成人还处于人生发展的最初时期，如果因为一时犯错而遭受了刑法处罚的未成年人，如果要求他们在入学、入伍、就业时如实报告自己曾受刑罚处罚的情况，可能会对他们的录

---

〔1〕《刑法修正案（八）》第 1 条规定："已满 75 周岁的人故意犯罪的，可以从轻或者减轻处罚；过失犯罪的，应当从轻或者减轻处罚。"

〔2〕《刑法修正案（八）》第 6 条规定："被判处有期徒刑以上刑罚的犯罪分子，刑罚执行完毕或者赦免以后，在 5 年内再犯应当判处有期徒刑以上刑罚之罪的，是累犯，应当从重处罚，但是过失犯罪和不满 18 周岁的人犯罪的除外。"

〔3〕《刑法修正案（八）》第 19 条规定："犯罪的时候不满 18 周岁被判处 5 年有期徒刑以下刑罚的人，免除前款规定的报告义务。"

取或录用造成困难，对他们人生发展道路产生不利影响。鉴于未成年人社会阅历还很欠缺，其成熟程度较之成年人还有很大差距，因此，对于未成年时的犯罪记录与成年后的犯罪记录应当区别对待。为了贯彻宽严相济刑事政策，体现对未成年犯实行教育为主，惩罚为辅，重在教育、挽救和改造的方针，这次修正案在刑法中增加了免除未成年人前科报告义务的特别条款。根据该款规定，免除前科报告义务应当同时满足犯罪的时候不满 18 周岁这个条件。既包括入伍、就业时未满 18 周岁的未成年人，也包括入伍就业时已满 18 周岁的成年人，只要其犯罪时不满 18 周岁，就构成适用本条规定的条件之一；如果犯罪时年满 18 周岁的人，不能免除报告义务。

第四，完善假释制度规定。《刑法修正案（八）》规定，对累犯以及因杀人、爆炸、抢劫、强奸、绑架等暴力性犯罪被判处死缓时人民法院可以决定不得减刑，对这部分人，在给予严厉惩罚的同时，经必要的审批程序，也要给予出路，以促使其接受改造，认罪服法，通过教育改造成为新人，从而实现刑罚的目的，《刑法修正案（八）》规定，罪犯实际服刑 20 年后，如果认真遵守监规，接受教育改造，确有悔改表现的，人民法院认为犯罪分子没有再犯罪的危险，对其假释后能够进行有效监管的，可以假释。

第五，放宽缓刑适用范围，明确缓刑适用标准。《刑法》第 72 条[1]规定的缓刑制度在执行中存在一些问题。一是缓刑适用的标准不明确。由于对"犯罪情节""悔罪表现""确实不致再危害社会"的内容及其相互关系的理解存在争议，难以准确把

---

[1] 根据《刑法》第 72 条规定，对于被判处拘役、3 年以下有期徒刑的犯罪分子，根据犯罪分子的犯罪情节和悔罪表现，适用缓刑确实不致再危害社会的，可以宣告缓刑。

握，导致法院在适用中的标准不统一，差别较大，不利于对被告人适用缓刑。二是适用缓刑的案件范围较窄。我国《刑法》只规定了对判处拘役、3 年以下有期徒刑犯罪分子的缓刑，在缓刑对象上没有体现对未成年人包括对在校的学生、75 周岁以上的老年人、残疾人、孕妇或哺乳期的妇女等特定人群的特殊保护。这类犯罪分子本身人身危险性较小，属于所谓的弱势群体，本着人道主义精神，应给予特殊的保护。因此，《刑法修正案（八）》对《刑法》第 72 条关于缓刑的适用条件作修改：一是对适用缓刑的条件进一步完善、具体化。将"根据犯罪分子的犯罪情节和悔罪表现，适用缓刑确实不致再危害社会的"修改为同时符合"犯罪情节较轻""有悔罪表现""没有再犯罪的危险""宣告缓刑对所居住社区没有重大不良影响"四项条件，将原来比较抽象的缓刑条件具体化，便于法院在判处缓刑时具体把握，从而更好地适用缓刑，避免法院判决时违规操作，权力寻租。三是对符合缓刑条件的特殊对象作出特别规定。明确规定对于符合缓刑条件的不满 18 周岁的人、怀孕的妇女和已满 75 周岁的人，应当宣告缓刑，弥补了刑法条文没有对符合缓刑条件的特殊对象作出特别规定的不足。

　　第六，完善管制刑及缓刑、假释的执行方式，并将社区矫正入法。社区矫正是一种新型化的改造犯罪人的方式。它针对罪犯进行思想教育、心理和行为矫正，有利于促进罪犯形成健康的社会人格，使其最终能够以普通社会成员的身份顺利回归社会，从而减少监禁改造可能带来的以消极服从、自信心与进取心丧失以及狱内交叉感染等负面作用的产生，在维护社会和谐稳定、降低刑罚执行成本等方面发挥了重要作用。据有关部门统计，截至 2010 年底，全国 31 个省（区、市）有 258 个地（市）、1998 个县（市、区）已全面开展社区矫正工作，乡镇（街道）覆盖面达 57%，北京等 11 个省（区、市）已经实现辖区全覆盖。全国累计接收社区服刑人员 57.7 万人，累计解除矫正 30.7 万人。据统计，在矫正期间再犯罪率仅为 0.21%，远远低于在监狱服刑罪犯 8% 左右的再犯罪率。[1] 因此，《刑法修正案（八）》首次将社区矫正作为非监禁刑罚执行方法写入刑法，一方面避免了监禁刑的弊端，另一方面也有利于犯罪人及早回归社会，同时也是我国刑罚制度改革的有益探索形式。

第七，明确坦白从宽的刑法地位，将坦白从宽的刑事政策法律化。《刑法修正案（八）》在《刑法》第 67 条中增加一款作为第 3 款，[2] 这是坦白从宽的刑事政策在法律上的第一次体现，具有重要意义。《刑法修正案（八）》规定对坦白的"可以从轻处罚"，特殊条件下"可以减轻处罚"，主要是要和自首的处罚相区别。如果坦白一律可以从轻，那就与自首无区别了。对于可以减轻处罚，只限于重大案件，并且只有在因坦白避免特别重大危害后果的发生的，才可以适用。所谓"因其如实供述自己罪行，避免特别严重后果发生的"，主要是指有一些特殊的刑事犯罪。如某甲因为对社会不满，意图报复社会，决定放置定时炸弹于公共场所实施爆炸活动。由于某甲在实施爆炸犯罪过程中被公安机关及时抓获，但犯罪后果还没有发生，由于其坦白交代爆炸物安装位置，使公安机关对即将发生的特别严重的爆炸后果能够及时采取措施处置，因而避免了后果发生等情形。在这种特殊情形下，原有刑法规定处于空白，既不属于罪犯自动放弃犯罪或者自动有效地防止犯罪结果的发生，但某

---

〔1〕 黄太云：《〈刑法修正案（八）〉解读》（一），载《人民检察》2011 年第 6 期。

〔2〕《刑法》第 67 条第 3 款规定："犯罪嫌疑人虽不具有前两款规定的自首情节，但是如实供述自己罪行的，可以从轻处罚；因其如实供述自己罪行，避免特别严重后果发生的，可以减轻处罚。"

甲的如实坦白毕竟避免了特别重大危害后果的发生，对其处理比普通的坦白再从宽一些也在情理之中，因而法律规定对具有此种情形的罪犯，可以减轻处罚。当然是否减轻只是一个酌定选择，并非强制性要求。但《刑法修正案（八）》的这项规定一方面避免了法律适用的空白，另一方面也有利于犯罪人积极悔改，避免重大社会危害后果发生。

（4）《刑法修正案（九）》。《刑法修正案（九）》继续延续了《刑法修正案（八）》的立法精神，在轻刑化的进程中迈出了更加坚实的步伐。《刑法修正案（九）》共计52条，其中涉及《刑法》总则条款为4条、分则条款为47条、附则1条。《刑法修正案（九）》对轻刑化的体现主要在刑罚体系的修改和犯罪圈的调整上，从这两方面入手，可以清晰地梳理出刑事实体法在立法上的轻刑化趋势。

第一，刑罚体系的修改。立法者对刑罚体系的修改包含对刑罚结构的调整和对刑罚执行制度的进一步完善。前者遵循的基本原则是进一步废除死刑、提高生刑，同时尝试增加死刑的替代措施以及从业禁止的规定；后者致力于提高刑罚执行的有效性和合理性。具体表现为：

首先，刑罚结构的调整。进一步废除死刑。继《刑法修正案（八）》废除13个死刑罪名以后，《刑法修正案（九）》又进一步废除了9个死刑罪名，分别是：第151条第1款走私武器、弹药罪，走私核材料罪，走私假币罪，第170条伪造货币罪，第192条集资诈骗罪，第358条第1款组织卖淫罪、强迫卖淫罪，第426条阻碍执行军事职务罪、第433条战时造谣惑众罪。我国从《刑法修正案（八）》开始的死刑废除立法正在得到进一步落实，截至目前已经废除22个死刑罪名，这标志着死刑改革迈出坚实的步伐。但应该注意的是，现在已经废除了死刑罪名大多是在司法中备而不用的罪名，[1]下一步如何真正实现司法上的限制死刑与立法上限制死刑相同步，将是死刑改革的关键着力点。

提高生刑。《刑法修正案（九）》提高生刑最重要的表现是终身监禁制度的设立，其中第 44 条规定：将《刑法》第 383 条修改为："对犯贪污罪的，根据情节轻重，分别依照下列规定处罚：……③贪污数额特别巨大或者有其他特别严重情节的，处 10 年以上有期徒刑或者无期徒刑，并处罚金或者没收财产；数额特别巨大，并使国家和人民利益遭受特别重大损失的，处无期徒刑或者死刑，并处没收财产。……犯第 1 款罪，有第 3 项规定情形被判处死刑缓期执行的，人民法院根据犯罪情节等情况可以同时决定在其死刑缓期执行 2 年期满依法减为无期徒刑后，终身监禁，不得减刑、假释。"其一，对贪污受贿罪设立终身监禁制度，一方面体现出对该种犯罪打击的严厉性，另一方面终身监禁制度可以作为死刑的替代措施在今后的立法中予以扩大适用，为限制死刑的适用提供了新的思路。其二，提高罚金刑的适用，随着我国刑事法网的逐步严密化，越来越多的行为将会受到刑法的规制。这也意味着在未来的刑罚改革中，罚金刑作为非监禁刑的一种将会受到越来越多的应用。这一趋势在修正案中得到了体现，在刑罚设置上罚金刑适用的比例进一步提高。如修正案第 5 条增加了组织、领导、参加恐怖活动罪的财产刑，第 10 条在非国家工作人员行贿罪中对数额较大的情形增加"并处罚金"等。其三，是部分罪名死刑适用的限制。修正案对部分罪名适用死刑的情形进行了更加严格的规定，从而达到提高生刑的立法目的。如修正案第 14 条将绑架罪的第 2

---

[1] 参见陈兴良：《〈刑法修正案（九）〉的解读与评论》，载《贵州民族大学学报》（哲学社会科学版），2016 年第 1 期。

款"犯前款罪，致使被绑架人死亡或者杀害被绑架人的，处死刑，并处没收财产"修改为"犯前款罪，杀害被绑架人的，或者故意伤害被绑架人，致人重伤、死亡的，处无期徒刑或者死刑，并处没收财产"。这使得绑架致人死亡的行为在法律上有了更加明确的划分，在量刑上也具有了无期徒刑和死刑两种自由裁量，防止一律判处死刑的机械性，提高生刑适用率。

其次，刑罚执行的改进。《刑法修正案（九）》对现行的部分刑罚执行的制度予以改进，内容涉及死刑、财产刑、自由刑，使得刑罚执行更加科学化。

死刑缓期执行的明晰化。修正案第 2 条规定将《刑法》第 50 条第 1 款修改为："判处死刑缓期执行的，在死刑缓期执行期间，如果没有故意犯罪，2 年期满以后，减为无期徒刑；如果确有重大立功表现，2 年期满以后，减为 25 年有期徒刑；如果故意犯罪，情节恶劣的，报请最高人民法院核准后执行死刑；对于故意犯罪未执行死刑的，死刑缓期执行的期间重新计算，并报最高人民法院备案。"相较于原规定，现规定只有在故意犯罪且情节恶劣时，才报请最高院核准执行死刑；同时规定对于一般故意犯罪时，其惩罚措施改为"死刑缓期执行的期间重新计算"。修正案对于死刑缓期执行期间的故意犯罪进行了程度上的划分，更好的贯彻了宽严相济的刑事政策。

罚金刑执行方式的多元化。罚金刑执行率较低一直是司法执行上的难题，修正案前我国的罚金刑执行方式有分期缴纳、强制缴纳以及减免缴纳等方式。修正案第 3 条规定将《刑法》第 53 条修改为："罚金在判决指定的期限内一次或者分期缴纳。期满不缴纳的，强制缴纳。对于不能全部缴纳罚金的，人民法院在任何时候发现被执行人有可以执行的财产，应当随时追缴。由于遭遇不能抗拒的灾祸等原因缴纳确实有困难的，经人民法院裁定，可以延期缴纳、酌情减少或者免除。"从而增加了延期缴纳制度，这样既给部分因客观原因不能按期缴纳罚金的人员以一定的宽缓期，同时又能增加罚金刑的执行率，不至于使刑罚的惩罚效果降低，增强了罚金刑的生命力。

异种自由刑并罚的明确化。管制、拘役和有期徒刑并罚时的适用问题在理论界存在换算说、并科说、吸收说、分别说等争议，而在司法实践中一般采取换算说，但缺少明确的立法指南。修正案第4条规定在《刑法》第69条中增加一款作为第2款："数罪中有判处有期徒刑和拘役的，执行有期徒刑。数罪中有判处有期徒刑和管制，或者拘役和管制的，有期徒刑、拘役执行完毕后，管制仍须执行。"这样就在立法上明确，有期徒刑和拘役并罚时采取吸收说；有期徒刑和管制并罚，或拘役和管制并罚时采取并科说。这使得实践上有了明确的司法依据，有利于理顺异种自由刑并罚时的相互关系。

第二，犯罪圈的调整。任何国家的犯罪圈总是处于一种动态的调整之中，调整的方式包括入罪和出罪两种。入罪意味着犯罪圈的扩张，出罪意味着犯罪圈的内缩。就现在的立法趋势而言，我国刑法在整体处于扩张态势。有学者认为刑事犯罪圈的扩张意味着刑法的手伸的过长，将对公民权利产生不利影响，也违反刑法的谦抑性原则。[1]但刑事犯罪圈的扩张有现实的社会原因，[2]也符合构建"大刑法"的立法趋势，因此在可以预

---

〔1〕 参见刘艳红：《我国应该停止犯罪化的刑事立法》，载《法学》2011年第11期。

〔2〕 2013年12月28日全国人大常委会通过了《关于废止有关劳动教养法律规定的决定》，这意味着已实施五十多年的劳教制度被依法废止，也标志着我国治安处罚、劳动教养、刑罚处罚的三级制裁体系向治安处罚、刑罚处罚两级制裁体系的转变。同时，由于劳动教养的废除，导致部分违法行为缺乏相应的处罚措施，因此当前的立法设想是通过降低犯罪门槛、扩张刑事犯罪圈以此将原先按照劳动教养处罚的行为犯罪化。

见的未来，刑事犯罪圈的扩张仍将是立法主流。

首先，犯罪圈的内缩。《刑法修正案（九）》唯一废除的罪名就是嫖宿幼女罪。关于废除嫖宿幼女罪的呼声由来已久，废除论者认为该罪明显存在对幼女污名化的倾向，[1]不利于保护幼女。同时，该罪与奸淫幼女型的强奸罪在区分上的模糊性成为许多不法分子逃脱重罪制裁的挡箭牌。贵州习水嫖宿幼女案、四川邛崃嫖宿幼女案等案例的发酵不断引发着公众对该罪名的抵触，两会也有代表多次提出废除该罪的议案，[2]本次修正案废除该罪名正是科学论证与顺应民意相结合的立法体现。

其次，犯罪圈的扩张。社会的变迁与发展使严密刑事法网成为必需，法网的严密表现了我国刑法正越来越走向科学化、精细化。比较1979年《刑法》，三十多年的刑事立法为应对社会变化，及时修改、增设了大量新罪名，从多方面扩大犯罪圈。《刑法修正案（九）》对犯罪圈的扩张主要通过以下两种方式：

第一种方式是修改原罪名的构成要件。这种方式的修改多集中在主体类型、行为方式、对象等要素上。例如修正案第17条将侵犯公民个人信息罪的主体由特殊主体扩大为一般主体，并规定特殊主体从重处罚；修正案第8条将危险驾驶罪增加"从事校车业务或者旅客运输，严重超过额定乘员载客，或者严重超过规定时速行驶的"以及"违反危险化学品安全管理规定运输危险化学品，危及公共安全的"两种行为方式；修正案第22条将伪造、变造、买卖国家机关公文、证件、印章罪的犯罪对象扩大到"护照、社会保障卡、驾驶证等依法可以用于证明

---

〔1〕　参见孙晓梅：《废除"嫖宿幼女罪"的研究综述》，载《中华女子学院学报》2013年第3期。

〔2〕　2010年、2013年、2014年孙晓梅三次在两会期间建议"取消嫖宿幼女罪"，并引起广泛讨论。

身份的证件"。

第二种方式是增加新的罪名。修正案新增了20种罪名：准备实施恐怖活动罪，宣扬恐怖主义、极端主义、煽动实施恐怖活动罪，利用极端主义破坏法律实施罪，强制穿戴宣扬恐怖主义、极端主义服饰、标志罪，非法持有宣扬恐怖主义、极端主义物品罪，虐待被监护、看护人罪，使用虚假身份证件、盗用身份证件罪，组织考试作弊罪，非法出售、提供试题、答案罪，代替考试罪，拒不履行信息网络安全管理义务罪，非法利用信息网络罪，帮助信息网络犯罪活动罪，扰乱国家机关工作秩序罪，组织、资助非法聚集罪，编造、故意传播虚假信息罪，虚假诉讼罪，泄露不应公开的案件信息罪，披露、报道不应公开的案件信息罪，对有影响力的人行贿罪。

（5）《刑法修正案（十）》。《刑法修正案（十）》为惩治侮辱国歌的犯罪行为，在《刑法》第299条中增加第2款，以切实维护国歌奏唱和使用的严肃性。

（二）立法限制和减少死刑罪名的轻刑化效应

1764年，贝卡里亚发表了《论犯罪和刑罚》一书，首次对死刑发出"在一个组织优良的社会里，死刑是否真的有益和公正"的质疑。其后，死刑一直是近代刑事政策和刑事法理论研究中最具政论性的问题。旷日持久的死刑存废之争，在丰富刑事政策内涵、唤醒人类对死刑制度的理性思考的同时，极大地推动了各国限制和废除死刑的步伐。进入20世纪80年代以后，限制、废除死刑的运动进入了一个全面发展的新阶段，成为一股席卷全球的刑事政策运动与刑法改革潮流。[1]

死刑是一个国家运用国家暴力对公民个人生命的剥夺，是

---

〔1〕 梁根林：《中国死刑控制论纲——立足于具体国情的制度设计》，载《北大法律评论》2005年第1期。

最为严厉的刑罚。死刑的变迁轨迹最能体现一国刑罚轻重变化、刑罚文明的发展程度。因此，为了从制度领域考察我国轻刑化的进程，有必要对新中国成立后我国死刑立法的发展进行考察。

1. 1979 年《刑法》的死刑规定

中国是世界中保留死刑的国家之一。从封建社会到近代中国，中国有着几千年的死刑实施历史。新中国建立之后，从 20 世纪 50 年代起，长期坚持"保留死刑、坚持少杀、严禁错杀"的基本死刑政策。20 世纪 80 年代之后，由于转型期严峻犯罪态势的压力，为了体现和贯彻"从重从快严厉打击严重刑事犯罪"的刑事政策，我国刑事立法和刑事司法扩大了死刑罪名种类，增加了死刑适用数量。2005 年，中央提出宽严相济的刑事政策之后，在构建和谐社会的背景之下，也是基于死刑政策的反思，我国开始重新审视自身的死刑政策，死刑得到了一定的控制。[1]

保留死刑、严格限制和慎重适用死刑，是我国一贯坚持的刑事法律政策。1979 年《刑法》是新中国颁布的第一部刑法，它结束了新中国长期以来没有统一刑法典的历史，为刑罚的施行提供了法律依据，同时也严格限制了死刑的适用范围和条件，结束了死刑适用没有法律依据的时代。1979 年《刑法》明确规定死刑"只适用于罪大恶极的犯罪分子"。1979 年《刑法》分则 103 个条文规定的 129 个罪名中，有 15 个条文规定了 27 个死刑罪名，其中反革命罪占 14 个，危害公共安全罪占 8 个，侵犯人身权利、民主权利罪占 3 个，侵犯财产罪占 2 个。此外，惩治军人违反职责罪暂行条例规定了 11 个死刑罪名。1979 年《刑法》共有死刑罪名 38 个。

从死刑分布来看，尽管 1979 年《刑法》规定了较多的死刑

---

〔1〕 参见陈兴良：《死刑政策之法理解读》，载《中国人民大学学报》2013 年第 6 期。

适用罪名，但是它仍然具有划时代的意义。第一次用刑法典的方式规定了死刑的适用，结束了长期以来我国死刑适用依靠党的政策和专门文件的状态，使死刑的适用至少在形式上走上了法治化道路。1979年《刑法》颁布后，由于社会治安连续出现恶性刑事案件情形，出于对中国转型期社会治安恶化的担忧，时任党和国家领导人邓小平同志连续发出要求严厉打击刑事犯罪的指示。1983年7月，邓小平在召见公安部负责人时指出："刑事案件、恶性案件大幅度增加，这种情况很不得人心。几年了，这股风不但没有压下去，反而发展了。原因在哪里？主要是下不了手，对犯罪分子打击不严、不快、判得很轻。对经济犯罪活动是这样，对抢劫、杀人等犯罪活动也是这样。现在是非常状态，必须依法从重从快集中打击，严才能治住。搞得不疼不痒，不得人心。"[1] 1986年中央政治局常委会上，邓小平再次强调："死刑不能废除，有些犯罪就是要判处死刑。对于严重的经济犯罪、刑事犯罪，总要依法杀一些。现在总的表现是手软。判死刑也是一种必不可少的教育手段。现在只杀两个起不了那么大作用，要多杀几个，这才能真正表现我们的决心。"[2]

因此，针对当时出现的严重危害社会治安的犯罪和严重破坏经济秩序的犯罪一度相当猖獗、社会反映强烈的实际情况，为了保障人民群众的生命财产安全，维护经济社会秩序，保障改革开放的顺利进行，中央提出了"严打"的方针，在全国范围内开展了"严打"斗争。全国人大常委会也相继作出了一系列严惩严重破坏经济和严重危害社会治安的犯罪的决定或补充规定，对刑法进行了补充和修订。1982—1995年间，全国人大

---

〔1〕 邓小平：《邓小平文选》（第3卷），人民出版社1993年版，第34页。
〔2〕 邓小平：《邓小平文选》（第3卷），人民出版社1993年版，第152~152页。

常委会通过了 22 个修改补充刑法的决定或补充规定，新增死刑罪名 33 个，对当时一度十分严峻的社会治安形势和人民群众要求严厉打击犯罪的强烈要求作出了回应。到 1997 年修订《刑法》前，我国刑事法律规定的死刑罪名共有 71 个。

同时，为了打击犯罪需要，死刑核准权开始部分下放到高级人民法院。1980 年 2 月 12 日，刑事诉讼法生效还不到两个月之时，第五届全国人大第十三次会议批准了将死刑复核权下放到高级人民法院行使，"在 1980 年内，对现行的杀人、强奸、抢劫、放火等犯有严重罪行应当判处死刑的案件，最高人民法院可以授权省、自治区、直辖市高级人民法院核准。"1981 年 6 月 10 日，全国人大常委会正式通过的《关于死刑案件核准问题的决定》规定："在 1981—1983 年内，对犯有杀人、抢劫、强奸、爆炸、放火、投毒、决水和破坏交通、电力等设备的罪行，由省、自治区、直辖市高级人民法院终审判处死刑的，或者由中级人民法院一审判处死刑后被告人不上诉、经高级人民法院核准的，以及由高级人民法院一审判处死刑、被告人不上诉的，都不必报最高人民法院核准。"[1] 至此，死刑核准权被正式下放，并由高级人民法院行使。

2. 1997 年《刑法》调整死刑政策

1979 年《刑法》制定后，随着十几年来我国政治、经济和社会生活的变化，出现了一些新问题亟须解决。同时，理论界对于过去死刑适用存在的问题也进行了深度反思。在修改 1979 年《刑法》的讨论中，学术界开展了"死刑限制和扩张"的讨论。最后，全面修改的 1997 年《刑法》仍然采取了保留死刑的态度。1997 年 3 月 6 日在第八届全国人民代表大会第五次会议

---

〔1〕　全国人大常委会《关于死刑案件核准问题的决定》。

上，全国人民代表大会常务委员会副委员长王汉斌向大会作关于《中华人民共和国刑法（修订草案）》的说明时针对死刑问题指出，"有些同志认为现行法律规定的死刑多了，主张减少。这是值得重视的。但是，考虑到目前社会治安的形势严峻，经济犯罪的情况严重，还不具备减少死刑的条件。这次修订，对现行法律规定的死刑，原则上不减少也不增加。经过同公检法研究，大家同意将未满18周岁的未成年人犯罪的最高刑由可以判处死刑缓期执行改为无期徒刑。"[1]

1997年《刑法》将1979年《刑法》规定的192条增加为452条，一共规定了68个罪名可以判处死刑。除《刑法》分则第九章"渎职罪"没有规定死刑罪名外，第一章"危害国家安全罪"中规定了7个死刑罪名，第二章"危害公共安全罪"中规定了14个死刑罪名，第三章"破坏社会主义市场经济秩序罪"中规定了16个死刑罪名，第四章"侵犯公民人身权利、民主权利罪"中规定了5个死刑罪名，第五章"侵犯财产罪"中规定了2个死刑罪名，第六章"妨害社会管理秩序罪"中规定了8个死刑罪名，第七章"危害国防利益罪"中规定了2个死刑罪名，第八章"贪污贿赂罪"中规定了2个死刑罪名。第十章"军人违反职责罪"中规定了12个死刑罪名。从1997年《刑法》对死刑的规定来看，总体来说规范了死刑的使用，缩减了部分死刑条文和罪名，一共规定了68个死刑罪名，比之前的71个死刑罪名有所减少。

（1）对死刑适用限定严格条件。其一，1997年《刑法》规范了死刑适用范围的一般限制条件，1997年《刑法》第48条将1979年《刑法》第43条规定的"死刑只适用于罪大恶极的犯

---

〔1〕 王汉斌：《关于〈刑法（修订草案）〉的说明》，载：http://www.law-lib.com/fzdt/newshtml/20/20050812041456.htm，访问时间：2015年3月21。

罪分子"修改为"死刑只适用于罪行极其严重的犯罪分子"。从
而使得死刑适用的标准更加严格和规范，更大程度上减少了死
刑的立法及死刑的司法适用范围。其二，取消了对未成年人可
以适用死缓的规定。1979年《刑法》规定"已满16岁不满18
岁的，如果所犯罪行特别严重，可以判处死刑缓期2年执行"，
对未成年人不适用死刑是世界潮流。死缓也是死刑的一种执行
制度，对未成年人适用死缓，虽然不是立即执行，但仍有违对
未成年人特殊保护的价值取向。因此，1997年《刑法》取消了
这一规定，对不满18周岁的未成年人既不适用死刑立即执行，
也不适用死刑缓期2年执行。其三，完善死缓的规定。对于
1979年《刑法》的死刑缓期执行制度，执行死刑的条件"抗拒
改造、情节恶劣"，和不执行死刑的条件"确有悔改"，修改为
是否有"故意犯罪"发生，从而避免了语义的模糊性，使死缓
改为死刑立即执行的标准更具操作性。

　　（2）明确了死刑缓期执行减为无期徒刑的条件。1979年
《刑法》将死刑缓期执行减为无期徒刑的条件限定为"确有悔
改"，将死刑缓期执行减为有期徒刑的条件限定为"确有悔改并
有立功表现"的规定。由于司法实践中"确有悔改""确有悔改
并有立功表现"不好把握，如何定义其内涵本身就是一个难题，
因而，存在执行标准差异的问题。1997年《刑法》第50条进行
了修订，[1]明确将"没有故意犯罪"规定为死缓减为无期徒刑
的条件，即使可能罪犯内心并没有悔改，但是行为上没有故意
犯罪，也应当减为无期徒刑。倘若罪犯"确有立功表现"，还可

---

　　〔1〕　1997年《刑法》第50条规定："判处死刑缓期执行的，在死刑缓期执行
期间，如果没有故意犯罪，2年期满以后，减为无期徒刑；如果确有重大立功表现，
2年期满以后，减为15年以上20年以下有期徒刑，如果故意犯罪，查证属实的，由
最高人民法院核准，执行死刑。"

以减为 15 年以上 20 年以下有期徒刑。这些规定实质上放宽了死刑缓期执行减刑的条件，从死刑缓期执行制度上大大限制了死刑的实际适用。

（3）减少了部分死刑罪名，修改并删除了部分罪名的死刑。如将 1979 年《刑法》分则第一章反革命罪中的组织、利用封建迷信进行反革命活动罪，移入了第六章妨害社会管理秩序罪，修改为组织和利用会道门、邪教组织或者利用迷信进行非法活动罪，取消了死刑规定。如流氓罪原先可以适用死刑，1997 年《刑法》将其分解为聚众斗殴罪、寻衅滋事罪、强制猥亵、侮辱妇女罪、聚众淫乱罪等，但都不适用死刑。

3.《刑法修正案（八）》的死刑改革

《刑法修正案（七）》颁布之后，随着经济社会的发展，改革开放的深化，人们的人权法治意识得到提高，减少死刑的社会土壤得到进一步改善，如何限制减少死刑规定的问题再度受到广泛关注。学界普遍认为，现行刑法规定的死刑罪名偏多，死刑罪名的分布偏宽。刑法分则共十章，除第九章渎职罪中没有规定死刑外，其他各章都规定了死刑条款。此外，适用死刑罪名中，非暴力性的经济犯罪所占比例也偏大，非暴力性犯罪的死刑罪名有四十多个，占死刑罪名总数的 60% 以上。例如，刑法分则"破坏社会主义市场经济秩序罪"一章一共规定有 16 个死刑罪名，占全部死刑罪名的 24%。1998 年，我国签署了联合国《公民权利和政治权利国际公约》，其中第 6 条第 2 款规定了死刑适用国际标准为"未废除死刑的国家，判处死刑只能是作为对最严重的罪行的惩罚"[1]。联合国经社理事会《关于保障面临死刑的人的权利的保障措施》第 1 条规定："在未废除死

---

[1] 联合国《公民权利和政治权利国际公约》。

刑的国家，判处死刑只能是作为对最严重的罪行的惩罚，应当理解为其适用范围不应超过致命的或其他极度严重后果的故意犯罪"。联合国秘书长 2010 年向联合国经社理事会提交了有关全球死刑问题的五年期（2004—2008 年）报告，截至 2008 年年底，全球在法律上废除死刑的国家达 95 个，另有 8 个国家废除对普通犯罪判处死刑。46 个国家在过去的 10 年中未执行过死刑而被联合国归类为"事实上废除死刑的国家"。[1] 以上三项合计149 个国家。目前，还有 47 个国家保留和执行死刑，仅占全球196 个国家的 24%。

从司法实践看，我国《刑法》中有 68 个死刑罪名里，从1997 年至今审判情况看，实际判处过死刑的罪名还不到死刑罪名总数的一半。换言之，《刑法》中一半以上的死刑罪名从 1997年至今没有判过一个死刑。[2] 另外，死刑限制适用后，严重犯罪没有明显的急剧增长。2007 年，死刑核准权收归最高人民法院后，实际核准执行死刑的案件数量大幅下降，但严重命案反而自 2006 年以来连年下降，可见维护社会秩序不能迷信死刑作用。尽管我国尚不具备废除死刑的条件，但从立法上减少死刑罪名，既有必要，又十分可行。

综上，《刑法修正案（八）》根据我国经济社会实际，有选择性的废除了 13 个死刑罪名，进一步完善了死刑规定。这是符合我国现实国情需要的积极举措。

（1）《刑法修正案（八）》取消 13 个死刑罪名。这 13 个死刑罪名是走私文物罪，走私贵重金属罪，走私珍贵动物、珍

〔1〕 黄太云：《〈刑法修正案（八）〉解读》（一），载《人民检察》2011 年第 6期。

〔2〕 黄太云：《〈刑法修正案（八）〉解读》（一），载《人民检察》2011 年第 6期。

贵动物制品罪，走私普通货物、物品罪，票据诈骗罪，金融凭证诈骗罪，信用证诈骗罪，虚开增值税专用发票、用于骗取出口退税、抵扣税款发票罪，伪造、出售伪造的增值税专用发票罪，盗窃罪，传授犯罪方法罪，盗掘古文化遗址、古墓葬罪，盗掘古人类化石、古脊椎动物化石罪。从刑法修正案取消的死刑罪名可以看出，这些取消的死刑具备几个特征：一是这些犯罪的死刑，是根据当时打击犯罪的需要规定或增加的。随着形势变化，已没必要对这些犯罪适用死刑。取消这些犯罪的死刑，符合我国一贯坚持的慎用死刑原则和减少死刑的国际趋势。二是在取消这些犯罪的死刑后，仍保留了无期徒刑，从罪刑相适应角度看是适当的，可以做到罚当其罪。三是近年来这些犯罪在实际中一直未适用或较少适用死刑，取消这些犯罪的死刑，不会对打击犯罪带来影响。

（2）对老年人极其严格限制适用死刑。《刑法修正案（八）》第3条明确规定了老年人死刑适用条款，[1] 该款规定的"审判的时候已满75周岁的人"，是指按照刑事诉讼法的规定，在案件进入法院审理程序的时候被告人已年满75周岁。所谓"以特别残忍手段致人死亡"，是指以令人发指的手段，如以肢解、残酷折磨、毁人容貌、摘除人体器官等惨无人道的手段致使被害人死亡的。本款规定的不适用死刑，也包括不适用死刑缓期执行。对75周岁以上的老年人不适用死刑，主要理由在于：一是对老年犯罪人不适用死刑符合限制死刑适用的刑事政策的要求。"严格控制和慎重适用死刑"是我国一贯坚持的死刑政策，在死刑适用对象上作出严格限制也是限制死刑适用的重要内容。对75周岁以上的老年人禁用死刑，是顺应时代要求、限制死刑适

----

〔1〕《刑法修正案（八）》第3条规定："审判的时候已满75周岁的人，不适用死刑，但以特别残忍手段致人死亡的除外。"

用的理性选择。二是 75 周岁以上老年人多进行的是非暴力手段的犯罪，应处死刑的严重刑事犯罪的概率很低。因此，对 75 周岁以上老年犯罪人不适用死刑，对我国司法实践不会造成大的影响，不仅不会冲击目前的司法体系，而且会改善我国司法的国际形象。三是对 75 周岁以上老年人禁用死刑，也是刑法的伦理精神的体现。由于有的罪犯虽然年满 75 周岁，其体力、智力、精神状况良好，如以特别残忍手段致人死亡，且社会影响极为恶劣的，如不适用死刑，难以适应实践中出现的各种复杂情况，所以，不排除死刑适用的可能。但是，对老年人不适用死刑的规定不要过于绝对，要留有余地。因此，《刑法修正案（八）》补充规定："审判的时候已满 75 周岁的人，不适用死刑，但以特别残忍手段致人死亡的除外。"这是合乎社会实际和大众心理的立法结论。

4. 全面收回死刑复核权和改良死刑执行制度

从 20 世纪 80 年代开始的死刑复核权下放制度一直饱受学界诟病，在实际执行过程中的弊端也是有目共睹。在理论界和实务界的推动下，2006 年 9 月 29 日，最高人民法院将关于提请审议人民法院组织法修正案草案的议案提交全国人大常委会。2006 年 10 月 26 日，最高人民法院公布了《人民法院第二个五年改革纲要》（2004—2008）明确规定，将死刑复核权统一收归由最高人民法院行使。2006 年 10 月 31 日，全国人大常委会表决通过了关于修改《中华人民共和国人民法院组织法》的决定，从 2007 年 1 月 1 日起，死刑案件除依法由最高人民法院判决的以外，应当报请最高人民法院核准。2007 年 1 月 1 日，最高人民法院专门下发《关于统一行使死刑案件核准权有关问题的决定》，它的内容主要为：一是原有授权高级人民法院和解放军军事法院核准部分死刑案件的通知一律废止；二是自 2007 年 1 月

1 日起，死刑案件除依法由最高人民法院判决的以外，各高级人民法院和解放军军事法院依法判决和裁定的，应当报请最高人民法院核准。至此，死刑复核权全面正式回归于最高人民法院统一行使。

为了有效对死刑复核案件进行监督，最高人民检察院也相继颁布相关规定，落实对死刑复核的法律监督。2013 年 1 月 1 日，最高人民检察院施行《人民检察院刑事诉讼规则（试行）》，其明确规定"最高人民检察院依法对最高人民法院的死刑复核活动实行法律监督"及"最高人民检察院死刑复核检察部门负责承办死刑复核法律监督工作"，并提出了最高检和最高法在死刑复核意见不同时的处理机制，"对于最高人民检察院提出应当核准死刑意见的案件，最高人民法院经审查仍拟不核准死刑的，决定将案件提交审判委员会会议讨论并通知最高人民检察院派员列席的，最高人民检察院检察长或者受检察长委托的副检察长应当列席审判委员会会议。"当然，从目前最高检察院对死刑核准监督规定来看，还不是很细化，监督力度还显不足，需要进一步强化。

关于死刑执行制度，2007 年 3 月 9 日，最高人民法院、最高人民检察院、公安部、司法部联合出台《关于进一步严格依法办案确保办理死刑案件质量的意见》明确规定了罪犯要求会见亲属的应当同意，并强调在执行死刑前，发现有不应当执行死刑的情形，应当停止执行，并报最高人民法院作出裁定。在执行中，禁止游街示众或者其他有侮辱被执行人人格的行为，禁止侮辱尸体。这些制度都体现了死刑执行的文明化程度。

（三）程序法层面的轻刑化探索

1.《刑事诉讼法》的立法完善

《刑事诉讼法》关系公民的人身权利和自由，素有"小宪法"之称。1979 年 7 月，《刑事诉讼法》颁布；1996 年，《刑事诉讼法》迎来了第一次大修。2012 年 3 月 14 日，《刑事诉讼法》迎来第二次大修。涉及内容 100 多处，修改比例超过总条文的 50%，修正后刑诉法条文总数已达 290 条，并且增加了新的编、章、节。这次修改内容更加丰富精细，人权精神进一步彰显，司法公正得到了进一步的保障，体现了鲜明的时代精神和轻刑化倾向。具体而言，主要体现在以下几个方面：

（1）进一步完善证据制度，保障犯罪嫌疑人、被告人的合法权益。明确了非法证据排除的范围和公、检、法三机关对非法证据的排除义务。修改后的《刑事诉讼法》第 54 条规定了非法证据排除规则。[1] 这条规定明确了以非法方法取得的言词证据无条件排除范围，对于书证、物证的非法排除，只有在不符合法定程序，可能严重影响司法公正的，应当予以补正或者作出合理解释；不能补正或者作出合理解释的，对该证据应当予以排除。同时，非法证据排除义务不是侦查机关一家，而是公检法都负有非法证据排除的义务。非法证据排除制度的设定，是 2012 年《刑事诉讼法》的一大进步，有利于维护犯罪人的合法权益。

（2）未成年人刑事案件诉讼程序。原刑事诉讼法没有对未成年人刑事案件设置专门的诉讼程序，有关程序规定主要散见于刑事诉讼法、未成年人保护法、预防未成年人犯罪法以及相关的司法解释或部门规定中。这次刑事诉讼法修改，立法机关将司法机关成功的经验上升为法律，形成了具有中国特色的未成年人司法制度。2012 年《刑事诉讼法》，在第五编特别程序

---

〔1〕《刑事诉讼法》第 54 条规定："采用刑讯逼供等非法方法收集的犯罪嫌疑人、被告人供述和采用暴力、威胁等非法方法收集的证人证言、被害人陈述，应当予以排除。收集物证、书证不符合法定程序，可能严重影响司法公正的，应当予以补正或者作出合理解释；不能补正或者作出合理解释的，对该证据应当予以排除。在侦查、审查起诉、审判时发现有应当排除的证据的，应当依法予以排除，不得作为起诉意见、起诉决定和判决的依据。"

中设置了未成年人刑事案件诉讼程序专章，共 11 个条文，使未成年人刑事案件诉讼程序在立法体例上相对独立，在内容上丰富、完善了未成年人刑事司法制度。具体而言：

第一，明确办理未成年人刑事案件的方针与原则。2012 年《刑事诉讼法》第 266 条规定了对未成年人刑事案件实行"教育、感化、挽救"的基本原则。[1]该条原则要求对于未成年人犯罪案件要实行异于普通刑事案件的办案原则和方法，最大程度的进行教育挽救。这条原则不仅对侦查机关有效，而且对检察机关和审判机关同样有效。

第二，明确办理未成年人刑事案件要进行社会调查。2012 年《刑事诉讼法》第 268 条以立法形式将社会调查予以规定。[2]社会调查制度在一些关于未成年人的国际公约中普遍得到确立。《联合国少年司法最低限度标准规则》（又称《北京规则》）第 16 条规定了调查制度："所有案件除涉及轻微违法行为的案件外，在主管当局作出判决前的最后处理之前，应对少年生活的背景和环境或犯罪的条件进行适当的调查，以便主管当局对案件作出明智的审判。"[3]社会调查是许多国家办理未成年人刑事案件的惯例，是未成年人刑事诉讼程序贯彻刑罚个别化和全面调查原则的具体表现。[4]社会调查不仅可以有针对性

---

〔1〕《刑事诉讼法》第 266 条规定："对犯罪的未成年人，实行教育、感化、挽救的方针，坚持教育为主、惩罚为辅的原则。人民法院、人民检察院和公安机关办理未成年人刑事案件，应当保障未成年人行使其诉讼权利，保障未成年人得到法律帮助，并由熟悉未成年人身心特点的审判人员、检察人员、侦查人员承办。"

〔2〕《刑事诉讼法》第 268 条规定："公安机关、人民检察院、人民法院办理未成年人刑事案件，根据情况可以对未成年犯罪嫌疑人、被告人的成长经历、犯罪原因、监护教育等情况进行调查。"

〔3〕《联合国少年司法最低限度标准规则》。

〔4〕参见陈立毅：《我国未成年人刑事案件社会调查制度研究》，载《中国刑事法杂志》2012 年第 6 期。

地对违法犯罪的未成年人进行教育挽救，还可以促使其认罪悔改。[1]社会调查报告还是侦查机关对涉罪未成年人采取取保候审，检察机关决定逮捕、起诉，法院定罪量刑以及刑罚执行和社区矫正的考量依据。

第三，明确对犯罪嫌疑人、被告人严格适用逮捕措施和分案处理。2012年《刑事诉讼法》第269条明确规定了对未成年嫌疑人严格适用逮捕措施的原则。[2]该规定要求对于未成年人案件，能够不适用逮捕措施的就应该不采用，只对严重犯罪、却有必要的才能够予以逮捕。即使逮捕，也需要分别关押，从而予以特殊保护。

第四，设置附条件不起诉制度。2012年《刑事诉讼法》第271条明确规定了附条件不起诉制度，从而将过去司法实践中的经验提升为立法规定，附条件不起诉制度从而正式成为一项特别制度。[3]未成年人具有心智不成熟的特点，自我控制力较弱，对于一些危害性较小的犯罪行为进行附条件不起诉，一方面可以显示刑罚的威慑力，另一方面也给予其改过自新机会，减少社会不稳定因素。该规定对于未成年人案件附条件起诉的案件

---

〔1〕参见蒋雪琴：《我国未成年人社会调查制度实践考察》，载《兰州大学学报》（社会科学版）2014年第5期。

〔2〕《刑事诉讼法》第269条规定："对于未成年犯罪嫌疑人、被告人应当严格限制适用逮捕措施。人民检察院审查批准逮捕和人民法院决定逮捕，应当讯问未成年犯罪嫌疑人、被告人，听取辩护律师的意见。对被拘留、逮捕和执行刑罚的未成年人与成年人应当分别关押、分别管理、分别教育。"

〔3〕《刑事诉讼法》第271条规定："对于未成年人涉嫌刑法分则第四章、第五章、第六章规定的犯罪，可能判处1年有期徒刑以下刑罚，符合起诉条件，但有悔罪表现的，人民检察院可以作出附条件不起诉的决定。人民检察院在作出附条件不起诉的决定以前，应当听取公安机关、被害人的意见。对附条件不起诉的决定，公安机关要求复议、提请复核或者被害人申诉的，适用本法第175条、第176条的规定。未成年犯罪嫌疑人及其法定代理人对人民检察院决定附条件不起诉有异议的，人民检察院应当作出起诉的决定。"

犯罪、程序等予以规定，具有较好的操作性。

2. 最高司法机关的轻刑化程序改革

（1）积极制定落实宽严相济刑事政策的指导文件，为检法机关贯彻落实宽严相济刑事政策提高指导依据。2006年12月18日，最高人民检察院通过了三个专门落实宽严相济刑事政策的文件，即《关于在检察工作中贯彻宽严相济刑事司法政策的若干意见》、修订后的《人民检察院办理未成年人刑事案件的规定》和《关于依法快速办理轻微刑事案件的意见》。文件指出"检察机关在批捕、起诉、查办职务犯罪等各项工作中，都要根据案件具体情况，做到该严则严、当宽则宽、宽严适度，使执法办案活动既有利于震慑犯罪、维护社会稳定，又有利于化解矛盾、促进社会和谐。在依法严厉打击严重犯罪的同时，对情节轻微、主观恶性不大的涉嫌犯罪人员，可从宽的依法从宽，能挽救的尽量挽救，给予改过自新的机会；对涉嫌犯罪的未成年人，坚持'教育、感化、挽救'方针，采取适合其身心特点的办案方式，配合家长、学校加强帮教。积极推行有利于贯彻宽严相济刑事司法政策的工作机制，实行依法快速办理轻微刑事案件的工作机制，完善业务工作考评体系。加强调查研究和宏观指导，把握好政策界限和执法尺度，保证宽严相济刑事司法政策的正确运用"。最高人民法院在其工作报告中指出：要"认真执行宽严相济的刑事政策，最大限度地减少社会对立面"。2010年2月8日，最高人民法院发布《关于贯彻宽严相济刑事政策的若干意见》，[1]该意见将人民法院在适用宽严相济的刑事政

---

〔1〕"贯彻宽严相济刑事政策，要根据犯罪的具体情况，实行区别对待，做到该宽则宽，当严则严，宽严相济，罚当其罪，打击和孤立极少数，教育、感化和挽救大多数，最大限度地减少社会对立面，促进社会和谐稳定，维护国家长治久安。"在宽和严的关系问题上，该意见要求"要正确把握宽与严的关系，切实做到宽严并用。既要注意克服重刑主义思想影响，防止片面从严，也要避免受轻刑化思想影响，

策中的注意事项及相关规定予以明确，从而使得人民法院在审判时候真正做到该宽则宽，该严则严，从而实现刑罚打击犯罪，保障人权的根本目的。

（2）首次确立轻微刑事案件快速办理机制。2006年12月，最高人民检察院通过了《关于依法快速办理轻微刑事案件的意见》，明确规定了该轻微刑事案件快速处理的机制。之所以出台《关于依法快速办理轻微刑事案件的意见》是因为我国正处于高速发展与社会转型时期，案件数量的递增趋势非常明显，而且，轻罪案件占所有刑事案件的比例日渐提高，这进一步加大了"案多人少"的司法矛盾。所以，为了集中有效的司法资源处理疑难复杂的重大案件，同时提高诉讼效率，有必要对刑事案件进行分流，对轻罪案件进行快速审理。而且，对轻微犯罪进行快速审理也是有域外经验可以借鉴的，比如英国的治安法院依照简易程序审理的刑事案件数量占所有刑事案件数量的很大比例。《关于依法快速办理轻微刑事案件的意见》正是在贯彻宽严相济刑事政策的背景下形成的，它的主要内容包括：一是明确了快速审理的基本原则，也即应当在正义与效率之间实现有机的平衡；二是明确了轻微刑事案件快速办理的基本内容，也即在

一味从宽。"在执法办案方面，该意见要求"贯彻宽严相济刑事政策，必须坚持严格依法办案，切实贯彻落实罪刑法定原则、罪刑相适应原则和法律面前人人平等原则，依照法律规定准确定罪量刑。从宽和从严都必须依照法律规定进行，做到宽严有据，罚当其罪。"值得注意的是，该意见认为宽严相济的对象应该根据经济社会变化而加以调整，"要根据经济社会的发展和治安形势的变化，尤其要根据犯罪情况的变化，在法律规定的范围内，适时调整从宽和从严的对象、范围和力度。要全面、客观把握不同时期不同地区的经济社会状况和社会治安形势，充分考虑人民群众的安全感以及惩治犯罪的实际需要，注重从严打击严重危害国家安全、社会治安和人民群众利益的犯罪。对于犯罪性质尚不严重，情节较轻和社会危害性较小的犯罪，以及被告人认罪、悔罪，从宽处罚更有利于社会和谐稳定的，依法可以从宽处理。"

事实清楚、证据充分、被告人认罪的情况下，简化办案流程和缩短办案期限的一种探索形式；三是明确了轻微刑事案件的具体范围，并辅以四个并列条件予以限制，同时明确排除不能适用快速办理的其他刑事案件，从而避免了"政出多门"的实践异化倾向；四是规范检察机关参与轻微刑事案件快速办理的工作机制，具体包括审查逮捕、审查起诉、缩短办案期限以及提议适用简易程序等。

（3）明确法定不起诉的标准，从程序源头减少刑罚量。2007年6月，为了依法规范不起诉权的行使，同时保障不起诉案件的案件质量，最高人民检察院发布了新修改的《人民检察院办理不起诉案件质量标准（试行）》，规定具有下列5种情形之一，依照《刑法》规定不需要判处刑罚或者免除刑罚，经检察委员会讨论决定的，可以依法决定不起诉。[1]这条规定了纠正了过去司法实践中不起诉标准不统一的问题，从而使得不起诉制度真正能够运用于轻微刑事案件，有利于轻刑化的推进。同时，对于缺乏管辖权等11种情形，同时规定为不起诉错误，从而明确了实践中的操作标准，督促检察机关慎用起诉权和不起诉权，有利于破解"不起诉"操作难的问题。最后，还规定了15种属于起诉质量不高的情形，这对检察机关运用不起诉制度形成了制度上的"制约"。总之，《人民检察院办理不起诉案件质量标准（试行）》以贯彻宽严相济刑事政策为指导精神，目的是为了规范起诉权和不起诉权的科学运用，从而在适

---

〔1〕"①未成年犯罪嫌疑人、老年犯罪嫌疑人，主观恶性较小、社会危害不大的；②因亲友、邻里及同学同事之间纠纷引发的轻微犯罪中的犯罪嫌疑人，认罪悔过、赔礼道歉、积极赔偿损失并得到被害人谅解或者双方达成和解并切实履行，社会危害不大的；③初次实施轻微犯罪的犯罪嫌疑人，主观恶性较小的；④因生活无着偶然实施盗窃等轻微犯罪的犯罪嫌疑人，人身危险性不大的；⑤群体性事件引起的刑事犯罪中的犯罪嫌疑人，属于一般参与者的。"

度严格、认真区别对待的基础上，进行全面综合的考虑，从而确保起诉质量。

二、轻刑化的司法探索样态

我国轻刑化的实践不仅体现在刑事立法方面，而且在司法实践领域也有清晰的体现。为了进一步论证我国轻刑化的趋势，本文以全国法院和检察机关、北京市法院和检察机关以及海淀区法院和检察机关这三级司法机关的司法实践与实证数据为样本进行分析，以期达到实证分析的目的。全国数据来自最高人民法院和最高人民检察院内部网站或工作报告，北京市和海淀区数据来自市区两级的工作报告和一些内部资料。

（一）全国法院刑事审判的轻刑化实践

2005 年宽严相济的刑事政策提出之后，轻刑化问题逐步得到全国司法领域的重视。随着刑法修正案的逐步颁布以及各种司法解释和两高指导文件的出台，我国各级法院也逐步加大了对一些社会危害性不大的犯罪的减轻处罚力度，非监禁刑的适用比例逐步加大。本文根据最高人民法院公布的近几年来的生效判决情况予以统计，从统计资料可以清晰地看到近年来我国法院的司法判决情况。

1. 全国生效判决数据分析

为了揭示全国范围内的判处重刑的案件及其所占比例，并借此贯彻我国刑事审判实践中的轻刑化实践程序，这里选取了最高人民法院公布的相关数据。

表 1　2009—2015 年全国各级法院生效判决情况表[1]

年度 (年)	判决 人数 (人)	免予 刑事 处罚 (人)	占比	拘役 (人)	占比 (人)	缓刑 (人)	占比	5 年以 下有期 徒刑 （包括 附加刑） (人)	占比	5 年以 上有期 徒刑 （无期、 死刑） (人)	占比
2009	997 872	17 223	1.73%	66 125	6.63%	250 635	25.12%	835 197	83.69%	162 675	16.31%
2010	1 007 419	17 957	1.79%	63 848	6.34%	265 230	26.33%	848 158	84.19%	159 261	15.81%
2011	1 051 638	18 281	1.74%	76 683	7.3%	309 297	29.41%	902 186	85.78%	149 452	14.22%
2012	1 174 133	18 974	1.62%	112 766	10.46%	355 302	30.26%	1 015 837	86.51%	158 296	13.49%
2013	1 158 609	19 231	1.66%	133 044	11.49%	356 523	30.78%	1 033 594	89.21%	125 015	10.79%
2014	1 184 000	19 299	1.63%	153 022	12.93%	366 200	30.93%	1 072 770	90.57%	111 230	9.43%
2015	1 232 695	18 020	1.48%	157 915	13.01%	363 517	29.95%	1 098 172	90.48%	115 464	9.52%

由上表可知，2009—2015 年，全国法院判决 5 年以上有期徒刑的人数所占比例整体呈下降趋势，与此相反，5 年以下有期徒刑的人数占比为逐年上升。此外，从免于刑事处罚、拘役和缓刑所占比例来看，基本呈上升趋势。这说明从全国法院判决可以看出我国轻刑化趋势。

2. 全国减刑与假释数据分析

表 2　2010—2013 年全国减刑、假释情况表

年度 (年)	减刑 (件)	同比上升	假释 (件)	同比上升	减刑、假 释 (件)	同比上升
2010	524 006	9.04%	35 724	9.23%	559 730	9.05%
2011	572 226	9.2%	42 784	19.76%	615 010	9.88%
2012	603 159	5.41%	46 995	9.84%	650 154	5.71%
2013	703 422	12.35%	50 161	15.68%	753 583	10.25%

[1]　该表格数据来源于最高人民法院网站。

2010 年全国法院共办理减刑、假释案件 559 730 件，同比上升 9.05%。其中减刑案件 524 006 件，同比上升 9.04%；假释案件 35 724 件，同比上升 9.23%。2011 年全国法院共办理减刑、假释案件 615 010 件，同比上升 9.88%。其中，减刑案件 572 226 件，同比上升 9.2%；假释案件 42 784 件，同比上升 19.76%。2012 年全国法院共办理减刑、假释案件 650 154 件，同比上升 5.71%。其中，减刑案件 603 159 件，同比上升 5.41%；假释案件 46 995 件，同比上升 9.84%。2013 年全国法院共办理减刑、假释案件 753 583 件，同比上升 10.25%。其中，减刑案件 703 442 件，同比上升 12.35%，假释案件 50 161 件，同比上升 10.25%。

从 2010—2013 年全国法院共办理的减刑、假释案件总体情况来看，我国法院减刑、假释案件呈逐年增长，稳步上升态势。减刑、假释案件的逐年增长，这说明我国逐步加大了罪犯的从轻处理力度，是我国司法实践推行刑法轻缓化的有力表现。

3. 全国死刑判决数据分析

在制度层面，我国死刑立法经历了"严打"斗争中的扩张，1997 年《刑法》加以初步的限制。随着死刑复核权的全面回归，《刑法修正案（八）》和《刑法修正案（九）》对死刑罪名的大幅度减少，在司法实践中，我国死刑判决案件也呈现大幅度减少的态势。

1983 年 8 月 25 日，中央发出严打决定，"号召各级党委和政府在 3 年组织三个'战役'，依法将刑事犯罪分子逮捕一大批，判刑一大批，劳教一大批，注销城市户口一大批，并且杀掉一批有严重罪行、不杀不足以平民愤的犯罪分子。"[1] 据统计，从 1983 年 9 月至 1987 年 7 月，先后进行了三次"战役"，全

〔1〕 中共中央《关于严厉打击刑事犯罪活动的决定》。

国共逮捕 177.2 万人，判处 174.1 万人，送劳动教养 321 万人。关于严打期间被判处死刑人数，至今未有官方正式披露。根据《中国共产党执政四十年》一书的记载："1984 年 10 月 31 日，《关于严厉打击严重刑事犯罪活动第一战役总结和第二战役部署的报告》说，在第一战役中，法院判处 86.1 万人，其中判处死刑 2.4 万人。"[1] 这被称为 1950 年镇反运动以来规模最大的一次集中打击。

在 20 世纪 80 年代，"严打"中的死刑判决案件集中增多与当时中央要求从重从快不无关系，要求该重判的坚决重判，该判处死刑的坚决依法判处死刑。在"从重从快"的方针指导之下，虽然对当时社会治安的好转起到了很大作用，但是，同时也存在司法机关对死刑判决存在程序简单、力度严厉的特点。比如，当时最为引人关注的是元帅朱德之孙朱国华因流氓罪于 1983 年 9 月 24 日被执行死刑。1996 年 6 月 18 日，《法制日报》刊载了一篇《凶犯六天伏法》的报道。报道称，吉林省高级法院及四平市中级人民法院依法从重判处一名"在'严打'中顶风作案、持刀行凶杀害民警"的犯罪分子。该犯田晓伟于 5 月 13 日行凶作案，5 月 19 日在四平被执行枪决。从侦查、预审、起诉、一审、二审、死刑复核到最后执行，七道诉讼程序总共用了 6 天时间。[2] 这些案例充分说明"严打"对死刑案件的适用力度之大。死刑直接关系到公民生命权的剥夺，适用死刑必须慎之又慎。随着中国社会经济的发展和人民群众人权法治观念的提升，在理论界的推动下，我国对死刑问题开始重新反思。

从 2007 年开始，由最高人民法院统一行使死刑案件的核准

---

〔1〕 马齐彬主编：《中国共产党执政四十年》，中共党史资料出版社 1989 年版。

〔2〕 参见《凶犯六天伏法》，载 http://shehui.daqi.com/article/3547584.htm，访问日期：2015 年 3 月 22 日。

权。中国实行死刑第二审案件全部开庭审理，完善了死刑复核程序，加强死刑复核监督。最高人民法院复核死刑案件，应当讯问被告人，辩护律师提出要求的，应当听取辩护律师的意见。最高人民检察院可以向最高人民法院提出意见。死刑复核程序的改革，确保了办理死刑案件的质量。自 2007 年死刑案件的核准权统一由最高人民法院行使以来，中国死刑适用标准更加统一，判处死刑的案件数量逐步减少。

虽然我国每年死刑判决数量目前尚未公布，但是，从媒体报道的一些数据可以反映出我国死刑逐步减少的趋势。2008 年 3 月 10 日，最高人民法院院长肖扬在向全国人大作工作报告时说，统一行使死刑案件核准权这一年来，"最高人民法院统一死刑适用标准，依法严格、慎重、公正地复核死刑案件，确保死刑只适用于极少数罪行极其严重、性质极其恶劣、社会危害性极大的刑事犯罪分子。"[1] 尽管没有透露具体数字，但是，最高人民法院一位新闻发言人曾对新华社记者表示：最高法院严格把关避免错杀，2007 年因原判事实不清、证据不足、量刑不当、程序违法等原因不核准的案件，占复核终结死刑案件的 15% 左右。新疆维吾尔自治区高级人民法院院长肉孜·司马义在谈到死刑问题时说道，2007 年新疆维吾尔自治区死刑立即执行的数量比上年下降约 50%，自治区高级法院对一审死刑案件改判率占全部死刑案件的 30% 左右；经过二审向最高人民法院报核的死刑案件核准率为 90% 左右。[2]

（二）全国检察机关的轻刑化样态

人民检察院是我国的法律监督机关，在司法实践中，主要

---

〔1〕　参见《中国死刑立即执行判决大幅减少》，载 http://news.xinhuanet.com/misc/2008-03/10/content_7761537.htm，访问日期：2015 年 3 月 22 日。

〔2〕　参见《中国死刑立即执行判决大幅减少》，载 http://news.xinhuanet.com/misc/2008-03/10/content_7761537.htm，访问日期：2015 年 3 月 22 日。

负责刑事案件的批捕、起诉、职务犯罪侦查等工作。探讨实践领域我国司法机关轻刑化的发展进程及现状，不仅仅需要研究法院生效判决情况，同时也需要研究全国检察机关对刑事案件的批捕、起诉状况。检察机关在"轻轻重重"两极化刑事政策的司法实践中扮演重要角色，当然也是各国落实轻罪刑事政策的主要司法机关。[1] 这里以最高人民检察院近年检察工作报告中的有效数据来进行分析。在研究中，主要关注不批捕率、不起诉起诉率等问题。

表3　2011—2014年全国检察机关办案情况表

年度(年)	审查逮捕人数(人)	批捕人数(人)	占比	不逮捕人数(人)	占比	审查起诉(人)	起诉(人)	起诉率	不起诉(人)	不起诉率
2011	1 108 377	969 054	87.43%	139 323	12.57%	1 281 637	1 238 861	96.66%	42 770	3.34%
2012	1 158 699	986 056	85.1%	172 643	14.9%	1 484 535	1 434 357	96.62%	50 178	3.38%
2013	1 091 701	896 403	82.11%	195 378	17.9%	1 443 452	1 369 865	94.9%	70 287	4.87%
2014	1 112 725	899 297	80.82%	213 538	19.19%	1 519 427	1 437 899	94.63%	77 609	5.11%

　　从上表资料可以知道，从全国逮捕人数来看，2011—2014年全国不逮捕人数呈逐年上升趋势，2011年为139 323人，占比12.57%，2012年为172 643人，占比上升至14.9%，2013年为195 378人，占比增至17.9%，到2014年不逮捕人数创新高为213 538人，占比上升到19.19%，不逮捕人数和不逮捕率呈现明显的逐年增长态势从审查起诉来看，不起诉绝对人数和比例也是逐年上升。2011年为42 770人，占比3.34%，此后逐年上升，到2014年不起诉人数为77 609人，占比5.11%。呈现比较平稳的增长态势。从全国审查逮捕和审查起诉状况来看，我

---

〔1〕　卢建平：《刑事政策与刑法变革》，中国人民公安大学出版社2011年版，第440页。

国检察机关呈现明显的轻刑化态势。

　　以上从全国层面的法院和检察机关对刑事案件的处理情况进行研究，从而探寻实践领域轻刑化的宏观发展态势。那么，轻刑化问题在微观领域到底是如何发展的呢？为此，本文以北京市检法系统的案件办理情况为例，从微观领域来进行进一步研究。

三、北京市司法机关的轻刑化实践

　　从全国范围观察轻刑化在司法实践层面的样态具有一定的宏观性，但是，也容易在统一性的前提下忽视了具体性层面的特殊问题与特定规律。为此，这里以北京市作为特定的地理区域，以北京市刑事司法实践层面的轻刑化样态为样本，考察轻刑化实践的基本情况及其所呈现出的特点和问题。

　　（一）北京市法院系统的轻刑化概况

　　1. 总体判决情况分析

　　为了更好地揭示北京市法院系统刑事案件的审判情况，这里首先根据公开的数据和笔者根据工作经验所掌握的数据，初步分析刑事案件的判决的整体情况及其特征。

表 4　2011—2016 年北京市法院系统判决情况表

年度（年）	判决人数（人）	3 年以下有期徒刑（包括附加刑、管制和拘役）（人）	占比	其中：管制、拘役和附加刑（人）	免于刑事处罚（人）	缓刑（人）	占比	无罪（人）	3 年以上有期徒刑（人）	占比
2011	22 869	12 410	54.26%	1452	145	1256	5.46%	12	9046	39.56%
2012	23 858	16 882	70.76%	1546	156	1356	5.68%	15	5449	22.84%

续表

年度（年）	判决人数（人）	3年以下有期徒刑（包括附加刑、管制和拘役）（人）	占比	其中：管制、拘役和附加刑（人）	免于刑事处罚（人）	缓刑（人）	占比	无罪（人）	3年以上有期徒刑（人）	占比
2013	24 120	16 743	69.42%	1548	180	1445	5.99%	21	5731	23.76%
2014	24 939	18 540	74.34%	1980	221	1587	6.36%	14	4577	18.35%
2015	25 327	19 035	75.16%	2405	268	1934	7.64%	19	4553	17.98%
2016	26 148	20 017	76.55%	2978	317	2142	8.19%	12	6131	23.45%

从上可知，2011 年北京市法院判决人数 22 869 人。其中，3 年以下有期徒刑为 12 410 人，占比 54.26%。2012 年 3 年以下有期徒刑为 16 882 人，占比上升为 70.76%，增加了近二十个百分点。2013 年稍微下降至 69.42%，2014 年增长为 74.34%，2015 年增长为 75.16%，2016 年增长为 76.55%，为近六年新高。总体来看，2011—2016 年期间，在北京市法院系统在总判决人数上升的背景下，3 年以下有期徒刑的判决人数持续增长。从判决的缓刑来看，2011 年缓刑人数为 1256 人，占比 5.46%，此后 5 年间，缓刑人数绝对数持续增长至 2142 人，占比也从 5.46% 增长至 8.19%。从 3 年以上有期徒刑的判决人数来看，不论是绝对数还是比率总体都呈下降趋势，2011 年绝对人数为 9046 人，占比 39.56%，2016 年下降至 6131 人，占比为 23.45%，下降幅度较大。综上，北京市法院系统适用刑罚的轻刑化力度较大，取得了较好的成绩。

2. 未成人判决情况分析

表5　2011—2016 年北京市未成年人判决情况表

年度（年）	判决人数（人）	有期徒刑以下（人）	占比	3年以下有期徒刑（人）	占比	3年以上有期徒刑（人）	占比
2011	861	195	22.65%	501	58.19%	95	11.03%
2012	767	221	28.81%	403	52.54%	99	12.91%
2013	618	166	26.86%	363	58.73%	49	7.93%
2014	503	108	21.47%	320	63.62%	41	8.15%
2015	486	92	18.92%	337	69.54%	35	7.21%
2016	421	86	20.43%	316	75.06%	42	9.98%

从上图可知，2011—2016 年，北京市未成年判决人数总体呈下降趋势。从 3 年以上有期徒刑的判决人数来看，2011 年为95 人，占比 11.03%，2012 年为 99 人，人数稍微增长，占比为12.91%。2013 年、2014 年、2015 年和 2016 年人数与 2012 年相比皆有大幅下降，占比都不到 10%。此外，从 3 年以下有期徒刑的判决人数占比来看，基本是逐年上升的趋势，从 2011 年的58.19%上升至 2016 年 75.06%。这说明北京市法院在适用未成年人刑罚上轻刑化趋势明显。

（二）北京市检察机关的轻刑化概况

1. 检察机关审查逮捕情况分析

为了分析北京市检察机关适用逮捕措施的基本情况，这里择取 2011—2014 年北京市检察机关审查逮捕情况资料，进行分析研究。

2011 年 1—12 月期间，全市检察机关共受理审查逮捕案件 18 185 件 25 131 人，审结 18 166 件 25 278 人（含上年积存），同比分别上升 0.82% 和 0.95%。在审结的案件中，批准（决定）逮捕 15 106 件 20 151 人，逮捕率为 79.71%，与上年同期 83.9% 相比下降 4.99%。受理自侦部门报请（移送）决定逮捕案件 251 件 265 人，依法审结 257 件 271 人。其中决定逮捕 232 件 241 人，逮捕率为 88.93%。2011 年 1—12 月期间，不批准（不予）逮捕共计 3060 件 5127 人，不逮捕率为 20.28%。其中对 458 人以不构成犯罪不予批捕；对 2226 人以证据不足不予批捕，并提出补充侦查工作要求；对 21 人适用无社会危险性不予批捕；对 2422 人因其他因素（包括患有不适宜羁押的疾病等）不予批捕；尚未出现监视居住的建议。

2012 年 1—12 月期间，全市检察机关共受理审查逮捕案件 18 537 件 25 949 人，审结 18 621 件 26 064 人（含上年积存），同比分别上升 2.5% 和 3.1%。在审结的案件中，批准（决定）逮捕 14 507 件 19 009 人，逮捕率为 72.93%，与上年同期 79.71% 相比下降 8.51%。受理自侦部门报请（移送）决定逮捕案件 248 件 261 人，依法审结 247 件 260 人。其中决定逮捕 228 件 241 人，逮捕率为 92.69%。2012 年 1—12 月不批准（不予）逮捕共计 4114 件 7055 人，不逮捕率为 27.07%。其中，对 601 人以不构成犯罪不予批捕；对 3293 人以证据不足不予批捕，并提出补充侦查工作要求；对 7 人适用无社会危险性不予批捕；对 3154 人因其他因素（包括患有不适宜羁押的疾病等）不予批捕；未出现监视居住的建议。

2013 年 1—12 月期间，全市检察机关共受理审查逮捕案件 16 873 件 21 975 人，审结 16 869 件 21 984 人（含上年积存），同比分别下降 9.41% 和 15.65%。在审结的案件中，批准（决定）逮捕 13 135 件 16 433 人，逮捕率为 74.75%，与上年同期 72.93% 相比上升 2.5%。受理自侦部门报请（移送）决定逮捕案件 233 件 247 人，依法审结 235 件 249 人。其中决定逮捕 205 件 216 人，逮捕率为 86.75%。2013 年 1 月—12 月期间，不批准（不予）逮捕共计 3734 件 5551 人，不逮捕率为 25.25%。其中，对 437 人以不构成犯罪不予批捕；对 2686 人以证据不足不予批捕，并提出补充侦查工作要求；对 808 人适用无社会危险性不予批捕；对 1610 人因其他因素（包括患有不适宜羁押的疾病等）不予批捕；对 10 人建议采取监视居住。

2014 年 1—12 月期间，全市检察机关共受理审查逮捕案件 15 533 件 20 024 人，审结 15 753 件 20 298 人（含上年积存），同比分别下降 6.62% 和 7.67%。在审结的案件中，批准（决定）逮捕 12 458 件 15 357 人，逮捕率为 75.66%，与上年同期 74.75% 相比上升 1.22%。受理自侦部门报请（移送）决定逮捕案件 251 件 262 人，依法审结 250 件 261 人。其中，决定逮捕 228 件 238 人，逮捕率为 91.19%。2014 年 1—12 月期间，不批准（不予）逮捕共计 3295 件 4941 人，不逮捕率为 24.34%。其中对 288 人以不构成犯罪不予批捕；对 2314 人以证据不足不予批捕，并提出补充侦查工作要求；对 1281 人适用无社会危险性不予批捕；对 1054 人因其他因素（包括患有不适宜羁押的疾病等）不予批捕；对 4 人建议采取监视居住。

表6　2011—2016 年北京市检察机关审查逮捕情况表

年度（年）	审结人数（人）	批捕人数（人）	逮捕率	不予逮捕人数（人）	不逮捕率
2011	25 278	20 151	79.71%	5127	20.28%
2012	26 064	19 009	72.93%	7055	27.07%

年度（年）	审结人数（人）	批捕人数（人）	逮捕率	不予逮捕人数（人）	不逮捕率
2013	21 984	16 433	74.75%	5551	25.25%
2014	20 298	15 357	75.66%	4941	24.34%
2015	18 691	12 913	69.09%	5778	30.91%
2016	19 732	13 390	67.86%	6342	32.14%

从上表可知，2011—2016年北京市检察机关批捕人数基本呈逐年下降趋势。从2011年的20 151人，下降至2015年的12 913人，2016年虽然人数有小幅增长，但仍比2011年低。不予逮捕率总体呈上升趋势，2011年不予逮捕人数为5127人，不予逮捕率为20.28%。2012年不予逮捕人数为7055人，不予逮捕率上升为27.07%。2013年和2014年不予逮捕人数有所下降，但是不予逮捕率仍然大于2011年，2015年不予逮捕人数为5778人，不予逮捕率为30.91%。2016年不予逮捕人数为6342人，不予逮捕率为32.14%。

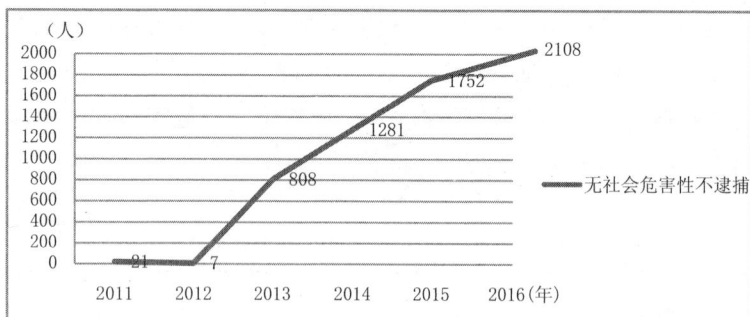

图4　2011—2016年北京市检察机关无社会危害性不逮捕趋势图

关于不予逮捕的具体情况：在2011年不予逮捕人数中，无

社会危害性不予逮捕的人数仅为 21 人，2012 年为 7 人。而从
2013 年开始无社会危害性不予逮捕的人数急剧上升为 808 人；
2014 年，无社会危害性不予逮捕的人数上升为 1281 人；2015 年
无社会危害性不予逮捕的人数上升为 1752 人；2016 年无社会危
害性不予逮捕的人数上升为 2108 人，是历年最高的。

　　长期以来，受重刑主义刑法思想的影响，检察机关基本按
照"够罪即捕"的思路批准逮捕。只要行为构成犯罪，就予以
逮捕羁押。但是，对于一些犯罪行为轻微，没有社会危害性无
逮捕必要的案件缺乏有效审查，造成逮捕人数居高不下。随着
我国对人权保护的进一步加强，逮捕措施的运用开始严格起来，
对那些虽然构成犯罪、但无社会危害性的犯罪人嫌疑人采取非
羁押措施不予以逮捕，这充分体现了检察机关的轻刑化倾向。

　　2. 检察机关审查起诉状况分析

　　根据北京市检察院工作报告的资料显示，2003 年北京市检
察机关不起诉数量为 286 件 417 人，2004 年达到 310 件 443 人，
其后逐年上升，2007 年升至 465 件 666 人。2009 年之后呈几何
倍数增长，2009 年为 370 件 524 人，2010 年为 471 件 695 人，
2011 年为 636 件 955 人，2012 年则涨至 1015 件 1527 人。报告
中没有给出不起诉的原因，可能属于存疑不诉，可能属于绝对
不诉，也可能属于犯罪情节轻微不需要判处刑罚的相对不诉。
尽管相关的统计资料缺失导致问题无法详细探查，[1]但是从司
法实践来看，不起诉案件中相对不诉和绝对不诉占据绝大部分。
如 2011 年绝对不诉 24 件、相对不诉 442 件，共占不起诉件数的
73.3%，2012 年绝对不诉 63 件、相对不诉 663 件，共占不起诉
件数的 71.5%。

---

　　〔1〕　因此，本文主要依照工作报告中统计的不起诉数据来分析，而没有剔除
因为不构成犯罪而不起诉的人数，所以会存在一定误差。

表7　2011—2016年北京市检察机关审查起诉工作情况表

年度（年）	受理审查起诉人数（人）	起诉（人）	起诉率	不起诉（人）	不起诉率
2011	27 013	26 058	96.47%	955	3.54%
2012	28 888	27 361	94.72%	1527	5.29%
2013	25 834	23 272	90.09%	2562	9.92%
2014	27 990	25 194	90.01%	2796	9.99%
2015	30 114	27 036	89.78%	3078	10.22%
2016	31 218	28 172	90.24%	3046	9.76%

从上表可以看出，2011—2016年，北京市检察机关的起诉率一路下降，而不起诉率则连续走高，尽管变化幅度不大，但趋势比较明确。这一轻刑化的趋势也与全国检察机关的审查起诉变化趋势完全一致。说明，在北京市这个省一级区域内，轻刑化的发展态势十分明显。

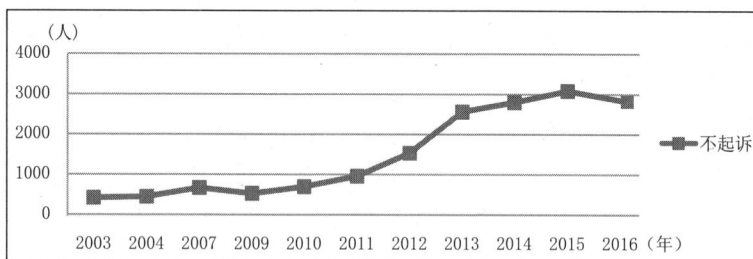

图5　2003—2016年北京市检察机关不起诉趋势图

从检察机关具体办理不起诉案件情况来看，2003—2016年，不起诉人数从2003年的417人增长到2016年的3046人，增长幅度为630.46%。因此可以看出，检察机关加大了对轻微犯罪的不起诉力度,不起诉人数逐年上升,这充分体现了轻刑化的趋势。

3. 检察机关处理未成年人案件情况分析

(1)未成年人不批捕情况。根据2011—2015年北京市全市检察机关办理未成年人案件中的批准逮捕情况资料,制作下列表格。

2011年,北京全市共受理审查逮捕未成年犯罪894件1123人,人数同比下降8.7%,占受理审查逮捕总人数的4.47%。审结889件1122人,其中批准逮捕721人,同比下降21.46%,批准逮捕率为64.26%;不批准逮捕401人,同比上升28.53%,不批准逮捕率为35.74%。

2012年,北京全市共受理审查逮捕未成年犯罪856件1157人,人数同比上升3.03%,占受理审查逮捕总人数的4.46%。审结859件1160人,其中批准逮捕689人,同比下降4.44%,批准逮捕率为59.4%;不批准逮捕471人,同比上升17.46%,不批准逮捕率为40.6%。

2013年,北京全市共受理审查逮捕未成年犯罪612件734人,人数同比下降36.56%,占受理审查逮捕总人数的3.34%。审结618件737人,其中批准逮捕514人,同比下降25.4%,批准逮捕率为69.74%;不批准逮捕223人,同比下降52.65%,不批准逮捕率为30.26%。

2014年,北京全市共受理审查逮捕未成年犯罪417件496人,人数同比下降32.43%,占受理审查逮捕总人数的2.48%。审结423件509人,其中批准逮捕368人,同比下降28.4%,批准逮捕率为72.3%;不批准逮捕141人,同比下降36.77%,不批准逮捕率为27.7%。

2015年,北京全市共受理未成年人审查逮捕案件345件421

人，人数同比下降 15.12%，审结 342 件 419 人，其中批准逮捕 258 人，同比下降 29.89%，批准逮捕率为 61.58%；不批准逮捕 161 人，不批准逮捕率为 38.42%。

表8　2011—2015 年北京市检察机关未成年人案件逮捕情况表

年度 （年）	审结案件人数 （人）	批准逮捕 （人）	逮捕率	不逮捕 （人）	不逮捕率
2011	1122	721	64.26%	401	35.74%
2012	1160	689	59.4%	471	40.6%
2013	737	514	69.74%	223	30.26%
2014	509	368	72.3%	141	27.7%
2015	419	258	61.58%	161	38.42%

如上表格所示，尽管从逮捕率看，2011—2015 年期间存在波动，但是逮捕人数呈持续下降趋势。这说明，检察机关在未成年人逮捕问题上持宽松政策。

（2）未成年人的不起诉情况。

2011 年，北京全市共受理审查起诉未成年犯罪 1200 件 1629人，人数同比下降 3.21%，占受理审查起诉总人数的 5.74%。审结 1163 件 1525 人，其中起诉 1413 人，同比下降 5.99%，起诉率为 92.66%；不起诉 112 人，同比上升 49.33%，不起诉率为 7.34%。

2012 年，北京全市共受理审查起诉未成年犯罪 1067 件 1478人，人数同比下降 9.27%，占受理审查起诉总人数的 4.68%。审结 1006 件 1391 人，其中起诉 1198 人，同比下降 15.22%，起诉率为 86.13%；不起诉 193 人，同比上升 72.32%，不起诉率为 13.87%。

2013 年，北京全市共受理审查起诉未成年犯罪 954 件 1210

人，人数同比下降 18.13%，占受理审查起诉总人数的 4.4%。审结 854 件 1107 人，其中起诉 805 人，同比下降 32.8%，起诉率为 72.72%；不起诉 302 人，同比上升 56.48%，不起诉率为 27.28%。

2014 年，北京全市共受理审查起诉未成年犯罪 675 件 857 人，人数同比下降 29.17%，占受理审查起诉总人数的 3.22%。审结 768 件 969 人，其中起诉 709 人，同比下降 11.93%，起诉率为 73.17%；不起诉 260 人，同比下降 13.91%，不起诉率为 26.83%。

2015 年，北京全市共受理未成年人审查起诉案件 505 件 635 人，人数同比下降 25.90%。审结 515 件 649 人，其中起诉 386 人，起诉率为 59.48%；不起诉 254 人，不起诉率 40.52%。法院共审理未成年犯罪嫌疑人 411 人，其中有罪判决 399 人，有罪判决率为 97.08%。

表 9　2011—2015 年北京市检察机关未成年人案件审查起诉情况表

年度 （年）	审结审查起诉 人数（人）	起诉人 数（人）	起诉率	不起诉 人数（人）	不起 诉率
2011	1525	1413	92.66%	112	7.34%
2012	1391	1198	86.13%	193	13.87%
2013	1107	805	72.72%	302	27.28%
2014	969	709	73.17%	260	26.83%
2015	649	386	59.48%	254	40.52%

2011—2015 年，北京市全市检察机关未成年人不起诉率总体呈上升趋势。2011 年不起诉率为 7.34%，2012 年增长近一倍，达 13.87%。2013 年持续高速增长，达 27.28%，是 2012 年不起诉率的 1.97 倍，2013 年和 2014 年比较平稳，2015 年急速上升至 40.52%。这一趋势具体如下图。

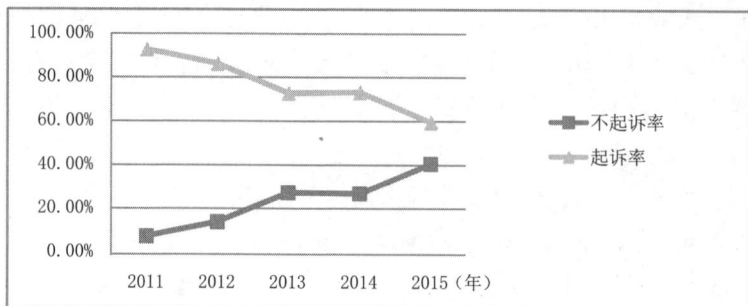

图6 2011—2015年北京市检察机关未成年人案件审查起诉趋势图

根据上图可知，尽管北京市检察机关近年来不起诉率增长较快。但是，总体来看，起诉率仍然高于不起诉率。2011年，全市未成年人审结审查起诉1525人，起诉1413人，起诉率为92.66%，呈较高水平。2012年，审查起诉人数1391人，下降15.22%，起诉率为86.13%，下降约六个百分点。2013年，人数继续下降，审查起诉人数1107人，下降32.8%，起诉率降至72.72%。2014年，受理案件人数降为969人，起诉709人，下降11.93%，起诉率为73.17%，比上年略有上升。从2013年来看，不起诉率为历史最高水平，达27.28%，起诉率为72.72%，起诉率为不起诉率的2.67倍。

总体来看，2011—2015年的5年间，北京市全市检察机关对未成年人案件不起诉率呈持续上升趋势。2015年不起诉人数为254人，是2011年不起诉人数的2倍多。不起诉率从2011年的7.34%上升至2015年的40.52%，增长了三十多个百分点。由此，可见，北京市检察机关在落实未成年人犯罪轻刑化上的力度很大。

四、北京市海淀区司法机关的轻刑化实践

为了进一步分析某个基层单位在司法实践中的轻刑化趋势，

这里进一步以海淀区法院和检察院办案实践为样本进行分析，以进一步弄清在单个区域内的轻刑化实践状况。此外，这里还区分了法院系统和检察院系统两个不同的角度进行分析。

（一）海淀区法院系统的轻刑化实情

在海淀区法院的轻刑化实践问题上，主要从普通刑事案件和未成年人刑事案件两个角度加以介绍。

1. 普通刑事案件判决情况分析

表 10　2011—2016 年海淀区法院普通刑事案件判决情况表

年度（年）	判决人数（人）	免于刑事处罚（人）	占比	拘役（人）	占比	3年以下有期徒刑（人）	占比	缓刑（人）	占比	5年以下有期徒刑（人）	占比
2011	3011	6	0.2%	215	7.14%	1750	58.12%	577	19.17%	1889	62.74%
2012	6231	9	0.15%	340	5.46%	4246	59.15%	766	12.3%	4529	72.69%
2013	3740	11	0.3%	269	7.2%	2360	63.11%	423	11.31%	2611	69.82%
2014	3217	4	0.13%	123	3.83%	2074	64.47%	342	10.64%	2272	70.63%
2015	3587	7	0.19%	167	4.65%	2331	65.17%	389	10.84%	2493	69.50%
2016	3342	5	0.15%	178	5.33%	2517	75.31%	374	11.19%	2705	80.94%

从表 10 可以看出，2011—2016 年北京市法院判处的普通刑事案件中，3 年以下有期徒刑的人数呈逐年上升态势。2011 年为 1750 人，占比为 58.12%，2012 年为 4246 人，占比 59.15%，2013 年为 2360 人，占比为 63.11%，2014 年为 2074 人，占比为 64.47%，2015 年为 2331 人，占比 65.17%，2016 年为 2517 人，占比 75.31%。从整体来看，基本为逐年上升趋势。因此，北京市法院判决轻刑化趋势较为明显。

2. 未成年人刑事案件判决情况分析

表 11　2011—2015 年海淀区法院未成年人刑事案件判决情况表

年度（年）	判决人数（人）	拘役（人）	占比	3 年以下有期徒刑（人）	占比	缓刑（人）	占比	3 年以下有期徒刑（人）	占比
2011	145	21	14.49%	90	62.07%	26	17.94%	91	62.76%
2012	204	24	11.77%	111	54.42%	59	28.93%	116	56.87%
2013	195	18	9.23%	95	48.72%	69	35.39%	99	50.77%
2014	165	7	4.25%	108	65.46%	30	18.19%	114	69.09%
2015	139	6	4.31%	99	71.24%	34	34.93%	112	81.25%

从未成年的判决来看，5 年间，3 年以下有期徒刑的判决人数占比从 2011 年的 62.07%，上升到 2015 年的 71.24%。从缓刑的比率来看，尽管 2015 年比 2012 年和 2013 年都要低，但是，总体来看，缓刑判决的人数为上升态势。这说明北京市法院系统的未成年判决也呈先为轻刑化趋势。

（二）海淀区检察机关的轻刑化实情

1. 检察机关审查逮捕情况分析

根据检察院的职能配置，这里主要关注审查逮捕环节、审查起诉两个部分；同时，还讨论海淀区检察院（以下简称“海检院”）在未成年人刑事案件的轻刑化问题上的探索实践；最后，还介绍了轻微刑事案件快速处理机制中体现出的轻刑化实践问题。

（1）近六年不逮捕案件的总体情况。

2011 年 1 月至 2016 年 12 月，海淀区检察院受理审查逮捕案件 27 153 件 38 934 人，同比下降 8.52% 和 10.03%。审结 25 071 件 33 293 人，同比下降 8.35% 和 9.89%。逮捕 18 891 件

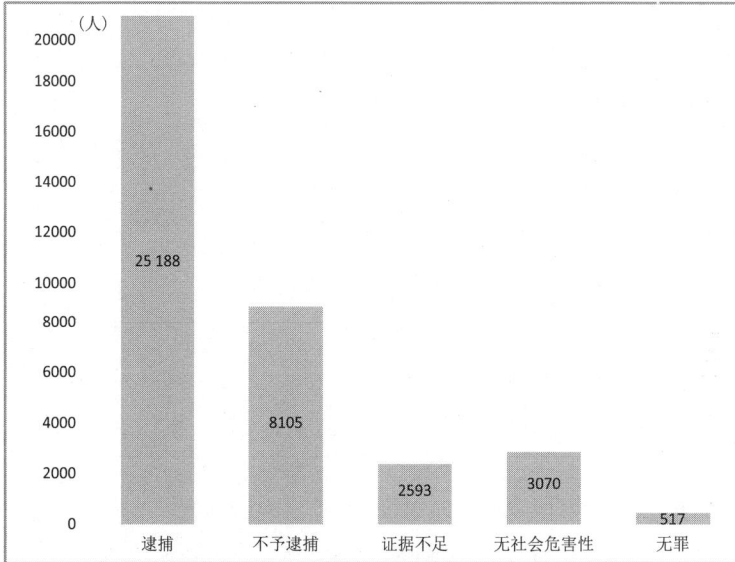

图7 2011—2016年海淀区检察院审查逮捕总体情况柱状图

25 188人,占比75.66%,同比下降10.68%和14.61%。不予逮捕6180件8105人,占比24.34%,同比上升11.23%和8.21%。其中,不构成犯罪517人,占比6.38%,证据不足2593人,占比31.99%,无社会危险性3070人,占比37.88%。

总体来看,2011—2016年,北京市海淀区检察院不逮捕比率达到24.34%,比率较高。在不逮捕案件中,首先是无社会危害性而没有逮捕必要占比最高,达到37.88%;其次是证据不足不予以逮捕;最后是无罪。没有社会危险性不予逮捕占比最高,这充分说明了检察机关在对犯罪嫌疑人适用强制措施时保持谦抑,对于那些虽然构成犯罪,但从行为及情节来看,没有羁押必要的,不予以逮捕,充分减少了对个人的诉累也保障了人权。

(2)历年不批捕案件情况。

2011年1—12月,海淀区检察院受理审查逮捕案件3840件

5231 人，同比下降 5.42% 和 6.82%。审结 3860 件 5270 人，同比下降 5.42% 和 6.59%。逮捕 3380 件 4493 人，同比下降 7.42% 和 8.81%，不逮捕 480 件 777 人，同比上升 11.63% 和 8.67%。其中，不构成犯罪 87 人，证据不足 267 人，无社会危险性 423 人。

2012 年 1—12 月，海淀区检察院受理审查逮捕案件 3644 件 5027 人，同比下降 5.1% 和 3.9%。审结 3649 件 5024 人，同比下降 5.47% 和 4.67%。逮捕 2902 件 3825 人，同比下降 14.14% 和 14.87%，不逮捕 747 件 1199 人，同比上升 55.63% 和 54.31%。其中，不构成犯罪 105 人，证据不足 400 人，无社会危险性 694 人。

2013 年 1—12 月，海淀区检察院受理审查逮捕案件 2926 件 3703 人，同比下降 19.7% 和 26.34%。审结 2928 件 3716 人，同比下降 19.76% 和 26.04%。逮捕 2253 件 2752 人，同比下降 22.36% 和 28.05%，不逮捕 675 件 964 人，同比下降 9.64% 和 19.6%。其中，不构成犯罪 104 人，证据不足 377 人，无社会危险性 483 人。

2014 年 1—12 月，海淀区检察院受理审查逮捕案件 2849 件 3674 人，同比下降 2.63% 和 0.78%。审结 2857 件 3680 人，同比下降 2.42% 和 0.97%。逮捕 2207 件 2703 人，同比下降 1.6% 和 1.78%，不逮捕 650 件 977 人，同比下降 3.7% 和上升 1.35%。其中，不构成犯罪 33 人，证据不足 316 人，无社会危险性 628 人。

2015 年 1—12 月，海淀区检察院受理审查逮捕案件 2548 件 3270 人，同比下降 10.56% 和 10.99%。审结 2545 件 3264 人，同比下降 10.92% 和 11.30%。不批准逮捕 718 件 1077 人，同比上升 10.46% 和 10.24%。其中，不构成犯罪 279 人，证据不足

342 人，无社会危险性 456 人。

2016 年 1—12 月，海地区检察院受理审查逮捕案件 2347 件 3084 人，同比下降 7.89% 和 5.51%。审结 2338 件 3067 人，同比下降 8.13% 和 6.04%，不批准逮捕 813 件 1168 人，同比上升 12.23% 和 10.12%。其中，不构成犯罪 128 人，无社会危险性 563 人。

表 12 2011—2016 年海淀区检察院审查逮捕历年情况表

年度（年）	受理案件（人）	审结案件（人）	不批捕（人）	不批捕率	无社会危害性（人）	占比（占不批捕）
2011	5231	5270	777	14.74%	423	54.44%
2012	5027	5024	1119	22.27%	694	62.02%
2013	3703	3716	964	25.92%	483	50.1%
2014	3674	3680	977	26.55%	628	64.28%
2015	3270	3264	1077	33.0%	456	42.34%
2016	3084	3067	1186	38.67%	563	47.47%

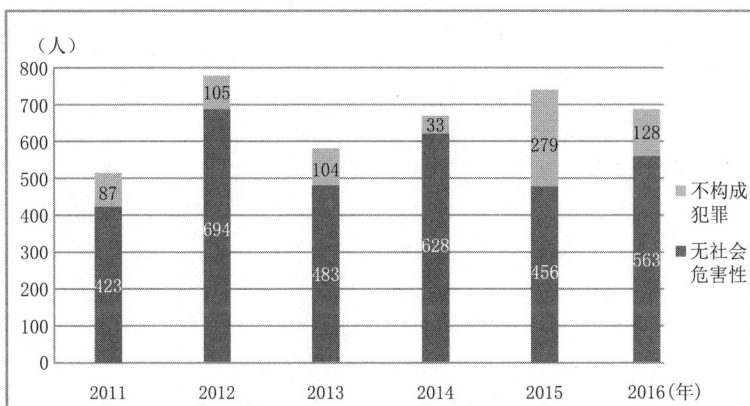

图 8 2011—2016 年海淀区检察院不捕情况柱状图

如上表 12 和图 8 所示，海淀区检察院近六年不捕案件呈现出以下特点和趋势：

第一，公安机关提请批准逮捕案件的件数人数逐年下降的情况下人数却总体呈现上升趋势。近五年来，公安机关提请检察院批准逮捕的案件无论从件数还是从人数都逐年下降，2011年为 3840 件 5231 人，2012 年同比下降 5.1% 和 3.9%，2013 年同比下降 19.7% 和 26.34%，2014 年同比下降 2.63% 和 0.78%，2015 年同比下降 10.56% 和 10.99%，2016 年同比下降 8.13% 和 6.04%。但是，从人数来看，总体呈上升趋势。其中，不予逮捕率呈逐年上升趋势，2011 年不捕率为 14.74%，2012 年增长至 22.27%，2013 年大幅攀升到 25.92%，2014 年继续增长至 26.55%，2015 年为 33.0%，2016 年为 38.67%。从不捕率的增长率来看，2011 年增长率为 8.67%，2012 年骤升至 54.31%，2013 年增幅首次下降，但 2014 年增长率继续上升，增长率为 1.35%，趋于平稳，2015 年和 2016 年增长率又突破 10%。

第二，因无社会危害性不捕的人数总体逐年上升，且占据不逮捕构成主体部分。

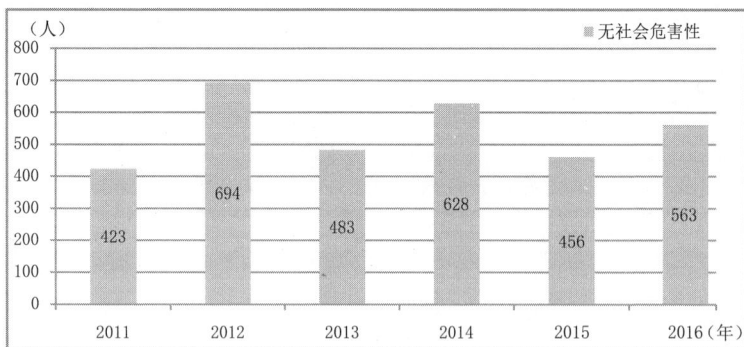

图 9 2011—2016 年海淀区检察院无社会危害性不逮捕情况柱状图

从上图可以看出，海淀区检察院6年间对无社会危害性无
逮捕必要的案件始终占据不逮捕案件的主要部分。总体来看，6
年期间，不论占比还是绝对人数，都处于上升趋势。这说明检
察机关对羁押性侦查保障措施的运用开始严格起来，注重保障
人权。

2. 检察机关审查起诉状况分析

（1）近五年海淀区检察院审查起诉总体情况。

2011年1月到2014年12月，海淀区检察院受理审查起诉
案件18 132件23 516人，案件同比下降7.21%、人数同比下降
8.4%。审结17 789件22 983人，案件同比下降4.12%、人数同
比下降5.99%。决定起诉16 489件21 176人，案件同比下降
5.63%、人数同比下降7.94%，决定不起诉1284件1792人，案
件同比上升19.51%、人数同比上升24.18%。其中，法定不起
诉104件147人，相对不起诉1049件1414人，存疑不起诉131
件231人。

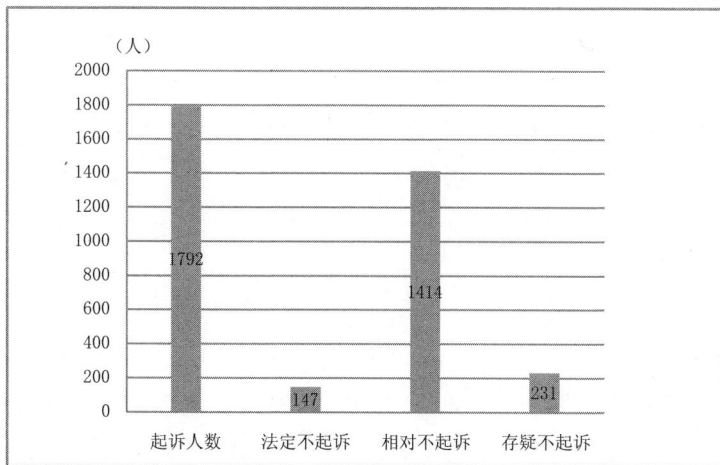

图10　2011—2015年海淀区检察院审查起诉总体情况图

从上图可见，2011—2015 年 5 年间，在办结的 22 983 人中，决定起诉 1792 人，法定不起诉 147 人，占比 8.2%，相对不起诉 1414 人，占比 78.91%，存疑不起诉 231 人，占比 12.89%。在起诉种类中，相对不起诉占比最高，达八成以上。相对不起诉是指犯罪情节轻微，依照刑罚规定不需要判处刑罚或者免除刑罚的，人民检察院可以作出不起诉规定。相对不起诉占比高充分说明检察机关在提起诉讼环节严格把握诉讼关，对于那些偶犯、初犯，犯罪情节轻微的犯罪嫌疑人，使其不进入审判环节，一方面节省诉讼自愿，另一方面可以化解社会矛盾，减轻刑罚。

（2）历年不起诉基本情况。

2011 年 1—12 月，海淀区检察院受理审查起诉案件 4331 件 5812 人，案件同比下降 0.21%、人数同比下降 0.46%。审结 4189 件 5532 人，案件同比上升 2.87%、人数同比上升 0.49%。决定起诉 4044 件 5327 人，案件同比上升 1.66%、人数同比下降 1.15%，决定不起诉 145 件 205 人，不起诉率为 3.71%，案件同比上升 54.26%、人数同比上升 76.72%。其中，法定不起诉 5 件 6 人，相对不起诉 124 件 174 人，占比 84.88%，存疑不起诉 16 件 25 人。

2012 年 1—12 月，海淀区检察院受理审查起诉案件 3988 件 5283 人，案件同比下降 7.92%、人数同比下降 9.1%。审结 3706 件 4915 人，案件同比下降 11.53%、人数同比下降 11.15%。决定起诉 3485 件 4616 人，案件同比下降 13.82%、人数同比下降 13.35%，决定不起诉 221 件 299 人，不起诉率为 6.08%，案件同比上升 52.41%、人数同比上升 45.85%。其中，法定不起诉 5 件 9 人，相对不起诉 205 件 275 人，占比 91.97%，存疑不起诉 11 件 15 人。

2013 年 1—12 月，海淀区检察院受理审查起诉案件 3416 件 4450 人，案件同比下降 14.34%、人数同比下降 15.77%。审结 3283 件 4331 人，案件同比下降 11.41%、人数同比下降 11.88%。决定起诉 2836 件 3727 人，案件同比下降 18.62%、人数同比下降 19.26%，决定不起诉 447 件 604 人，不起诉率为 13.91%，案件同比上升 102.26%、人数同比上升 102.01%。其中，法定不起诉 56 件 87 人，相对不起诉 366 件 479 人，占比 79.30%，存疑不起诉 25 件 38 人。

2014 年 1—12 月，海淀区检察院受理审查起诉案件 3181 件 4043 人，案件同比下降 6.88%、人数同比下降 9.15%。审结 3444 件 4290 人，案件同比上升 4.9%、人数同比下降 0.95%。决定起诉 3171 件 3876 人，案件同比上升 11.81%、人数同比上升 4%，决定不起诉 271 件 412 人，不起诉率为 9.6%，案件同比下降 39.37%、人数同比下降 31.79%。其中，法定不起诉 23 件 30 人，相对不起诉 215 件 314 人，占比 76.21%，存疑不起诉 33 件 68 人。

2015 年 1—12 月，海淀院受理审查起诉案件 3216 件 3928 人，案件同比下降 0.68%、人数同比下降 4.08%。审结 3167 件 3917 人，案件同比下降 8.99%、人数同比下降 11.08%。决定起诉 2953 件 3630 人，案件同比下降 7.98%、人数同比下降 9.36%，决定不起诉 200 件 272 人，案件同比下降 25.65%、人数同比下降 31.49%，附条件不起诉 14 件 15 人，案件同比上升 600%、人数同比上升 400%。其中，法定不起诉 15 件 15 人，相对不起诉 139 件 172 人，占比 63.24%，存疑不起诉 46 件 85 人。

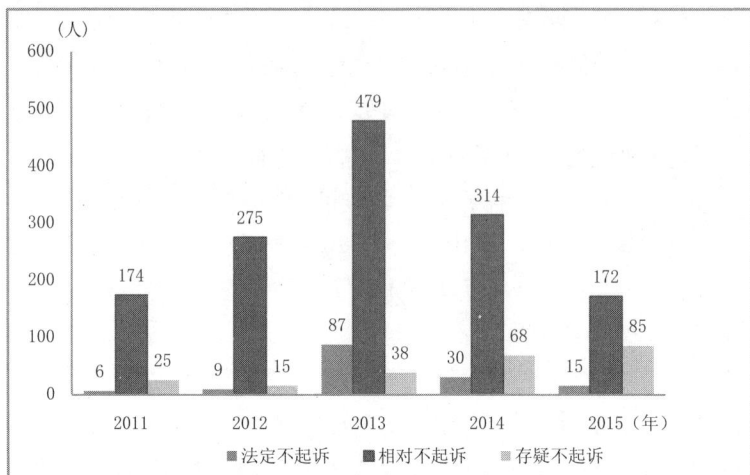

图 11　2011—2015 年海淀区检察院不起诉情况图

（3）不起诉变化趋势。

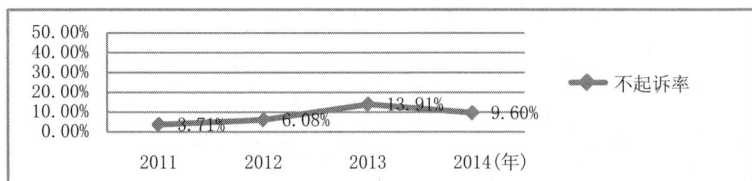

图 12　2011—2014 年海淀区检察院不起诉趋势图

综上分析，从海淀区检察院的构罪不捕和构罪不诉情况表可以看到，在中央提出宽严相济刑事政策背景之下，基层检察机关，对涉嫌犯罪的逮捕和起诉都持谨慎态度，改变了以往构罪即捕和构罪即诉的办案模式，注重从犯罪严重程度和羁押必要性来进行考察，逐步加大了构罪不诉和构罪的力度，从而较好地体现了轻刑化的思路。

3. 未成年人案件的轻刑化情况

在总结未成年人轻刑化的实践经验上，海淀区检察院未成年人刑事案件轻刑化探索进入了一个新的时代。其特色创新是成立少年案件检察处，创新推出创建"4+1+N"工作模式。海淀区检察院于 2010 年 9 月 16 日成立少年案件检察处，创建"4+1+N"工作模式，以"儿童利益最大化"为办案宗旨，有效整合预防、批捕、起诉、监所四项检察职能，实行"捕诉合一"的办案机制，社工介入得到了全面的推进。为此，以下对"少检处"成立以来的办案情况进行分析和汇总，以期在不断吸取前期经验的基础上，推进"少检"工作的深入发展。本文拟对少年案件检察处成立并创建"4+1+N"的 5 年来案件样本进行微观分析，从而找出在该工作模式下未成年人刑事案件轻刑化的发展变化。[1]

（1）海淀区检察院"少检处"未成年人审查逮捕情况。从上可知，在"少检处"受理的批捕案件中，犯罪嫌疑人羁押状况呈现为：未成年犯罪嫌疑人的逮捕率较以往显著下降。

表13　2007—2016 年海淀区检察院"少检处"审查逮捕情况表

年度（年）	审理人数（人）	批捕（人）	逮捕率	不予逮捕（人）	不逮捕率
"少检处"成立前 3 年					
2007	363	242	80.95%	121	19.05%
2008	132	110	79.71%	22	20.29%
2009	110	100	74.91%	10	25.09%

---

〔1〕"少检处"收案范围包括未成年人犯罪案件、未成年与成年人共同犯罪案件、在校大学生犯罪案件和未成年被害人案件。本文仅分析未成年犯罪案件。

续表

年度（年）	审理人数（人）	批捕（人）	逮捕率	不予逮捕（人）	不逮捕率
"少检处"成立后6年					
2011	206	142	68.9%	64	31.1%
2012	205	114	57.6%	91	42.4%
2013	148	94	51.5%	54	48.5%
2014	87	60	68.97%	27	31.03%
2015	70	44	62.86%	26	37.14%
2016	78	46	58.98%	32	41.02%

从上表可知，在 2007—2009 年期间，海淀区检察院侦监部门受理的未成年犯罪嫌疑人的逮捕率均在 70% 以上。而"少检处"成立后，逮捕率连续下降，2013 年只有 51.5%，2014 年、2015 年和 2016 年的逮捕率有所上升，其原因在于进入审理阶段的人数急速下降，从绝对量的减少上趋势明显。

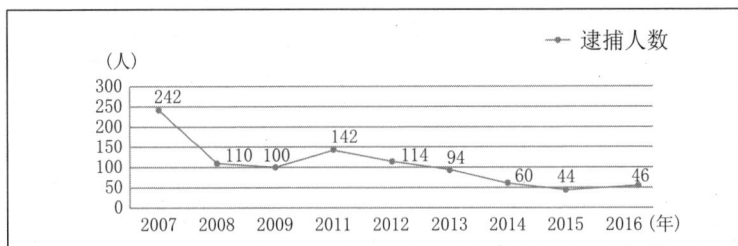

图 13　2007—2016 年海淀区检察院未成年逮捕人数趋势图

此外，从逮捕人数也可以看出这一趋势。2007 年逮捕人数为 242 人，2008 年人数骤降至其一半左右。此后，总体保持下降趋势，2013 年逮捕人数不足 100 人，2015 年和 2016 年更是急速下降至 44 人和 46 人。这充分说明海淀区检察院"少检处"严格了逮捕条件,对情节较为轻微的犯罪采取不予逮捕的做法。

(2)"4+1+N"模式工作创新做法。

第一,严格贯彻落实"可捕可不捕的一律不捕"的办案理念。少年案件检察处成立后,明确确立"可捕可不捕的一律不捕"审查批捕原则,而机构的独立也使得办案人员自觉在理念上提高了对少年犯罪嫌疑人的保护意识。本着将原则具体化、深入化,以原则指导工作,以工作实现原则的办案方针,"可捕可不捕的一律不捕"理念逐步深入人心,并逐渐贯彻到实际办案中。例如,以往侦监部门对于公安机关对嫌疑人取保直诉,后因无法找到嫌疑人而再次提捕的审查逮捕案件,无论犯罪情节多么轻微,一般都会作出逮捕决定。但是,"少检处"要求承办人综合审查相关案情,及无法找到嫌疑人的具体原因,认为即使捕后在审查起诉阶段,仍极可能做出相对不诉的案件,将通过多种方式积极查找涉案人员,并与公安机关协商暂缓提捕,直至经过多方努力、采取各种途径,确实查找无果后,才考虑是否做出批捕决定。

第二,拓展未成人监护人的范围以维护其权益。由于大多未成年犯罪嫌疑人并非在京户籍,在诉讼程序中无法完全参与其中,保障未成人合法权利。例如,提讯时候法定代理人在场旁听,取保候审为其提供保证义务等情况。因此,为充分保证未成年嫌疑人实现法律赋予的诉讼权利,海淀区检察院"少检处"坚持每案必讯的基础上,引入"合适成年人讯问到场旁听制度",即在讯问涉罪未成年人时,如法定代理人因各种原因无法到场的,则委托合适成年人到场旁听。在实践中,对于合适成年人的选任,"少检处"主要委托首都师范大学少年司法研究与服务中心司法社工担任合适成年人参与提讯旁听,发挥其专业优势。在节约司法成本的同时，更好地维护未成年人的合法权利。

对于取保候审保证人缺位问题，检察机关改革以往对于在京无亲属的外地来京人员、流动人口中的少年犯罪嫌疑人，一律逮捕的陈旧做法，适当扩展了保证人的选任范围，只要有固定的住处和收入，不管是否在京居住，都可以担当保证人。比如，允许并鼓励由嫌疑人在京的工作单位、学校等固定机构委派专人担任保证人，并在取保候审期间，通过保障工作或学业的方式开展监督。从而，希望取保候审的未成人不因保证人问题而无法落实，以期切实维护其权益。

第三，积极听取律师意见并发挥律师作用。检察机关进一步扩展律师联系渠道，在原有检务接待大厅当面会见的基础上，开通律师服务热线，为律师了解案件进展等提供便利途经。律师介入制度对平衡涉罪少年在刑事诉讼中的弱势地位具有积极的现实意义。另外，在律师介入过程中，介入律师在一定程度上充当了部分监护人的角色，亦能缓解涉罪少年因担心自身法律缺乏、无人援助而产生的焦虑情绪。

第四，品性的社会调查制度。检察机关委托首都师范大学的少年司法研究与服务中心司法社工对涉罪少年开展品性社会调查。专业社工介入进行品性社会调查，其优势在于以拥有平等、尊重、接纳等专业价值观的社会工作者更顺利地走近、帮助、引导进入检察领域的少年。社工在了解基本案情的基础上，以专业的视角，通过与嫌疑人及其亲友的谈话交流，在了解犯罪嫌疑人的成长经历、身心状况、生活习惯、对法律法规的认知、家庭及社会关系状况以及回归社会的有利或不利因素等进行分析的基础上，出具初次社会调查报告。在审查逮捕阶段的引入品性社会调查制度，改变过去以往承办人只通过犯罪手段、犯罪情节判断嫌疑人是否具有社会危险性从而决定是否逮捕的做法，转而通过调查涉罪少年的个体因素来探究其犯罪的深层原因、背景，从而为最终是否决定逮捕提供了相对较为科学的判断依据。

第五，刑事和解制度。海淀区检察院未成年检察处坚持和谐执法的理念，积极开展刑事和解工作，将化解社会矛盾的社会综合治理职能融入降低刑事羁押的办案宗旨中。在审查逮捕的办案流程中，对于伤害类、侵财类案件，"少检处"要求承办人对嫌疑人的理赔倾向、能力及途径、理赔人的联系方式作为提讯的必问内容并记录在案。对于被害人表示愿意接受赔偿的案件在征得被害人同意的前提下，将被害人联系方式提供给嫌疑人一方，由双方自行和解，对于双方沟通不畅的，承办人会通过耐心地释法说理积极促成双方自行达成和解。鉴于检察机关的特殊角色，承办检察官并不参与和解的具体过程，仅作为中立第三方为双方的协商提供联系途径及了解最终商谈结果。

4. 轻微刑事案件快速处理机制的探索

轻微刑事案件，一般指被判处3年以下有期徒刑的案件。在海淀区检察院办理的案件中，轻微刑事案件占很大部分。轻微刑事案件由于犯罪后果较轻、社会危害性要小于故意杀人、抢劫等严重刑事犯罪案件，引起的社会影响力也较小。因此，从轻微刑事案件入手探索轻刑化，能够为海淀区检察机关探索轻刑化快速找到突入点。从2006年开始，海淀区检察机关便积极探索轻微刑事案件的轻刑化道路，在最开始的探索实践中，探索重点在轻微刑事案件的快速办理机制上下功夫，力求让轻微刑事案件减少逮捕率，提高办理速度，缩短诉讼期限，从而给予轻微刑事犯罪人较好的诉讼处遇。

（1）2010—2013年海淀区检察机关对轻微刑事案件快速办

理机制的探索。通过对海淀区检察院侦监部门适用轻微刑事案件快速办理机制办理的 2690 件案件的总体分析，通过重点跟踪调查 100 个批捕案件和 27 个不捕案件，尝试以宏观分析与微观研究相结合的方法透视轻刑快审机制的运行状况。

第一，2010—2013 年轻微刑事办理概况。2010—2013 年，海淀区检察院侦查监督处适用轻刑快审机制办理案件 2690 件，占海淀区检察院全部受案的 37.1%。其中，批捕案件适用轻刑快审机制 2663 件，占批捕案件的 39.72%。不捕案件适用轻刑快审机制 27 件，占不捕案件的 5.11%。

这一机制在海淀区检察院运行过程中呈现出如下特点：其一，适用范围有所拓宽。在 2010—2013 年期间，适用轻刑快审机制办理的案件，不局限于单独犯罪案件，也包括符合机制条件的共同犯罪案件；不局限于犯一罪案件，也包括符合机制条件的一人犯数罪，或者多人犯数罪的案件；不局限于批准逮捕案件，也包括符合机制条件的无逮捕必要不予批准逮捕的案件，以避免当事人长时间的处于诉讼不确定状态；不局限于法定刑为 3 年以下有期徒刑的犯罪，也包括法定刑虽为 3 年以上有期徒刑，但宣告刑可能是 3 年以下的案件，如抢劫罪的法定最低刑为 3 年有期徒刑，但近两年适用机制办理的抢劫案件高达 109 件。其二，适用罪名相对集中。2010—2013 年期间，在适用轻刑快审机制办理的 2690 个案件中，盗窃犯罪居所有类型犯罪之首，占适用轻刑快审机制办理案件的 32.16%；其次是毒品犯罪，占 28.7%；再次是发票类犯罪，占 9.03%；最后是伪造公文、证件、印章犯罪，占 7.81%。根据统计数据，适用轻刑快审机制办理的案件中，案情简单、证据容易收集、固定的盗窃、毒品犯罪，以及发票、假证章犯罪占很大部分，比例高达 77.70%。

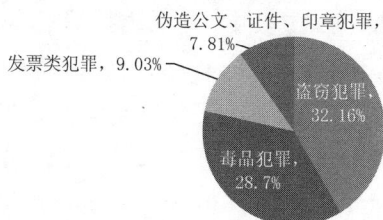

图 14　2010—2013 年海淀区检察院轻刑快审罪名分布图

其三，正确适用比例较高。轻刑快审机制明确规定了机制适用的案件范围、条件和证据审查标准，保证了适用机制办理的案件质量。从 100 个样本案件看，被判处 3 年以下有期徒刑、拘役的案件高达 98 件。被判处 3 年以上有期徒刑的案件仅有 2 件，而被转为普通程序办理的案件仅为 6 件。如果以是否适用简易程序和是否判处 3 年以下有期徒刑、拘役作为判断轻刑快审机制适用正确与否的基本标准，轻刑快审机制适用正确率达 94%。

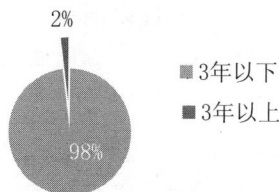

图 15　2010—2013 年海淀区检察院轻刑快审刑期图

第二，轻微刑事案件快审机制运行的成效。轻刑快审机制运行两年来，初步达到了提高诉讼效率、合理配置资源、及时化解社会矛盾的设置目的，办案效果突出，成效显著，主要体现在如下几个方面：

一是在不省略法定办案程序的前提下，各环节办案期限显著缩短。从 100 个样本案件看，公安机关提请审查逮捕前拘留的平均天数为 17.74 天。其中，7 天内提捕的案件为 15 件，和法律规定的拘留天数最长 30 天相比，平均缩短办案期限 12.26天；侦监部门审查逮捕的平均天数为 5.88 天，与法律规定的审查逮捕期限 7 天相比，平均缩短 1.12 天；公安机关捕后侦查的平均天数为 22.31 天，其中，30 天内提请审查起诉的案件为 81件，和法律规定的捕后侦查羁押期限两个月相比，平均缩短办案期限 38.79 天；起诉部门审查起诉的平均天数为 25.45 天，其中，30 天内审查起诉的案件为 62 件，和法律规定的审查起诉天数 30 天相比，平均缩短办案期限 4.55 天。据此，适用轻刑快审机制办理的轻微刑事案件与法律规定的期限相比，在捕前拘留、审查逮捕、捕后侦查和审查起诉环节，合计平均缩短办案期限56.72 天，办案节奏明显加快，办案期限显著缩短。

二是司法资源得以优化配置，案件质量同步提升。在实施轻刑快审机制的过程中，海淀区检察院积极推进办案专业化，在侦监部门设立轻刑快审案件审查逮捕专业组，在公诉部门设立简易刑事案件办理小组，使轻微刑事案件和普通刑事案件快慢分道，司法资源配置更为合理。如侦监部门轻刑快审案件专业组人数只有 4 人，占侦监部门人数的 15.38%，却实际上办理了全处近 30%的案件。同时，海淀区检察院适用轻刑快审机制办理的案件，法院均作有罪判决，被告人无一上诉，被害人也没有申诉和上访，同时检察机关可以集中大部分时间和精力办理重大、疑难、复杂案件，案件质量同步提升。

三是保障嫌疑人迅速接受审判的权利，及时化解社会矛盾。轻刑快审机制的实施，可以使有罪的人及时接受审判，有效地防止根据审前羁押期限作出判决的"关多久判多久"现象出现，充分保障犯罪嫌疑人、被告人的人权。同时，轻刑快审机制能够极有效地安抚被害人，使被害人的物质和精神损失能够及时得到救济和补偿，避免其借助自己的力量采取过激的行为向犯罪嫌疑人、被告人主张权利，引发新的矛盾，有利于及时化解社会矛盾，增进社会和谐。另外，轻微刑事案件的快速办理，可以防止嫌疑人因羁押时间过长被"交叉感染"，减少翻供、串供、伪造、毁灭证据等现象的出现。

实施不捕案件适用轻刑快审机制，有效维护了未被羁押的嫌疑人的合法权益。适用轻刑快审机制办理的不捕案件，主要是无逮捕必要不予批准逮捕的案件和公安机关取保直诉的案件。不捕案件适用轻刑快审机制：一方面凸显了司法机关注重维护未被羁押的犯罪嫌疑人、被告人的合法权益的执法新理念，体现了以人为本的价值理念；另一方面可以有效避免案件因犯罪嫌疑人、被告人审前未被羁押而久拖不决，早日确定当事人的法律地位，让当事人早日从不确定的诉讼状态中解脱出来，有效维护了未被羁押嫌疑人的合法权益。如马某抢劫案，因适用轻刑快审机制，从无逮捕必要不予批准逮捕之日（10月30日）至法院判决之日（次年3月3日），办案期限为123天；而马某故意伤害案，未适用轻刑快审机制，从无逮捕必要不予批准逮捕之日（1月24日）至起诉之日（次年6月10日），办案期限已长达503天。

（2）严格轻微刑事案件入罪标准的有益探索。轻微刑事案件由于社会危害性小，如果不加以区分具体情况而将其进入刑事诉讼程序，不仅不利于社会矛盾化解，而且有违刑事法治精神。因此，严格轻微刑事案件入罪标准，把好入口关，具有重要意义。海淀区检察院在轻微刑事案件的入罪标准问题上积极探索，积累了一定的经验。

第一，严格轻微刑事案件入罪标准的背景及《关于办理恶意透支型信用卡诈骗、寻衅滋事案件的会议纪要》（以下简称

《纪要》）的制定。从司法实践来看，轻微刑事案件一般集中在寻衅滋事、妨害公务、信用卡诈骗等罪名。从海淀区检察院办理的案件情况来看，以寻衅滋事案件为例，2009 年为 220 件和 392 人，2010 年为 394 件和 680 人，2011 年为 556 件和 1034 人；在经济类刑事案件中，信用卡诈骗案件增长速度最快，2009 年为 26 件和 29 人，2010 年为 209 件和 211 人，2011 年为 213 件和 215 人。

从两类案件的具体案情来看，这些案件大多情节比较轻微。寻衅滋事案件中酒后滋事占绝大多数，且多为初犯、偶犯。比如，2011 年作出相对不起诉处理的 69 名嫌疑人全部是初犯、偶犯，有 64 人为酒后滋事，占比 92.8%；在信用卡诈骗案件中，大多是法律意识淡薄，认为信用卡透支不会触犯刑律，持放任态度。如 2010 年受理的 209 件信用卡诈骗案件中，169 件属于该类型，占比 78.9%。从海淀法院判决情况来看，2009—2011 年，寻衅滋事罪被告人仅有 4.3% 被判处 3 年以上有期徒刑，轻刑比例高达 95.7%，其中，2011 年被判处管制、拘役和缓刑的比例达到 15.5%；在抽样调查的 107 名信用卡诈骗罪被告人中，被判处缓刑的就有 37 人，占 34.6%，不满 3 年有期徒刑的 53 人，占 49.5%，轻刑比例高达 84.1%。

基于短期自由刑的弊端，而管制、缓刑的矫治意义也相当有限，将大量的一时酒后行为和可以用经济手段弥补的透支信用卡行为全部给予刑事打击，容易刻上犯罪人的烙印，有可能将这部分人推向社会的对立面，还可能给家庭带来影响，导致刑罚副作用的增大。因此，应当反思司法的价值和执法行为的有效性，重新权衡利弊并调解执法尺度。

因此，海淀区检察院自 2011 年底开始着手进行提高轻微刑事案件入罪标准的理论研究。由于轻微刑事案件类型复杂，数量庞大，因而首批选取了具有一定代表性的寻衅滋事和恶意透支型信用卡诈骗两类案。以此为切入点，经过一年多的实证调研、理论论证、多方协商，于 2013 年 1 月形成了海淀区公、检、法三机关《关于办理恶意透支型信用卡诈骗、寻衅滋事案件的会议纪要》。《纪要》不仅严格了两罪的入罪标准，而且对一些情节轻微、主观恶性不大、社会危害性较小的案件，作出了非刑事化处理的规定。《纪要》第 7 条对恶意透支的数额如何计算进行了严格限定，即指行为人拒不归还的数额或者尚未归还的数额，仅包括未归还的本金，不包括复利、滞纳金、手续费等。《纪要》第 20 条明确了寻衅滋事案件的出罪条件，即寻衅滋事造成 2 人以下轻微伤或者 5000 元以下财产损失的，如果行为人主观恶性不深，例如，仅因酒后控制力减弱而实施偶发性殴打、毁财行为，案发后能够积极赔偿，取得被害人谅解的，可以视为情节显著轻微危害不大，不按犯罪处理。[1]

从《纪要》试运行情况来看，总体上效果达到预期。根据统计资料显示，2013 年 1—6 月，海淀区检察院受理信用卡诈骗案共 79 件 80 人，较去年同期下降 35.8%；受理寻衅滋事案共 160 件 250 人，数量上成逐月下降趋势：1—3 月月均收案 35 件，4—5 月月均收案 22 件，6 月收案降至 10 件，进入刑事打击范围的案件受到了严格限制。目前，海淀区检察院对轻微刑事案件入罪标准的探索范围上，除寻衅滋事和信用卡诈骗罪以外，还包括掩饰、隐瞒犯罪所得罪、故意毁坏财物罪、发票类犯罪等轻微刑事案件。

第二，寻衅滋事案件执行《纪要》的实践。为深入贯彻宽严相济的刑事政策，准确把握《刑法》关于寻衅滋事罪规定的

---

〔1〕 海淀区检察院内部文件：《关于办理恶意透支型信用卡诈骗、寻衅滋事案件的会议纪要》。

精神实质，厘清寻衅滋事罪的入罪标准所长期存在的模糊之处，海淀区公检法三机关经过深入调研和反复磋商，形成了对办案具有指导意义的共识，并以会议纪要的形式加以固定。该会议纪要的"正式稿"于 2013 年 3 月 21 日开始实施，经过 3 个月的实践，收到良好效果，但是也有尚需进一步完善之处。

首先，《纪要》实施前后相关办案数据对比。这里仅截取三个时间段的办案数据进行对比：一是《纪要》实施前 2013 年寻衅滋事案件报捕及批捕情况（2012 年 12 月 26 日至 2013 年 3 月 20 日）；二是《纪要》实施后寻衅滋事案件报捕及批捕情况（2013 年 3 月 21 日至 2013 年 6 月 21 日）；三是 2012 年同期寻衅滋事罪案件报捕及批捕情况（2012 年 3 月 21 日至 2012 年 6 月 21 日）。三个时间段内的基本数据如下：

表 14　2012—2013 年三个时间段寻衅滋事罪的批捕情况表[1]

时间段	报捕总人数（人）	批捕人数（人）	无逮捕必要不予批捕人数（人）	证据不足不予批捕人数（人）	不批捕人数（不构成犯罪）（人）	不批捕率
2012. 3. 21 至 2012. 6. 21	151	111	28	5	7	26.5%
2012. 12. 26 至 2013. 3. 20	106	69	31	1	5	34.9%
2013. 3. 21 至 2013. 6. 21	114	29	32	21	32	74.6%

由上表可见，第一个时间段的不批捕率为 26.5%，2013 年前 3 个月的不批捕率为 34.9%，《纪要》实施后的 3 个月期间不

---

〔1〕 注：上述数据系根据市院侦监办案系统进行统计。

批捕率为 74.6%。另外，特别明显的两个特征是：一是《纪要》实施后的 3 个月期间，证据不足不予批准逮捕的比例明显大幅上升；二是《纪要》实施后的 3 个月期间，不构成犯罪不批准逮捕的比例明显大幅上升。

其次，《纪要》实施情况的具体分析。《纪要》实施后的 3 个月内，寻衅滋事案件处理最为明显的两个变化就是证据不足不予批捕和不构成犯罪不批捕的比例明显上升。由于《纪要》并不涉及证据问题，因此证据不足不予批捕率上升和《纪要》没有直接关系，真正的原因是几乎在《纪要》实施的同时，海淀区检察院对伤检审查进行了严格规范，对仅有临时伤检（轻微伤、轻伤）的案件，以证据不足不予批捕。

《纪要》带来的变化主要是不构成犯罪不批准逮捕率的明显上升。以下是对《纪要》实施后不批准逮捕的 32 名犯罪嫌疑人涉案情况的梳理：

表 15 寻衅滋事案件不批捕的涉案人员情况表[1]

人数	不捕原因及依据	复议人数	备注
7	应定性为故意伤害、故意毁财、诈骗等	2	1 人根据《纪要》第 14 条（该人未复议）
19	根据《纪要》第 20 条	7	1 人系 2012 年犯案后追捕到案，2 人系故意犯罪被判处过有期徒刑以上刑罚，刑罚执行完毕后 5 年内故意犯罪
1	根据《纪要》第 12、16 条	0	无

---

〔1〕 注：上述数据系根据市院侦监办案系统进行统计。

人数	不捕原因及依据	复议人数	备注
1	不够入罪条件	0	上访扰乱公共秩序未达到"严重破坏公共秩序"的程度
4	《刑法》第13条"但书"	4	1人轻微伤，未和解

根据以上统计，在不批捕的32名犯罪嫌疑人中，有21人的不批捕决定受到《纪要》的影响，所占比重为65.6%。其中，《纪要》第20条影响最为明显，所占比重为59.4%。另外需要注意的是，2013年3月中旬，市院侦监处发布了《2013年度侦监业务考评表——基层院（征求意见稿）》，明确传达了捕后相对不诉案件在考评中将作为扣分因素，对案件办理过程中主管领导及承办人的考量因素也有一定影响。

五、我国轻刑化实践的现实困局

不论是我国刑事立法制度层面还是刑事司法实践层面，轻刑化探索都取得了可喜的成就，但是，应该清醒地看到，我国不论在刑事实体法还是刑事司法层面都存在一定的问题。这些问题都在不同程度上阻碍了我国轻刑化的发展。

（一）"小刑法"的立法弊端与刑罚趋重

1."小刑法"的特征与负面影响

我国目前的推行的是一种"小刑法"。这种"小刑法"体系由来的原因有两个方面：

（1）"小刑法"的由来之一：二元处罚体制。我国刑法学主流的刑法理论认为，刑法是指规定犯罪、刑事责任和刑罚的法律规范总和。狭义刑法仅指刑法典，而广义刑法包括刑法典、单行刑法和附属刑法。[1] 无论是单行刑法还是附属刑法，其所规制的犯罪，都接受我国刑法典关于犯罪的界定，即《刑法》第13条的规定："一切危害国家主权、领土完整和安全，分裂国家、颠覆人民民主专政的政权和推翻社会主义制度，破坏社会秩序和经济秩序，侵犯国有财产或者劳动群众集体所有的财产，侵犯公民私人所有的财产，侵犯公民的人身权利、民主权利和其他权利，以及其他危害社会的行为，依照法律应当受刑罚处罚的，都是犯罪，但是情节显著轻微危害不大的，不认为是犯罪。"

由此，我国刑法规制的范围仅限于有严重社会危险性的、应当受到刑罚处罚的刑事违法行为。对于一般社会危险性行为或行政违法行为，则另由行政法规加以规制，这也就是理论上所谓的"二元处罚体制"。在二元的处罚体制之下，国家对于危害社会的行为采取的是一种"小刑法"体系，即广义上的刑法只规制有严重社会危险性的行为。

"小刑法"体系的产生有其特殊的社会背景与时代背景。新中国成立后，国家从长期的离乱动荡中初步稳定之后，迫切需要扩张行政权力，以应对各种棘手且需要紧急处理的经济、政治、社会等方面的问题，同时限缩司法权力，集中有限的司法资源用于打击具有严重危害社会的行为。这种形势下，"小刑法"的设置更适应时代发展的需要。

1997年《刑法》，在外延上虽然有所扩充，但是，仍在1979年《刑法》的架构之下的修订补充，没有走出"小刑法"的视域。从理论储备上来说，新中国成立后，我国刑法理论是在重建与借鉴的基础上恢复发展起来的，一方面旧法统被废止，法学理论研究与过去切割；另一方面在借鉴苏俄经验过程中的

---

[1]　参见高铭暄、马克昌主编：《刑法学》（第5版），北京大学出版社2011年版，第7页。

有一段中国化过程，这导致我国 1979 年《刑法》及其后的 1997 年《刑法》所确立的"小刑法"体系是与当时的理论发展水平相当的。

（2）"小刑法"的由来之二：刑事法网粗疏。我国的小刑法体系，还源起于我国刑法存在厉而不严的结构性问题。[1] 对于法网不严，主要表现在两个方面：一是整体刑事法网不严厉，即整体犯罪圈不完整。比如，现实生活中的一些危害行为没有入罪，如见危不救、轻微的帮助犯罪等未被我国刑法规定为犯罪。二是罪状不严密。比如，罪状中存在大量模糊性设定，例如"以非法占有为目的""以牟利为目的"等，这些规定本来是为了限定成罪的严格条件，避免不适当入罪，但是，增加了检察机关的证明难度以及造成法网不严密的后果。由于侦查取证的难度，大量违法行为逃脱处罚。

此外，在法律规定衔接方面，也存在法网不严密的问题。比如，刑法与行政法衔接之间出现真空，立法缺乏精细化，明确化，具有模糊性。这导致违法行为无法可依，当执法机关处理这些行为时，出现法律适用空白。比如，我国《刑法》第 385 条规定的受贿罪，[2] 在司法实践中，什么是利用职务便利，什么是职务便利，什么叫为他人谋取利益，这些要件的内涵本身非常模糊，在实际操作中不容易认定。特别随着经济社会的飞快发展，大量公务行为掺杂着经济行为，要求司法机关严格认定"职务便利""为他人谋取利益"只会造成大量受贿行为逃脱法律制裁。因此，该条即存在立法精细化不足的问题，不利于打击受贿犯罪行为。为此，首先，应该细化相关规定，不能细

---

〔1〕 参见梁根林：《刑罚结构论》，北京大学出版社 1998 年版，第 61~62 页。

〔2〕《刑法》第 385 条规定："国家工作人员利用职务上的便利，索取他人财物的，或者非法收受他人财物，为他人谋取利益的，是受贿罪。"

化则应删除；其次，刑法应该追随社会发展，对新的社会危害行为积极回应，将其纳入刑法规范之内；最后，做好法律整理工作，对于法律衔接之间的问题及时发现，清理法律盲区，确保违法行为有法可依。

随着我国社会发展和社会矛盾的凸现与积累，社会危险性行为也渐渐涌现、日益繁杂，"小刑法"的架构已经不能满足社会发展的需要，不能满足国家对社会综合治理的需要，特别是不能满足与国际接轨的需要。这尤其表现为在，"小刑法"锋刃体系下，行政机关的某些处罚措施，就其严厉性而言丝毫不逊于刑罚手段；特别是限制人身自由的措施，比如强制医疗、曾经的劳动教养等；就其期限、内容而言，实际上显然要重于拘役、管制、罚金、剥夺政治权利等刑罚，有时候甚至重于有期徒刑。[1]此外，"小刑法"体系下刑法中的许多犯罪，如情节犯、数额犯，情节规范模糊不清、数额界限难以周延，针对相应的严重行政违法行为所采取的限制人身自由措施，没有经过司法审查，行政机关的自由裁量权过大，滥用现象严重。

2. 刑罚总体趋重与迷信重刑

所谓刑罚结构，是指刑法中的主导性刑罚方法（宏观刑罚结构），以及各种刑罚方法的具体安排（具体刑罚制度）。

从宏观刑罚结构上看，我国《刑法》中主导性刑罚方法以自由刑为主，整体趋重。总结各国不同历史发展阶段的刑罚结构，大体上可以分为以死刑和身体刑为中心的刑罚结构、以死刑和自由刑为中心的刑罚结构、以自由刑为中心的刑罚结构、

----

〔1〕　例如，劳动教养一般都是2年，而我国刑法上规定的有期徒刑的期限是6个月以上15年以下。在这种情况下，如果一个行为人因为犯罪被判处1年有期徒刑，另一个行为人因为严重的行政违法行为被劳动教养2年的话，从实质上说，后者是重于前者的。

以自由刑和财产刑罚为中心的刑罚结构四种。[1]我国的宏观刑罚结构，表现为以自由刑特别是有期徒刑为中心的结构。[2]理由是：一是所有的犯罪都配置了自由刑特别是有期徒刑的刑罚方法。我国刑法分则的350个条款所规定的400多个罪名中，除了危险驾驶罪配置的是拘役外，其他的罪名均为有期徒刑，甚至无期徒刑。二是财产刑的配置有限。我国《刑法》中的财产刑多配置于涉及经济利益的犯罪之中。三是生命刑、资格刑配置较少。所谓的较少，是相对于自由刑、财产刑配置这一参照系而言的。相比于国外，我国港澳台地区和现行《刑法》中生命刑的配置仍显过多。

刑事司法实践中，我国犯罪案件数量呈三角漏斗状，轻微罪众多，重罪较少。根据我国《刑法》进行犯罪分层，以最高刑为死刑及无期徒刑、10年有期徒刑、5年有期徒刑及治安管理处罚为划分标准，依据罪名所占数量，依然成为三角漏斗状，其所示如下：

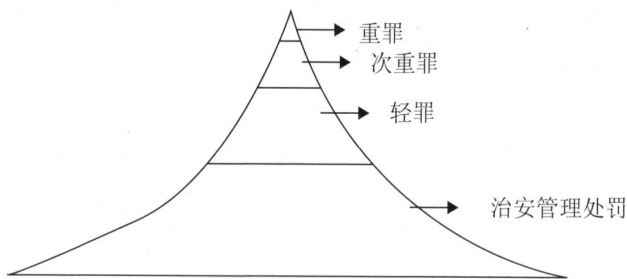

图16　我国犯罪案件的层次结构图

---

〔1〕　参见梁根林：《刑罚结构论》，北京大学出版社1998年版，第69~112页。

〔2〕　与之不同的观点可参见赵志华：《论刑罚轻缓化的实现途径》，人民法院出版社2012年版，第125页。该作者认为，我国刑罚体系是以自由刑、死刑为主，以财产刑和政治权利资格刑为补充组成的重刑体系。

然而，虽然我国轻微罪基数众多，但是，我国的惩罚体系却呈现为倒置的现状，具体表现为：其一，对死刑、无期审查非常严格与谨慎，而对于轻微罪审查多有不到之处，对于轻微罪的出罪与入罪也有很大的裁量空间。其二，强制性措施大多数仍为羁押措施，耗费大量资源，并未起到轻刑化、恢复性司法及人道主义的作用。其三，我国治安管理处罚在案件数量中占到了绝大多数，然而，治安管理处罚在剥夺公民自由的同时又具有一定的任意性，提起复议、上诉耗时过长，对公民的权利造成侵害。

从具体刑罚制度上看，各种具体刑罚方法的制度设计趋于重刑化。我国刑罚体系规定的各种刑种的"重刑化"具体表现在：一是生命刑的比例过大。虽然死刑在我国刑法中得到大量削减，但至目前仍保有50多个死刑罪名。从司法实践中看，死刑立即执行的数字很大。虽然这一数字仍然是秘而不宣，但从媒介上看到的案例、数字，仍然是惊人的。二是自由刑配置特别是有期徒刑的浮动范围流过于宽泛。例如，我国有期徒刑法定最高刑为15年，但是，立法上"5年以上有期徒刑""3年以上10年以下有期徒刑"……诸如此类。这虽然有利于适用具体案情由法官灵活运用，也容易造成个案上公正方面的质疑。三是财产刑过重。财产刑包括罚金、没收财产两种。罚金刑没有上下限，立法上不明朗。没收个人全部财产，显得缺乏人道性方面的考虑。[1]四是资格刑的内容过重。剥夺政治权利的具体内容，如言论、出版等，不符合再社会化的行刑理念。五是非刑罚处理方法适用较少。一方面，现有的训诫、责令具结悔过等非刑罚处理方法的补充性地位几乎荡然无存。另一方面，未

---

〔1〕　罚金刑的下限是由司法解释设定的，而上限仍然不够明确。立法上的没收个人全部财产，在司法裁判上上适用较少，执行更少。

经司法审查，收容教育、社会帮教等手段大行其道。[1]

从历史上考察，刑罚是一种历史现象，有一个产生、发展和消亡的过程，刑罚的轻缓化是这一演变过程的必然产物。从哲学层面上看，刑罚轻缓化的深刻的哲学根据在于人道主义精神。[2]20世纪90年代，法国、俄罗斯刑法改革，贯彻并引领刑罚轻缓化这一世界潮流。我国刑法的发展应当结合国情，积极融入这一潮流，在宏观刑罚结构和具体刑罚制度两个方面，做出符合形势发展和适合自身需要的轻刑化改革，具体如下：

第一，我国刑法规定死刑的罪名仍然偏多，死刑罪名应进一步削减。《刑法修正案（八）》取消了13种犯罪的死刑，是近年来我国削减死刑罪名力度最大的一次，意义重大。《刑法修正案（九）》在此基础之上又废除了9种死刑罪名，但目前刑法中仍有46种死刑罪名，内容涉及暴力犯罪和非暴力犯罪。事实上，在司法实践中，死刑判决多适用于故意杀人罪、抢劫罪、绑架罪等严重暴力型犯罪，经济犯罪等非暴力型犯罪的死刑判决率很低，绝大多数非暴力型死刑罪名在司法实践中处于备而不用或备而少用的状态。因此，死刑改革的下一步是继续废除非暴力型犯罪的死刑罪名，努力做到立法上的限缩与司法上的限缩相同步。

第二，刑法立法刑罚仍然偏重，重刑主义思想仍未根本扭转。我国历次刑法修正案均存在加重法定刑幅度的修改趋向。这一趋向不但在1997年《刑法》颁行前的多次刑法修改中多有体现，而且成为1997年《刑法》后的历次刑法修改的明显标志。如偷税罪与抗税罪在1979年《刑法》中的最高法定刑为3

---

〔1〕 此部分在上文已经提及，此处及后续部分不再展开。
〔2〕 参见姜涛：《刑罚轻缓化与中国刑罚制度改革》，载《四川警官高等专科学校学报》2006年第6期。

年有期徒刑，而 1992 年颁布的全国人民代表大会常务委员会《关于惩治偷税、抗税犯罪的补充规定》将该两罪的法定刑上升一格，即 3 年以上 7 年以下有期徒刑，法定刑与最高刑的分量加重了一倍有余。根据 1997 年《刑法》的规定，巨额财产来源不明罪仅仅规定了一个量刑档次，即 5 年以下有期徒刑或拘役。《刑法修正案（七）》增加了一个量刑档次，即 5 年以上 10 年以下有期徒刑，使该罪的法定刑与最高刑的分量加重了一倍。《刑法修正案（八）》对强迫交易、敲诈勒索与寻衅滋事等犯罪的法定刑予以升格，加重法定刑的这一刑法修改轨迹得以延伸。这说明我国刑法仍然体现了重刑主义思想。

（二）刑事司法程序的弊端

刑事司法程序是国家实现刑罚权、实现刑罚目的的根本途径，主要包括侦查程序、审查起诉程序、审判程序和刑罚执行程序。尽管我国《刑事诉讼法》经过几次修改并日益完善，但是客观上看，仍然存在不适应轻刑化的一些因素，这些因素严重阻碍了我国轻刑化的实践与发展。

1. 侦查程序的不足

侦查程序是我国刑事诉讼的入口。一个案件能否进入刑事诉讼程序，侦查程序起到关键的"把关"和过滤作用。良好的侦查程序能够有效地识别案件并进行案件分流，从而实现打击犯罪，保障人权的目的。从实践来看，我国侦查程序的诸多问题主要表现在：

（1）苛刻的立案条件不合理。我国立法出于保护公民人权、防止公民无端被卷入刑事诉讼程序，设置了严格的立案条件。这要求公安机关在立案前对该行为是否构成犯罪进行实质判断，但这是违背侦查规律的。一般来讲，公安机关只要有基本事实和合理怀疑就可以立案，随着案件侦查工作的开展，事实证据的变化，可能推翻之前的判断，应该允许公安机关撤案。但是，我国立案制度不允许公安机关随意立案和撤案，否则会追究相应的责任。然而，这一立案制度规定带来诸多问题：一是责任严格的立案条件导致公安机关在立案后不愿意面对错案的现实，而强行侦查，不惜违法取证，导致侵害公民合法权益行为的发生。二是放纵犯罪。过高的立案条件，导致公安机关担心错误立案而追究责任，而不愿意立案，从而耽误侦查良机，实质上是放纵犯罪。尽管立案的初衷是保护公民权利，但是，从世界范围来看，保护公民免于非法侦查的措施是赋予其完整的诉讼权利，比如严禁非法取证、严禁随意羁押等等措施。以着眼于诉讼权利的保障，而是希望通过设立严格的立案条件来保障人权，但是往往是南辕北辙。

（2）侦查阶段的轻微罪处分制度缺乏。从世界范围来看，赋予侦查机关在侦查阶段的处分权是世界通行的做法，[1] 它有利于及时分流一些社会危害性小的轻微犯罪，从而将司法自愿配置在严重犯罪之上，实现司法资源的合理配置。反观我国刑事诉讼法，仅赋予公安机关面对错案时撤案的权力，而没有赋予其对于轻微刑事案件的实体处分权。从而所有案件无论轻重，一旦立案公安机关需要移送检察机关进行处理，公安机关无权直接分流。这导致检察机关和法院面临日益增加的案件压力，司法效率低下，客观上也导致冤假错案的间接因素。

（3）逮捕适用的问题——没有区分重罪和轻罪。按照刑事诉讼法的理念，逮捕措施主要是为了保障诉讼的正常进行，一

---

〔1〕 如美国警察对轻微案件拥有很大的分流权力，一是采取警告，"如果你继续实施某种行为，你将会被逮捕"；二是对家庭纠纷式的诉讼程序径行处理；三是直接将某人带至医疗机构。在美国，大量的刑事案件不需要经过庭审便予以处理，比例高达80%。

般只适用于重罪案件。尽管近年来，我国检察机关在逮捕措施上贯彻宽严相济刑事政策，对于轻微犯罪案件的非羁押强制措施适用力度逐步加大，但是逮捕率过高的问题仍然没有根本扭转。在我国司法实践中，逮捕措施惩罚犯罪、保障诉讼的功能被扩大，轻罪案件逮捕率锋刃比例较高。以海淀区检察院为例，从海淀区检察院 2006—2010 年办理的案件来看，5 年间被逮捕的犯罪嫌疑人为 24 558 人，其中，批准逮捕 17 237 件 24 588 人，逮捕率达 87%。在上述案件中，最终被人民法院判处 3 年以下有期徒刑的轻微刑事案件为 20 969 人，约占案件总量的 88%。也就是说 5 年间，逮捕案件中高达 59% 的比例为轻罪案件。

从全国情况来看，根据最高检工作报告：2008 年，全年共批准逮捕各类刑事犯罪嫌疑人 952 583 人，提起公诉 1 143 897 人，分别比上年增加 3.5% 和 5.7%。其中未逮捕直接起诉人为 191 314 人，占提起公诉人数的 16.7%。2009 年，全年共批准逮捕各类刑事犯罪嫌疑人 941 091 人，提起公诉 1 134 380 人，未逮捕直接起诉人数为 193 289 人，占起诉人数的 17%。2010 年，全年共批准逮捕各类刑事犯罪嫌疑人 916 209 人，同比减少 2.6%；提起公诉 1 148 409 人，同比增加 1.2%。未逮捕直接起诉人数为 232 200 人，占起诉人数的 20%。尽管 2008—2010 年适用逮捕比例在降低，但是，从整体来看，每年提起公诉人数中逮捕适用比例仍然偏高，基本维持在 80% 以上。结合全国法院判决统计数据，5 年以下轻罪案件占 80% 以上。这说明我国适用逮捕强制措施的案件均为轻罪案件。

全国和北京市海淀区的统计数据都说明我国逮捕措施适用没有区分重罪和轻罪，导致这一问题的原因为：一是逮捕适用规定模糊。根据《刑事诉讼法》的规定，对犯罪嫌疑人社会危险性的判断是决定是否适用逮捕的关键因素，但并未对"社会危险性"作出明确的解释。因此，司法实践中逮捕必要性的条件容易被忽视。此外，相关法律没有对逮捕必要性的证据问题作出明确规定，导致公安机关在侦查环节轻视甚至忽视了对逮捕必要性相关证据的搜集，这使得检察机关无法对逮捕必要性要件进行审查。二是司法机关保障人权的意识有待进一步加强。长期以来，以侦查为主的指导思想以及重打击犯罪、轻保护人权的执法观念的影响，公安机关往往将追诉犯罪、保障诉讼顺利进行作为首要职责，普通公民长期存在严惩犯罪的心理。如果不对犯罪嫌疑人采取逮捕措施，执法机关可能会承担打击不力的罪名，不仅要承受社会各界的舆论谴责，而且还要担心被害人的上访上诉。并且，即使检察机关对部分犯罪情节较轻，但不具备取保候审条件的犯罪嫌疑人作出不批捕的决定后，由于脱保成本较低，犯罪嫌疑人在取保候审期间，极易出现脱保现象，甚至发生再次违法犯罪的情况，妨碍刑事诉讼的进行，最终导致侦查机关将此类犯罪嫌疑人再次提捕至检察机关。这不仅极大地浪费了诉讼资源，而且也使得检察机关不得不将逮捕这一强制措施作为首选。

2. 审查起诉程序的弊端

我国公诉环节的程序分流主要是案件的审查起诉及起诉程序及其处理结果上。1996 年《刑事诉讼法》第 140 条第 4 款规定："对于补充侦查的案件，人民检察院仍然认为证据不足，不符合起诉条件的，可以作出不起诉的决定。"第 142 条第 1 款规定："犯罪嫌疑人有本法第 15 条规定的情形之一的，人民检察院应当作出不起诉决定。"第 2 款规定："对于犯罪情节轻微，依照刑法规定不需要判处刑罚或者免除刑罚的，人民检察院可以作出不起诉决定。"2012 年《刑事诉讼法》对原不起诉制度做出了一定的修改，并针对未成年人犯罪案件增设了附条件不起诉制度，对于未成年人涉嫌刑法分则第四、五、六章规定的犯罪，可能判处一年有期徒刑以下刑罚，符合起诉条件，但有悔罪表现，人民检察院可以作出附条件不起诉的决定。据此，目前我国的不起诉制度有法定不起诉、酌定不起诉、存疑不起诉和附条件不起诉四类。由于检察机关仅在酌定不起诉和附条件不起诉案件中具有一定的自由裁量空间，因此只这两项制度具有公诉环节程序分流的现实意义。虽然它们能在一定程度上起到程序分流的作用，体现了轻刑化的大趋势，但是，相对于整个国际社会趋势和现今应对犯罪科学化的要求而言，这两项制度还存在诸多问题。

（1）法定不起诉的适用范围不够健全。从理论上讲，对于如下两种情形，检察机关显然应该作出不起诉的决定：其一，根据刑法规定，犯罪嫌疑人的行为不构成犯罪的，如合法行为、一般违法行为、正当防卫、紧急避险等；其二，有证据证明犯罪行为并非犯罪嫌疑人所实施。但是，《刑事诉讼法》规定，法定不起诉的适用范围并不包括上述两种情形。在实践中，出现这两种情形时，检察机关往往采取程序倒流，退回公安机关处理，甚至建议公安机关重新侦查的方式处理，而不是直接做出不起诉决定。这种处理方式不仅可能使无罪之人的权利或责任长时间处于待确定状态，从而违背刑事诉讼法保障人权的目的，而且还会增加司法资源的消耗，违背刑事诉讼法效益原则。

（2）酌定不起诉适用中的问题。

第一，适用率较低，不利于轻微罪的分流。目前，我国酌定不起诉适用率较低。笔者考察了从2003—2010年检察机关提起公诉及不起诉人数（2003—2009年不起诉人数，包括存疑不起诉和酌定不起诉，2010年数据仅指酌定不起诉）。如下表所示，不起诉的适用从 2003 年起一直呈现下降的趋势，尽管在 2006 年达到最低值后 2007 年再突然升高。但是，从 2010 年以来，不起诉的适用率始终维持在 2.5% 左右。[1] 据统计，2003—2010 年中，全国法院适用缓刑的人数占总判决数的比率分别为 19.1%、21.3%、22.4%、27.2%、15.1%、24.3%、22.7% 和 21.6%，若加上 3 年以下有期徒刑与拘役、单处附加刑以及免除处罚的数字，比率平均每年在 50% 左右。[2] 如此多的案件适用轻缓刑罚，不仅因诉讼环节的全程投入而耗费了司法资源，而且可能激化被追诉者和被害人的对立情绪，不利于实现社会和谐。[3] 如果对于免予刑事处罚和部分判处轻缓刑罚的被追诉人（如管制、3 年以下缓刑），在符合不起诉条件的情况下，对之作不起诉处理的效果可能会更好。即使这样做能够取得与提起公诉类似的效果，也足以说明酌定不起诉制度的适用空间有可能进一步拓展，同时不足以说明通过酌定不起诉制度实行程序分流的案件比例有可能进一步提高。

表 16　2003—2010 年中国检察机关适用不起诉情况表

年份（年）	提起公诉人数（人）	不起诉人数（人）	不起诉率
2003	819 216	27 957	3.4%
2004	867 186	21 225	2.4%
2005	950 804	7366	1.5%
2006	999 086	7204	0.7%

[1]　相关数据来源于 2004—2011 年最高人民检察院工作报告。

[2]　相关数据来源于《中国法律年鉴》，中国法律年鉴社 2003—2010 年卷。

[3]　本章在描述近年来司法机关轻刑化的数据中，可以看出检察机关不起诉率有所上升，2014 年全国已达到 5.11%，但总体来看仍然较低，还有较大的提升空间。

年份（年）	提起公诉人数（人）	不起诉人数（人）	不起诉率
2007	1 056 353	34 433	3.2%
2008	1 143 897	29 871	2.5%
2009	1 134 380	33 048	2.8%
2010	1 148 409	29 898	2.5%

导致酌定不起诉适用率较低的原因主要有如下几个：一是酌定不起诉适用的实体条件模糊。《刑事诉讼法》第 173 条第 2 款规定：对于犯罪情节轻微，依照刑法规定不需要判处刑罚或者免除刑罚的，人民检察院可以作出不起诉决定。据此，理论界一般认为，犯罪情节轻微与依照刑法不需要判处刑罚或者免除处罚，是适用酌定不起诉必须同时具备的两个要件。换言之，除了具备后一条件外，检察机关还必须在犯罪情节轻微的前提条件下才能适用酌定不起诉。这也就从立法上划定了检察机关酌定不起诉裁量权的范围界限，从而极大地压缩了酌定不起诉的适用空间。二是立法对于酌定不起诉适用界限的划定，从某种程度上讲是模糊的，并没有为检察机关如何适用酌定不起诉提供相对明确的客观标准。因此，司法实践和理论界围绕"何谓犯罪情节轻微"产生了重大分歧。正是刑事诉讼立法关于酌定不起诉适用范围和适用条件的模糊规定，使得司法实践中检察机关无法准确认定相关法定条件，这在某种程度上阻碍了酌定不起诉的适用。

第二，酌定不起诉制度适用程序复杂。为了防止检察人员滥用酌定不起诉权力，现行的刑事立法对适用酌定不起诉规定了严格的程序。对于侦查机关移送的案件，承办案件的检察官在经过审查案件、提审被追诉者后，对于符合酌定不起诉条件的案件，承办检察官应当制作审查意见书，同时把不起诉意见报公诉部门负责人审核，部门负责人经审核同意承办检察官的意见时，应当将不起诉意见报主管起诉工作的检察长，由检察长决定是否报检察委员会，最终由检察委员会作出决定；如果检察委员会讨论意见有分歧的话，再报请上级检察机关审定。对于以酌定不起诉处理的案件，必须经过检察委员会的讨论决定，且当检察委员会的讨论意见不一致时，还需要继续呈报上级检察机关审定。与其他国家相比，在我国公诉阶段检察官的自由裁量权受到了极大的限制。而且，检察官运用自由裁量权决定对案件作不起诉决定时，其程序更是复杂得多。这种复杂的工作程序非常严重地影响了酌定不起诉的工作效率，而且复杂、严格的程序在本身会有一种威慑力，从而在思想上形成一种酌定不起诉是不能轻易适用而需要慎用、少用的观念。因而，这极大地限制了酌定不起诉的正常运用。

第三，社会配套措施缺失。在实践中，酌定不起诉面临的较为棘手的问题在于不起诉后被不起诉人的教育监管以及未得到赔偿的被害人的救助问题。如果该问题得不到解决，酌定不起诉的实际效果势必大打折扣，并可能引发民众对检察机关办案的不信任。

第四，不起诉专项检查和考评制度的异化。不起诉制度的适用与该制度的专项检查和考评形成直接冲突。部分检察机关采取了严格控制酌定不起诉率的措施，甚至明确规定将酌定不起诉适用率的高低作为考核公诉工作的重要标准。而且，不起诉往往要做很多工作，承受各种风险，不如直接起诉简单方便，成为部分检察官的共同观念。[1]

〔1〕 宋英辉：《酌定不起诉适用中面临的问题与对策——基于未成年人案件的实证研究》，载《现代法学》2007年第1期。

（3）附条件不起诉。附条件不起诉是针对未成年人设立的一种出罪程序，体现了刑罚个别化与轻缓化的思想。但是，从目前司法实践运作来看，仍存在适用率较低的情况。以北京市为例，北京市各级未检部门 2012 年共受理未成年犯罪嫌疑人审查起诉案件 1608 人，其中，被判处一年有期徒刑以下刑罚符合《刑法》第四、五、六章罪名的案件人数共计 735 人。在这 735 人中，具有悔罪表现的 690 人，也即符合附条件不起诉适用条件的未成年犯罪嫌疑人占审查起诉的所有未成年犯罪嫌疑人的 42.9%。所以，大约有四成的涉罪未成年人从理论上符合附条件不起诉的适用条件。2012 年 5 月份，北京市确立附条件不起诉试点院，截止到 2013 年 6 月，北京市检察机关共 16 个区县院、2 个分院对 24 件 36 名未成年犯罪嫌疑人作出附条件不起诉决定，已经对 10 名未成年犯罪嫌疑人做出不起诉决定。其中，2013 年上半年共 18 件 26 人，占上半年北京市未成年犯罪嫌疑人审查起诉总人数的 4%左右。从理论上看，符合附条件不起诉适用条件的未成年犯罪嫌疑人应占四成左右，然而在刑事诉讼法生效后长达半年多的时间里，北京市检察院作附条件不起诉处理的未年犯罪嫌疑人仅占上半年北京市未成年犯罪嫌疑人审查起诉总人数的 4%左右。

导致附条件不起诉在实践中适用率低的原因主要有：一是社会支持体系不健全使得对不具备帮教条件的未成年犯罪嫌疑人的考察难以落实，从而阻碍附条件不起诉的适用。附条件不起诉制度设立的初衷是为了教育挽救涉罪未成年人。因此，对未成年犯罪嫌疑人适用附条件不起诉时，一般要求该未成年人具备适宜的帮教条件。适宜的帮教条件一般包括：具有稳定、融洽的家庭，家人能够采取积极措施教育感化未成年人；具有一定的社会管理教育环境，学校、居委会或其他基层组织能够承担起对未成年犯罪嫌疑人的监管职责。如果没有适宜的帮教条件，让未成年犯罪嫌疑人在较差的环境中放任自流，很可能会导致其再次犯罪。如对于外出打工、居无定所、没有单位愿意接收的外来涉罪未成年人，在同样符合附条件不起诉适用条件的情况下，可能会因为帮教条件的缺失，使得检察官宁愿选择提起公诉。然而，从国家亲权的角度上说，政府应为处于特殊监护状况的未成年人提供帮教条件，从全国范围来看，现在仍没有有效解决社会观护问题，从而阻碍了对不具备适宜帮教条件的涉罪未成年人附条件不起诉的适用。二是司法人员对适用附条件不起诉的积极性不高。重要的原因是附条件不起诉程序繁琐复杂。办理一起附条件不起诉案件，为了确保效果，承办人需要做大量的工作，如准备充足的汇报材料向主诉检察官、部门负责人、主管检察长以及检委会层层上报；听取犯罪嫌疑人及其法定代理人的意见，听取公安机关的意见，听取被害人的意见，制定考察帮教方案；形成更多的文书如附条件不起诉案件听取公安机关意见书、附条件不起诉决定书、未成年犯罪嫌疑人的保证书、未成年人犯罪嫌疑人监护人担保书、附条件不起诉考察教育协议书；定期与帮教人员沟通联络，定期听取被考察人的思想汇报等。而决定起诉的工作简单得多，所以承办人很可能因为个人工作量的考虑而放弃适用附条件不起诉。

（三）刑罚附随后果过于严厉苛刻

刑法附随后果，是指行为人被实施刑罚处罚后剥夺实行其他行为或参与其他活动的资格，其本意是加大对犯罪行为的处罚力度，或者出于特殊行业的考虑，禁止有犯罪前科的人从事某一行业从而起到特殊保护作用。但是，在实践中，我国刑罚附随后果过于严格苛刻，区分度不高，打击面过宽，不利于轻刑化推广。弊端主要体现：

1. 附随后果的设定缺乏法律统一规定且设置随意

目前，我国对于刑罚附随后果的设定大多有单行法律或者条例规定，设定比较任意，对设定理由与设定程序没有统一的规定，实为各自为政。附随后果散见于我国法律体系中层级效力不同的规定，但是根据这些效力层级低的法律法规任意的限制或禁止公民的基本权利是毫无法律依据的。此外，附随后果的设定也违背了罪刑法定的原则。司法权的终极性决定了其对外效力的公示性和自治性，法院在经过法定程序之后对犯罪之人所做的裁断就具有法律上的终极效力，其他机关无权就犯罪这一同一事实再次予以处罚。

2. 附随后果的手段过于严厉且有违刑法的谦抑性

我国大量存在的限制资格或剥夺能力的附随后果，它在某种程度上已经超出了行政处罚的力度和范围，甚至是超出立法者、司法者、违法行为人的预见范围，并以一种超乎于判决书之外的隐形影响悄然存在。比如，行为人因犯危险驾驶罪被判处刑罚，在执行宣告刑罚之外，还要面临诸如不予颁发律师执业证书、不得录用为公务员等职业资格的禁止和丧失；对于国家机关的公职人员，也须承担危险驾驶罪必定附随的开除公职的后果；即便是普通的劳动者，也会因此遭到用人单位的单方面解除劳动合同；对于中共党员来说，则面临着开除党籍的处分。犯罪虽然是有严重的社会危险性的行为，与之对应的刑罚是最为严厉的法律制裁手段，但"刑法不理会琐细之事"[1]，刑事法网过于严密、刑罚手段过于残酷，会导致行为萎缩，是对刑法谦抑性的漠视。不论出于何种初衷，在为违法行为人设定不利后果之时都应把握："要使刑罚成为公正的刑法，就不应

---

〔1〕　张明楷：《刑法格言的展开》，法律出版社1999年版，第106页。

当超过足以制止人们犯罪的严厉程度。"[1]

3. 附随后果影响犯罪人的再社会化并加剧犯罪标签效应

犯罪的附随后果不仅通过职业资格禁止或劳动合同终止排除犯罪行为人现有的职业，更增添曾经犯罪人被录取或招聘的难度，甚至几乎将其完全隔离在社会主流体制外，难以被社会化。这种隐形影响包括：招生中的"政治条件"要求或求职中的"政审歧视"，曾经受过刑事处罚的或成为刑事犯罪嫌疑人或被告人的，都难以通过政审；[2]《刑法》第100条规定的曾经的犯罪行为人在入伍、就业时向有关单位的"如实报告前科"义务，[3] 这是犯罪人科以如实报告的义务。由此，附随后果实质上以一种非常严密的方式对公职人员和普通百姓的实质生存、发展福利构成庞大的隐形损害。

4. 附随后果的设定缺乏针对性和因果相关性

国外对于犯罪人禁止从事某种职业的设定是充分考虑到该职业或行为的特定性和敏感性，如果犯罪人从事特定职业或行为特别容易遭到滥用，而且一经滥用很容易为社会关系造成实质伤害之时，才有剥夺该资格之必要。但是在我国，绝大多数的附随后果的适用条件是以概括而非特定的方式予以呈现。例

---

〔1〕［意］贝卡里亚：《论犯罪与刑罚》，黄风译，中国大百科全书出版社1993年版。

〔2〕 如某公安类学院招生条件之一的政治条件中需要政审合格，而"曾受过刑事处罚、劳动教养、少年管教或者近五年受过治安处罚的"以及"有违法犯罪嫌疑正在被政法机关侦查、控制的"都被评定为政审不合格。而关于求职政审歧视现象的报道今年亦屡见报端，以下所附的链接就是这样一则新闻：某公职的报考者因有位近亲正在服刑，导致其政审不合格从而未被录取。参见《浙江一大学生公务员考试第一名难过政审关》，载 http://news. xinhuanet. com/legal/2008-04/28/content_8067825. htm，访问日期：2013 年 12 月 27 日。

〔3〕《刑法》第100条规定："依法受过刑事处罚的人，在入伍、就业的时候，应当如实向有关单位报告自己曾受过刑事处罚，不得隐瞒。"

如："曾因犯罪受过刑事处罚的，不得……"；"受过刑事处罚的，但过失犯罪的除外，不得……"；"受到剥夺政治权利或故意犯罪受到有期徒刑以上刑事处罚的，不得……"，以上三种表达方式概括了多数的附随后果适用方式，虽然设定了具有一定区分度的前提，却并不具有针对性。除此之外，某些附随后果在适用时限制了罪名，如《公司法》第 146 条规定："有下列情况之一的，不得担任公司的董事、监事、高级管理人员：……②因贪污、贿赂、侵占财产、挪用财产或者破坏社会主义市场经济秩序，被判处刑罚，执行期满未逾 5 年，或者因犯罪被剥夺政治权利，执行期满未逾 5 年；……"较之"食品安全犯罪者将终身不得从事食品生产经营活动"[1]"性犯罪者刑满释放后不得居住在幼儿园直至高中校园半英里以内"[2]"职务、经济犯罪"和"禁止担任公司的董事、监事、高级管理人员"之间的因果关联性和针对性并不严谨。这种现状导致附随后果的适用缺乏针对性，不论行为有无利用这种资格或身份从事犯罪，也不考量行为人是否还有继续利用该资格实施再犯的危险性，并没有将剥夺资格的具体内容与犯罪性质有机结合，无法发挥犯罪附随后果应有的特殊预防目的。

---

〔1〕　参见《食品安全犯罪者将终身不得从事食品生产经营活动》，载 http://politics. people. com. cn/n/2012/1228/c1001-20039292. html，访问日期：2014 年 1 月 3 日。

〔2〕　参见《在美国老师强奸未成年人的下场：一朝性犯罪，永是坏人》，载 http://edu. ifeng. com/campus/detail_2013_06/01/25972558_0. shtml? _from_ralated，访问日期：2014 年 1 月 7 日。

第四章 CHAPTER 4	**我国轻刑化的改革方向（上）**

——刑法体系的改革

实体、程序与执行一体化联动，这是中国轻刑化改革的一体化路径。在这一路径之上，实体是基础。实体层面上的改革如此的复杂，因而这件工作就并非是一件容易的事。从实体法上进行改革，学者们的认识从未停歇。但是，对于如何进行实体法改革，在理念和内容等方面学者们并没有完全达成一致。本章首先探讨的是"大刑法"的构建问题，继之在大刑法的基础之上讨论刑罚体系的改革和犯罪的分层问题。

一、构建"大刑法"体系与扩大"犯罪圈"

轻刑化是当代世界刑法的发展潮流，也是人权保障、民主法治的当然要求。中国的轻刑化实践先有"刑"，而后才有所谓"轻"的问题。因此，中国轻刑化改革的前提与基础，就是对"刑"的重新认识与重新建构。就此而言，主张对现行刑法进行扩建，首先要对现行刑法典规定的犯罪圈进行扩张，构建"大刑法"体系。

所谓"大刑法"，是相对于"小刑法"而言的。我国现行的刑法典是重罪重罚的"小刑法"，经过几十年的运行，它存在两个根本性的问题，即犯罪圈内在限缩与外在扩张的矛盾，以及刑罚量的投入过多过重与犯罪恶性不断升级的矛盾。如何破解存在的突出问题，有必要对现行刑法典进行轻罪化的改造，扩大刑事法网，吸收原治安管理处罚法和劳教废除后的行政违法行为进入刑法体系，同步对整体刑罚进行轻刑化改造，降低刑罚量，并对整个犯罪体系进行结构分层，从而实现法治环境下犯罪治理体系的更加严密、科学、精准以及人道化、人性化，实现轻刑化目标。

第一，如上文所述，我国现行的 1997 年《刑法》，虽经多次修订完善，但"重罪重刑"式的结构未发生根本变化，仍存在法网粗疏、犯罪圈狭窄的结构性缺陷。导致该入罪的行为未能入罪。特别是一些所谓的轻罪，刑法没有规定为犯罪，而其又存在一定的社会危害性，此类行为仅依靠民事法、行政法等处罚力度明显不足，因而必须有刑法的介入才能遏制。

第二，劳教制度废止前，我国是治安管理处罚-劳动教养-刑罚组成的三个层次的法律制裁体系。只有范围较小的犯罪进入司法程序，而大量的轻微犯罪与治安违法属于行政机关处罚对象。由于劳教制度剥夺人身自由但又缺乏程序公正，因而，已被彻底废止。但是，过去劳教处罚的行为确实具有社会危害性，需要相关的法律予以规制。因而，劳教废止后涉及的刑法边缘行为必将作为轻罪纳入刑事制裁体系，犯罪圈的扩大就成为必然。

第三，刑法以至整个法律的发展总是迟滞于社会发展的节奏，尤其是刑法，作为保障法更应遵守谦抑性，被动地适应社会的发展。因而，随着社会的不断发展，必将出现新的危害社会需要刑法进行处理的行为，这是犯罪圈不断扩大的根本原因。当代我国正处于社会转型时期，各类矛盾层出不穷，必须要求刑法要不断适应形势的发展不断更新完善。近些年，由于风险社会、风险刑法等理论相继被提出，部分学者主张将刑法处罚犯罪前置化，从而避免更大危险的发生。[1]《刑法修正案（八）》规定的危险驾驶罪就是一个直接的实践。这间接说明犯罪圈的扩大是现实社会发展的必然要求。

第四，我国政治、经济、社会已进入了一个全新的高度开放时期，法治建设被作为国家战略在十八届四中全会上得以进一步强调。因此，从便于我国与国际社会的接轨角度出发，有必要参照世界其他国家刑事法体系的标准，对我国现行刑法体系进行改造和完善。纵观英美法系和大陆法系主要国家的立法体系，都构建了覆盖面较为完整的刑罚圈，特别是在我国作为行政处罚的违法行为，应当纳入刑事制裁体系进行处理。因此，为进一步与国际接轨，进一步推动我国刑法的科学化，有必要吸收轻微犯罪纳入扩大圈，进一步严密刑事法网。

关于扩大犯罪圈，有学者指出，我国刑法典中规定的犯罪大约相当于西方国家刑法典中规定的重罪，而没有将劳动教养、治安处罚这两类类似于西方国家的轻罪、违警罪纳入其中，同时，保安处分措施也没有系统化。因此，应重新制定一部包含有重罪、轻罪、违警罪及保安处罚措施在内的综合刑法典。[2]但也有学者认为，犯罪圈扩大产生的标签效有违刑法谦抑性，不适合我国国情，现行的"定性+定量"的模式基本符合国情。

笔者认为，现行的犯罪设定模式确实存在诸多问题，比如犯罪门槛较高导致许多危害行为不能得到及时处理，还有犯罪定量标准模糊造成司法适用困难，等等。但是，这种模式对于限制犯罪圈不当扩大发挥了积极的作用，在国民对犯罪概念已

---

〔1〕 参见劳东燕：《公共政策与风险社会的刑法》，载《中国社会科学》2007年第3期。

〔2〕 刘仁文：《关于调整我国刑法结构的思考》，载《法商研究》2007年第5期。

经固化为较为严重的行为且标签效应十分严重的现实背景下，这种模式还是有存在必要的。因此，在保持现行的"定性＋定量"基本模式的前提下，应降低犯罪门槛，扩大犯罪圈，将大量的轻微犯罪入刑；同时，还必须高度重视我国《刑法》第13条"但书"的规定，将其作为中国特色的出罪机制加以运用，及时将一些确实轻微的行为排除出犯罪范畴，[1]防止刑罚的过于泛滥。

　　综上，在不动摇我国现行刑法典的基本模式的基础上，应将以下三种轻罪纳入到犯罪圈：其一，一些具有社会危害性但没有被纳入《刑法》打击范畴的行为，如恶意信访、骚扰扰乱公共秩序的行为等；其二，原劳动教养制度涉及的部分轻微犯罪行为；[2]其三，适应风险社会而增加的危险犯、预备犯等轻

---

〔1〕　关于"但书"的相关研究在此不在展开，仅以此结论作为本文的一个论据。

〔2〕　根据《公安机关办理劳动教养案件规定》第9条的规定，这类行为包括：①危害国家安全情节显著轻微，尚不够刑事处罚的；②结伙杀人、抢劫、强奸、放火、绑架、爆炸或者拐卖妇女、儿童的犯罪团伙，尚不够刑事处罚的；③有强制猥亵、侮辱妇女儿童，聚众淫乱，引诱未成年人聚众淫乱，非法拘禁，盗窃，诈骗，伪造、倒卖发票，倒卖车票、船票；伪造有价票证，倒卖伪造的有价票证，抢夺，聚众哄抢，敲诈勒索，招摇撞骗，伪造、变造、买卖国家机关公文、证件、印章，以及窝藏、转移、收购、销售赃物的违法犯罪行为，被依法判处刑罚执行期满后5年内又实施前述行为之一，或者被公安机关依法予以罚款、行政拘留、收容教养、劳动教养执行期满后3年内又实施前述行为之一，尚不够刑事处罚的；④制造恐怖气氛、造成公众心理恐慌、危害公共安全，组织、利用会道门、邪教组织，利用迷信破坏国家法律实施，聚众斗殴，寻衅滋事，煽动闹事，强买强卖，欺行霸市，或者称霸一方、为非作恶、欺压群众、恶习较深、扰乱社会治安秩序，尚不够刑事处罚的；⑤无理取闹，扰乱生产秩序、工作秩序、教学科研秩序或者生活秩序，且拒绝、阻碍国家机关工作人员依法执行职务，未使用暴力、威胁方法的；⑥教唆他人违法犯罪，尚不够刑事处罚的；⑦介绍、容留他人卖淫、嫖娼，引诱他人卖淫，赌博或者为赌博提供条件，制作、复制、出售、出租或者传播淫秽物品，情节较重，尚不够刑事处罚的；⑧因卖淫嫖娼被公安机关依法予以警告、罚款或者行政拘留后又卖淫、嫖娼的；⑨吸食、注射毒品成瘾，经强制戒除后又吸食、注射毒品的；⑩有法律规定的其他应当劳动教养情形的。

罪，如危险驾驶罪应增加"毒驾"等情形。

二、"大刑法"的潜在问题与有效回应

推行了"大刑法"后，随之就降低犯罪门槛，和扩大犯罪圈，进而会出现一些新问题、新矛盾，需要相应的解决理念与路径。

（一）"大刑法"与非犯罪化的适度推行

非犯罪化，是指将现行作为犯罪处理的行为，不再用刑法进行规制。随着人类文明程度的提高，社会形势发生变化，某些行为应当设定为罪的条件已经不存在、继续认定为犯罪已无意义，或者民众对某些失范行为的社会容忍度提高。在此情况下，对此类行为进行非犯罪化是适应社会发展需要的。[1]

当下，理论上关于非犯罪化的呼声渐高。从表现上看，构建"大刑法"，与非犯罪化相矛盾。但是从实质上看，"大刑法"与非犯罪化是两个层次上探讨的问题，二者并不矛盾。"大刑法"顺应社会发展，不断吸收严重的违法行为、犯罪的毗邻行为，或者扩大犯罪圈的结果，而非犯罪化是将不适宜犯罪化的行为剔除出刑法打击的范围之外。因此，构建"大刑法"体系并不妨碍顺应社会发展，对部分犯罪行为可以进行非犯罪化。

（二）犯罪数量攀升与司法资源短缺的应对

在我国当前的形势下司法资源已经相当有限了，"大刑法"构建之后，犯罪数量必然急剧攀升，在此情形之下，立法机关要对犯罪进行分层。例如，借鉴法国经验，依据刑罚对犯罪进行分层。同时，司法机关应当进一步推行繁简分流，针对不同的案件使用不同程序，推广快速简易程序，轻刑快审，扩大刑

---

〔1〕 参见杜雪晶：《轻罪刑事政策的中国图景》，中国法制出版社 2013 年版，第 87~101 页。

事和解，广泛运用刑罚的替代措施，同时多方探索职业法官与非职业法官的结合，推行恢复性司法。

（三）犯罪扩大化与犯罪标签化

在我国文化传统之下，犯罪的附随后果随处可见。这本是对潜在犯罪者的一种威慑，但是，对现实犯罪者重新走入社会却构成巨大而无形的障碍。在"大刑法"体系之下，犯罪势必比以前有所扩大，于是犯罪扩大化必须遭遇犯罪标签化。因此，应当进一步规范犯罪记录制度、建立前科消灭制度。借鉴我国《刑法》对未成年人犯罪记录的相关规定，对于数量庞大的罪行极其轻微的犯罪人，可以不计前科，其犯罪记录仅提供给特定机关使用，以减弱标签效应。

（四）犯罪圈扩大与社会和谐稳定

"大刑法"体系建立后，相应地会扩大犯罪圈，进而会提升犯罪数量，这与传统观念中的和谐社会存在内在冲突。但是，犯罪数量的增加不一定带来社会不稳定、不和谐。在美国，停车超时都可能构成犯罪，而这种行为在我们当下的社会意识里，并不是严重的行为。因此，在"大刑法"之下，要向民众普及犯罪学常识，定期公开犯罪统计数据，让民众了解犯罪而不是对刑法、数据秘而不宣，并向民众灌输正确理解分析和判断社会治安形势的方法与手段，引导民众理性地形成关于客观社会治安形势的见解。

三、调整刑罚结构与限缩"刑罚圈"

在构建"大刑法"体系的基础之上，我国刑法的轻刑化改革还需要对刑罚结构进行必要的调整和完善。我国当下的刑罚结构属于一种"重刑"模式，以限制人身自由的有期徒刑为主。在具体的刑罚制度上，刑罚对行为人的处罚力度过于严厉。因此，必须对我国刑法的重刑模式进行改革，这主要体现在两个方面：一是要在宏观上建构以财产刑为主体的刑罚制度；二是要在微观上减缓刑罚的力度。

（一）宏观刑罚结构的调整

宏观刑罚结构的调整，主要应当从以下几个方面进行完善。

1. 限制死刑适用和提高生刑

在我国，彻底废除死刑，特别是针对一些严重危害社会的犯罪，如背叛国家罪等危害国家安全的犯罪、故意杀人罪等危害人身安全的犯罪等，尚不现实。因此，"保留死刑、少杀慎杀"是我国一贯的死刑政策。我国是世界上保留死刑的国家之一，但是现行刑法中的死刑罪名还是显得过多。目前，还有46个死刑罪名，《刑法修正案（八）》取消了13个死刑罪名，《刑法修正案（九）》废除了走私武器弹药罪、走私核材料罪、走私假币罪、伪造货币罪、集资诈骗罪、组织卖淫罪、强迫卖淫罪、阻碍执行军事职务罪、战时造谣惑众罪9个死刑罪名。可见，加大一些罪名的废除死刑力度，最大限度地减少死刑适用，既是国际社会的发展趋势，也是我国一直在努力的方向。应当在此基础之上，进一步加大形式上或者实质上的死刑的废除力度。

（1）死刑限用于部分严重危害国家、社会、侵犯公民人身安全的犯罪。有学者认为，应当废除大部分贪利犯罪、危害国家安全犯罪和军事犯罪、并非"罪行极其严重"的普通刑事犯罪的死刑。[1] 有学者认为，司法上死刑"主要适用于直接剥夺他人生命和严重危及他人生命的犯罪以及对国家和人民危害特别严重、情节特别恶劣的危害国家安全犯罪，特别是直接危及

---

[1] 参见马克昌：《刑罚通论》（第2版），武汉大学出版社1999年版，第120~123页。

国家政权的犯罪。"〔1〕上述观点都有一定的合理性，但是没有鲜明地指出死刑应当仅限用于危害人身安全的犯罪行为。"杀人偿命、欠债还钱"是我国长期保留下来的一种价值观，生命是不能用财产、自由、资格等来交换的，也不能将生命刑用于应对普通的危害国家、社会和个人的刑事犯罪。但是，死刑应当与危害社会行为之间存在某种程度的对价关系，因此在立法上（如果立法上不能实现，则是司法上），死刑应仅限于部分严重危害国家、社会、侵犯公民人身安全的犯罪，即使是严重危害国家安全的犯罪，如果没有侵犯生命权的危害后果发生的，也不应当判处死刑。

（2）以无期徒刑、加长的有期徒刑应对严重危害国家、社会、侵犯公民人身安全的犯罪，避免废除死刑后的刑罚真空。虽然废除了一些有严重的社会危险性行为的死刑，但是这主要是国家出于限制死刑的需要做出的权衡，并不表明这些行为本身的社会危险性变轻了，因此应当以相对较重的刑罚取而代之。

2. 增置与改进罚金刑

罚金的适用制度包括单科罚金制、选科罚金制、并科罚金制、易科罚金制、复合罚金制等几种制度〔2〕。多数国家刑法只

---

〔1〕　薛剑祥：《宽严相济刑事政策及其司法实现》，法律出版社 2013 年版，第227 页。

〔2〕　参见邓文莉：《罚金刑配置模式之研究》，载《法学评论》2008 年第 4 期。单科罚金制又称专科罚金制，是指对某种具体犯罪行为仅只配置罚金刑，而没有配置其他刑种的罚金适用制度，比如单位受贿罪中对单位的处罚。选科罚金制是指对某种具体犯罪行为既配置了罚金刑，又配置了自由刑或其他刑种，例如，拒不执行判决、裁定罪。并科罚金制是指对某种具体犯罪行为所配置的法定刑包括了罚金刑和自由刑或其他刑种。这种罚金适用制度又可以分为以下两种类型：必并科罚金制与得并科罚金制，前者如赌博罪。后者如非法向外国人出售、赠送珍贵文物罪。复合罚金制是指对某一具体犯罪行为所配置的法定刑中，同时规定了罚金刑、自由刑和其他刑种，并规定对罚金实行单科、选科或并科（包括得并科与必并科的选择适用）的罚金适用制度。比如假冒专利罪。

对少数罪行配置单科罚金，在数量上明显少于选科罚金制或并科罚金制的数量。多数国家都以选科罚金制作为罚金刑适用的主要模式或规则；并且在选科罚金制中，还配置的其他自由刑多数期限较短、其他刑种严厉程度相对较低。但是，也有的国家将罚金置于所有选科刑种最前面。[1]复合罚金制适应了不同案件情况的需要，因而，越来越受到立法和司法的重视。

我国现行《刑法》采取了以必并科罚金制为主，复合罚金制为辅，选科罚金制、单科罚金制比例较小的罚金适用制度。但是，罚金刑适用范围仍显狭窄。现行《刑法》共有 139 个条文规定了罚金刑，占《刑法》分则条文总数的 40%。这些条文主要集中在第三章"破坏社会主义市场经济秩序罪"以及第六章"妨害社会管理秩序罪"中，其中第三章规定罚金刑的条文共 76 条，占该章的 82.6%，占全部罚金刑总数的 54.3%；第六章共有 46 个条文规定了罚金刑，占该章的 50.5%，占全部罚金刑总数的 32.9%。可见，罚金刑在我国现行《刑法》中的地位貌似突出，实际上数量少、比例小、范围窄，分布极不均匀，远不及有期徒刑，这显然不能适应刑罚由重刑结构向轻刑结构[2]发展的世界趋势。罚金刑主要适用于性质轻微的具体犯罪行为，在我国罚金虽表现为金钱，但并不代表它只能与经济犯罪和贪利犯罪之间建立必然联系。罚金刑作为一种刑罚方法，主要是一种对付轻罪的刑罚，而上述两章犯罪并不能完全代表

---

〔1〕 如 2002 年实施的《蒙古国刑法典》第 232 条规定：意图阻止公职人员执行公务或者改变其公务性质，以及妨碍公民制止犯罪或者违法行为，以杀害或者伤害相威胁，或者造成身体微伤或轻伤，处以最低工资额 100 倍以上 250 倍以下罚金，或者 250 小时以上 500 小时以下强制劳动，或者 1 个月以上 3 个月以下监禁，或者 2 年以上 5 年以下徒刑。

〔2〕 参见储槐植：《试论刑罚机制》，载杨敦先、曹子丹主编：《改革开放与刑法发展——1992 年刑法学术研讨会论文精选》，中国检察出版社 1993 年版，第 148 页。

我国《刑法》规定的轻罪。因此，完全有理由将罚金刑适用于非经济类与非贪利型犯罪行为。

借鉴国外刑事立法并结合我国审判实践，进一步扩大罚金刑的适用范围。在现代刑罚轻缓化、非监禁化和人道化的刑罚理念背景下，提高罚金刑的地位，扩大罚金刑适用已在全世界范围内达成共识[1]，尤其应当扩大对过失犯罪、性质较轻犯罪的罚金适用范围。从罪过形式上看，罚金刑主要适用于故意犯罪，基本排斥了对过失犯罪的适用，[2]这种罚金适用制度违背了罚金刑的本意。主观罪过形态是区别轻罪与重罪的一个重要标准，尽管过失犯罪可能造成非常严重的危害后果，有时候这种危害结果甚至超过一些故意犯罪。但是，按照现代刑事政策理论，即刑法以处罚故意犯罪为原则，处罚过失犯罪为例外，因为在过失犯罪的情况下，犯罪人的主观恶性较轻，在教育刑兴起的背景下，对过失犯罪人判处罚金即足。

3. 扩大资格刑与非刑罚处理方法的适用范围

我国现行《刑法》的资格刑主要是适用于特定刑种、特定类型的犯罪。非刑罚处理方法，主要适用于情节轻微型的犯罪。资格刑、非刑罚处理方法对于轻刑化起到了重要作用，但也存在一定的局限性。主要是立法上适用的范围有限，特别是非刑罚处理方法适用范围更为有限。我国《刑法》中的主刑和附加刑，在刑法分则条文中均有所体现，而非刑罚的处罚方法在分则条文中则根本没有体现，这直接导致在司法实践中非刑罚处理方法的适用比例不大。

鉴于此，在采取犯罪分层[3]的基础之上，对罪行较轻、罪

---

〔1〕 邓文莉：《罚金刑配置模式之研究》，载《法学评论》2008 年第 4 期。
〔2〕 参见官厚军：《刍议我国罚金刑之完善》，载《法学论坛》2006 年第 4 期。
〔3〕 关于犯罪分层，下文将展开讨论，故此处不赘言。

行轻微的犯罪增加资格刑、非刑罚处理方法的配置。在瑞士刑法分则的220多个条文中，就有130多个配有罚金刑，其中，单科以拘役或轻惩罚选科罚金的共有120多个条文。对于轻微罪的立法，我国可以借鉴以上这种方式。有学者也建议，对于轻微罪，可以加强非刑罚处罚措施的运用，并增加资格刑和罚金在刑法条文中的配合。[1]这里的"轻微罪"大体相当于本文所主张的罪行较轻、罪行轻微的犯罪。对于这些犯罪，可以在刑罚的基础上，另外增置非刑罚处理方法，以体现对轻微罪的刑法应对。

（二）具体刑罚制度的调整

按照现行《刑法》规定，我国刑罚分为主刑和附加刑，除此之外，刑法还规定了非刑罚处理方法。[2]但是，对上述三种犯罪予以应对的手段在不同程度上均略有严苛的痕迹，这与轻刑化的理念及其实践相悖，应当做出相应的调整。

1. 生命刑的限制

在生命刑方面，应当减少死刑罪名和限制死刑适用。同时，还要注意以下几点：一是要充分发挥死刑缓期执行制度的替代作用，只要不是必须立即执行的，应当增加死缓制度的适用力度，从实质上限制死刑的适用；二是严格执行死刑复核制度、排除合理怀疑的证据制度，为控制死刑提供司法程序上的有力保证；三是调整死刑执行制度，主要是延长死刑判决生效与执行之间的时间间隔，进一步细化生效的死刑判决的核实程序和核实内容，为司法实践中减少冤假错案提供一个合理的时间缓

---

〔1〕 参见蔡军：《刍议入罪慎行与严密法网二律背反之化解》，载《江西社会科学》2013年第6期。

〔2〕 参见高铭暄、马克昌主编：《刑法学》（第5版），北京大学出版社2011年版，第230~249页。

冲地带。

2. 剥夺自由刑的调整

我国《刑法》中的自由刑分为限制自由刑和剥夺自由刑两种类型，相比前者而言，无期徒刑、有期徒刑是剥夺自由的刑罚，这与轻刑化的要求有些抵牾，应作出相应的调整。

（1）无期徒刑的调整。无期徒刑是一种十分严厉的刑种。我国的无期徒刑虽名为无期，但实为有期。有学者主张，国家应当将之作为处罚犯罪分子的最后手段的一种来适用于那些危害最严重的犯罪，立法上应当慎重控制无期徒刑的适用范围，在执行上对无期徒刑的判刑作出比较明确的、严格的限制。[1] 在我看来这种见解无疑是正确的。在此基础上，既然将无期徒刑定位为死刑与有期徒刑之间的一种刑罚，无期徒刑的实际执行刑期就应当高于有期徒刑，包括数罪并罚下有期徒刑的刑期。如果无期徒刑的刑期反而低于有期徒刑，那么刑法设立此一刑种的初衷就被违背了。此外，我国《刑法》中的无期徒刑的实际执行刑期是由司法解释来细化的，这显然是不合适的。因此，相对于限制适用范围与限制无期徒刑的减刑等措施而言，在法律上对无期徒刑的行刑期限做出制度化的规定，显然是更为紧要的，而后才有限制无期徒刑、限制无期徒刑减刑的问题，否则一切的讨论都是空中楼阁。

（2）有期徒刑的调整。我国有期徒刑的法定最高刑基本上能够满足司法实践的需要，而《刑法》规定的有期徒刑的幅度确实需要进行调整。有期徒刑的幅度过于宽泛，既不利于公正价值的实现，也容易滋生司法腐败。为了规范量刑，最高人民法院出台了《关于常见犯罪的量刑指导意见》，对比较常见的15

---

〔1〕　参见马克昌：《刑罚通论》，武汉大学出版社1999年版，第154~155页。

种犯罪进行了细化。但是一方面，这种方式缺乏法律依据，因为刑期的长短本应由法律规定，由司法机关出台文件属于于法无据，另一方面，绝大多数的犯罪仍然没有量化，在司法实践中难免出现个案落差或标准不一等现象。鉴于此，应当由立法机关出台法律文件，对个罪的量刑进行规范。关于规范量刑的官方文件，可以是单行法律文件，也可以将之纳入刑法体系本身。唯此才能尽可能地避免各种乱象的滋生。

3. 财产刑的调整

我国《刑法》中的财产刑分为罚金刑和没收财产刑。

（1）罚金刑的调整。现行《刑法》规定，判处罚金，应当根据犯罪情节决定罚金数额。在这一原则的指导之下，刑法分则针对个罪分别采取了倍比罚金制、限额罚金制和无限额罚金制。[1]现行罚金刑的弊端主要体现在法律没有明确的限制、不能体现公平价值观念、执行难三个方面。针对罚金刑，建议做以下修改：

---

〔1〕 倍比罚金制是指以与犯罪行为有关的某一数额为参照，判处犯罪人无偿缴纳该数额数倍或一定百分比金钱的罚金制度，例如生产、销售伪劣产品罪。限额罚金制是指规定一定的罚金数额，在法定的数额幅度内，由人民法院根据具体案件情况确定数额的罚金制度，例如持有、使用假币罪。限额罚金制对罚金的上限和下限均作了规定，其优点是明显的，可以适应具体案件需要，灵活判处相应数额的罚金。无限额罚金制是指在刑法条文中对罚金数额上限不做出具体规定，而完全由审判人员根据具体犯罪行为的情节以及其他因素确定数额的罚金制度，例如强迫交易罪。最高人民法院于2000年11月15日通过《关于适用财产刑若干问题的规定》，根据该规定，人民法院应当根据犯罪情节，如违法所得数额、造成损失的大小等，并综合考虑犯罪分子缴纳罚金的能力，依法判处罚金。刑法没有明确规定罚金数额标准的，罚金的最低数额不能少于1000元。对未成年人犯罪应当从轻或者减轻判处罚金，但罚金的最低数额不能少于500元。无限额罚金制规定的罚金刑实际上只有下限，没有上限。在《刑法》分则规定罚金的条文中，近2/3采用了该模式，尤其是对单位犯罪的规定，除了逃汇、骗购外汇罪采用的是倍比罚金制外，其他均采无限额罚金制。这种规定方式虽然可能会满足罪责刑相适应的需要，但是其弊端也是极为明显的，即极易造成司法实践不统一和对罪刑法定原则的悖反。

第一，取消无限额罚金制，确立以倍比罚金制为主导的罚金适用制度。刑法应当具有可预见性，这是罪刑法定原则的必然要求，而无限额罚金制使刑罚变得"威不可测"，使行为人所受刑罚处于不可预测状态。虽然无限额罚金制可以使法官根据犯罪人的犯罪情节、经济状况等因素决定罚金数额，但完全没有上限约束，裁判富有极大的主观随意性，影响司法的统一性、严肃性和公正性，也极易滋生司法腐败。基于此，应废除无限额罚金制，形成以倍比罚金制为主的罚金刑体系。[1]当然，不容忽视的问题是倍比罚金制有时可能难以操作，如操纵证券、期货交易罪的罚金是"并处或单处违法所得一倍以上五倍以下罚金"。但是，如果庄家操盘没有获利或者亏本，则将无法适用。或者有违法所得，但数额畸高，远远超出犯罪人的支付能力，导致执行落空。因此，我国现行《刑法》中的倍比罚金制还有待于完善，比如数额确定的基准应当以什么为依据，如何合理调整倍比罚金制的上限、下限和幅度等。

第二，增设日额罚金制。日额罚金制，又称为日付罚金制，是指按照所确定应缴纳罚金的天数和每天支付数额，逐日交付罚金的制度。由于我国单处罚金的情况较少，公民的收入渠道较单一与稳定，家庭结构（三人制）日趋单一等方面的原因，日额罚金制的实施在我国存在现实可能性。[2]日额罚金制最大的魅力主要的不在于它的可能性，而在于其本身具有的执行方面的优势，即一方面，它可以使犯罪人"量力而出"，达到刑罚报应和个别预防的目的；另一方面，它能够在实质上破除罚金

〔1〕　蔡雅奇：《我国现行罚金刑的缺陷及其完善略论》，载《法制与社会》2007年第12期。
〔2〕　参见张明友、罗大成：《论我国刑法中的罚金刑》，载《重庆文理学院学报》2008年第3期。

刑本身所固有的不平等性。当然，在天数和日支付数额的确定等立法方面，尚需要理论和实务的进一步探索。

第三，增设罚金刑的易科制度。罚金执行难是我国也是各国罚金刑问题上的一个痼疾，为此有必要引入罚金刑易科制度。罚金刑之所以能成为短期自由刑的重要替代手段，主要是社会责任思想的勃兴、刑罚经济思想的兴起等原因。[1]罚金刑易科，是在替代不能的情况下，还原为其本来应当适用的短期自由刑，或者以其他的处罚措施进行再替代。具体做法有如下几种：一是易科自由刑，主要是指易科短期自由刑。二是易科劳役。三是易科自由劳动，是指犯罪人在不能完纳科处罚金时，给犯罪人以自由劳动所得来偿付的机会。四是易科公益劳动，让那些不愿缴纳罚金或不能缴纳罚金的犯罪人，参加一定天数的社会公益劳动或社会福利义务劳动，以此作为罚金刑的替代。易科公益劳动与易科自由劳动相比，前者有一定的限制，后者允许犯罪人可以从事任何合法劳动。五是易科训诫，即以训诫代替罚金的执行，这尤其适用于小额罚金刑的易科。

（2）没收财产刑的调整。我国《刑法》中的没收财产，包括没收部分财产与全部财产两种。我国的没收财产主要适用于危害国家安全犯罪、贪利性犯罪（主要是第三、五、六章）。

针对没收财产刑的调整，主要如下：①取消没收全部财产的规定。我国《刑法》中的没收财产是具有惩罚性质的刑罚制度，与国外具有保安处分性质的"没收"存在本质区别。从立法上看，没收个人全部财产是不人道的；从司法实践来看，没收全部财产既可能因个人财产无法与共有财产区分而难以执行，也可能因机械执法造成侵犯他人财产。因此，有必要将没收财产限于没收行为人部分财产。②明确禁止没收的范围。即使是

---

〔1〕 杨凤宁：《罚金刑替代短期自由刑探讨》，载《法治论丛》2007年第1期。

最严酷的刑罚，也应当保留被执行人的基本人权。如果被执行人连基本的生活都无法维持，刑罚的报应目的难以实现。因此，在取消没收全部财产刑的基础上，有必要在没收财产刑罚中明确规定没收财产，应当保留被执行人的基本生活条件。③扩大没收财产刑的适用范围。没收财产主要适用于危害国家安全罪、贪利型犯罪。既然没收财产是一种刑罚手段，在取消没收全部财产、保留没收部分财产的前提下，就不应当将其限制在上述范围，而应当将其视为代替自由刑的一种刑罚方法，扩大适用于其他类型的犯罪。

4. 资格刑的改良

资格刑的目的在于通过限制、剥夺犯罪人相应的资格，防止其对国家、社会和他人造成进一步的侵害。因此，现行刑法将资格刑限于驱逐出境、剥夺政治权利，这显得过于狭隘。针对资格刑调整，主要应从以下几个方面进行：

（1）增加剥夺职业权、荣誉权、亲权等民事权的规定。从各国刑事立法来看，资格刑主要包括剥夺以下权利：一是选举权和被选举权；二是担任公职权；三是亲权和其他民事权；四是特定职业权；五是荣誉权；六是居留权。[1] 鉴于此，针对我国刑事实践中发生的利用职业、荣誉、亲权等民事权利而实施的犯罪行为，有必要通过刑罚方法剥夺其一定期限和范围的资格，防止其对国家、社会和他人造成进一步的侵害。

（2）限缩剥夺政治权利的剥夺内容。剥夺政治权利应当防止被滥用，仅限与犯罪相关的活动的一些权利，不应当限制对犯罪人的再社会化有意义的其他政治权利。例如，剥夺实施危害国家安全行为的人的政治权利，应当限制其利用公民权利发

---

〔1〕　参见马克昌：《刑罚通论》，武汉大学出版社 1999 年版，第 242~244 页。

表危害言论、出版危害出版物等行为，但是不应当限制其发表治疗癌症的方法的言论。

（3）设立部分剥夺资格的刑罚制度。我国的资格刑特别是剥夺政治权利，是全部剥夺的运作模式。实际上，剥夺某些政治权利可能是不必要，如果犯侮辱、诽谤罪，就连宪法赋予公民的言论、出版、集会、结社、游行、示威等自由权利都一并剥夺，既显得过分也无此必要。[1] 因此，有必要设立部分剥夺资格刑制度，即根据犯罪人的不同情况，剥夺其相应的法律资格。这既有利于发挥剥夺后的惩戒效果，也不限制其他方面。

四、犯罪分层与清晰犯罪梯度的建构

对于危害社会行为的制裁方式，我国目前采取刑罚制裁和行政制裁两种方式。前者主要依据的是刑法典，而后者依据的则包括《治安管理处罚法》等行政法律法规，采取的制裁方式也和刑罚措施具有一定类似性的罚款、治安拘留等，这就是二元制裁体系。但是，如果将这种具有类似性的制裁方式进行统一，用一元制裁的观念来审视和构建制度，这种观念可称之为"大刑法"，以有别于二元制裁体系中的"小刑法"。

然而，在"大刑法"之下，除刑罚圈的限缩、刑罚轻缓化外，仍然存在一个根本性的缺陷，也即缺乏对各种犯罪的区别对待，对于重罪轻罪没有合理的划分。现行《刑法》按照同类犯罪客体，将具体犯罪行为区分为十个章节。这能够反映刑法保护的法益存在差异，但却不能从刑罚轻重的角度来区分犯罪，不能为国家制订应对类似危害程度的刑事政策提供依据。实际上，在没有犯罪分层的前提下，难以体现刑法中类似严重社会

---

〔1〕 参见马克昌：《刑罚通论》，武汉大学出版社1999年版，第244页。

危害性的行为之间的关联，难以在刑事政策上对危害程度类似的犯罪采取对应的刑事政策。

因此，有必要在现有的按照犯罪客体不同，分门别类的排列犯罪的基础上，设立犯罪分层制度，为针对不同的犯罪采取相应的刑事政策提供规范上的依据，以提高打击犯罪的针对性、科学性，为刑事政策的制订和执行提供前提。

（一）犯罪分层及其标准

1. 犯罪分层理论的意义

在国内，由卢建平教授较早提倡犯罪分层理论，其主张应当对所有的犯罪，根据其严重的程度进行分层。[1]在宏观上明确各个层次罪行的出罪、入罪标准，根据不同等级罪行的严重程度配以不同级别的刑罚。在司法的层面上，该行为是否定性为犯罪，应当处以怎样的刑罚应当由司法机关统一裁决。根据不同程度的罪行，根据其发生的频率以及社会危害的程度，在不同级别的司法机关之间进行分工，严重程度越高，频率越少，刑罚也越重。

通过犯罪分层，可以使刑事打击的对象更趋于理性化、固定化，避免刑事决策的情绪化与非理性化，提高决策科学性与有效性。借此，可以改变刑事打击的运动式特点，从严打转向宽严相济，最大限度地减少严打的负面效应。犯罪分层，可以在严重犯罪和轻微犯罪之间合理分配司法资源，实现刑法效益最大化，并更好地保障人权，符合法治精神。通过犯罪分层，能够实现中国刑事政策与国际接轨。

此外，犯罪分层的制度还有利于贯彻轻刑刑事政策，推动我国刑法的轻刑化改革。在依法推动轻刑化的基础上，针对轻

---

〔1〕　参见卢建平：《犯罪分层及其意义》，载《法学研究》2008年第3期；叶希善：《论犯罪分层标准》，载《浙江师范大学学报》（社会科学版）2008年第2期。

罪，即罪行较轻、罪行轻微的犯罪，设置更便捷的审判程序、更短的审判期限、更方便的行刑地点、更轻缓化的刑罚执行程序等，以此为基础更有利于贯彻落实轻罪刑事政策，进一步推动我国刑法轻刑化的一体化改革。[1]

2. 犯罪分层的标准与视角

犯罪分层标准可以分为形式标准、实质标准两种。结合当前国家的刑法典分层标准，应当采取形式、实质双重分类标准。[2]

（1）形式标准。以形式为标准的分层主要考虑的是运用的刑罚之轻重。所谓形式标准，亦即最直观、明确的刑罚形式，就是用刑罚的类别、严厉的程度来为犯罪行为界定不同的层次，这是大多数国家所采取的标准。然而，形式标准也具有一定的缺陷性。

首先，其优点在于明确、直观。从主观上来说，对于刑罚的轻重能够容易认识与把握，不会在判断或者设置标准的时候产生歧义，并且可以消除模糊判断。但是，从另一个方面来说，这并不能在逻辑上完全成立，犯罪是否严重不应该取决于其被判处的刑罚之轻重，应当考虑的是犯罪的社会危害程度，用刑罚的轻重来决定犯罪的层次是因果倒置。但是反过来说，犯罪的刑罚程度是立法者对犯罪严重性的评价之一，不应该成为犯罪分层的唯一标准，因为对于立法者的评判，也应当拥有一把

---

[1] 参见卢建平：《犯罪分层及其意义》，载《法学研究》2008年第3期。

[2] 参见孙道萃：《犯罪分层的标准与模式新论》，载《法治研究》2013年第1期。论者认为，形式标准、实质标准都是实体法标准，应当倡导一种集实体法与程序法于一身的分层标准。也有论者主张，以法定刑为标准，对现行刑法中的犯罪进行分层。参见王文华：《论刑法中重罪与轻罪的划分》，载《法学评论》2010年第2期；徐岱、刘佩：《论犯罪分层理论的立法走向——以宽严相济刑事政策为视角》，载《北方法学》2010年第5期。对此，笔者将在后文详加探讨。

标尺进行衡量。

（2）实质标准。实质标准，即根据罪行的严重程度划分层级。严重程度是犯罪的社会危险性以及其程度在评价主体主观上的反应。严重是一个主观上的概念，是评价主体对犯罪行为的判断，主要指对犯罪行为的社会危害程度的判断。因此，犯罪分层所用的"严重程度"也具有主观判断的量的属性。我国学者白建军教授对涉案数额、情节轻重等进行量化的描述，并根据量化的描述来确定犯罪的严重程度。进言之，对罪量进行了三次分解，将变量分为被害人评价、国家评价、道德评价、结果、利益、行为这 6 个变量，并进而继续进行细分，分成 14 个变量，每一个变量都有相应的加权数值，将每一个数值相加，为每一个犯罪开出一张"报价单"。由此，进一步确定了"罪量综合指数"，对刑罚规定的 422 个原始罪量按其大小排序后进行简要的处理，最后定出十级。罪量的大小应当是量刑轻重的最直接的根据，这表现在其透明性及系统性。并且，罪刑之间应当是等罪等刑，异罪异刑。只有拥有了犯罪理论的"刻度"，也就能知道"等刑"之罪是否真的"等罪"。在发现不等之后，应当在立法上对于刑罚的轻重予以调节。在罪量的排序中，作为某个相对位置上的罪，应当与刑量排序中相应位置上的刑相对应，才是罪刑均衡的基本含义。法律的公正最终要体现在司法实践的个案公正上，把某个犯罪在"报价单"中的均衡性评价作为参考，适当调整具体案件的量刑。这就是在立法与司法之间、配刑与量刑之间进行的一种"依法微调"。[1]

（3）视角概述。关于评价的主体对于分层的标准也有很大的影响，立场决定主体评价的标准以及价值趋向。评价的主体，或评价的视角可以从三个层面进行观察。

---

〔1〕　白建军：《犯罪轻重的量化分析》，载《中国社会科学》2003 年第 6 期。

首先，是立法者的视角，即国家对犯罪的严重程度的判断通过刑法典的形式表现出来。除了通过刑罚的幅度表现犯罪的严重程度意外，还将犯罪根据其严重的程度分为若干层次，对于不同层次的犯罪实行不同的政策。在我国，并没有对罪行严重程度的评价。法定刑对于罪行的严重性评价虽然不能囊括所有，但却是对于犯罪严重程度的最重要的判断素材。一般将程度分为罪行轻微、罪行较轻、罪行较重、罪行严重、罪行重大、罪行极重 6 种。在进行细分可以分成 37 个档次。[1] 但是，国家的评价也仅仅是犯罪分层的评判对象，而不是标准。其次，是专家视角。专家的视角代表刑事法学者对犯罪严重程度的理性认识。它不同于国家视角或立法者视角的判断，目的在于检验国家或者立法者对犯罪严重程度的判断是否合乎理性与正当，因此，更具有批判性和正当性。最后，是民众的视角。民众的思维有比较多的感性色彩，因而会缺乏一致性，也会有失真的情况。应当在现有的立法角度上，以立法者的视角为主，辅以专家的视角，对我国现行刑事政策中的罪行进行合理的划分。将犯罪分层后，可以向民众征求意见。

（二）犯罪分层方法

学者们很早就有犯罪分层的设想。比如，贝卡里亚在《犯罪与刑罚》中提出罪刑阶梯的美妙构想，将罪责相适应分为三个阶段：一是初级阶段。罪与罪之间无相关性，变更某个罪的法定刑不需要考虑其他罪。二是中级阶段。将罪行轻重分成等级，除非改变某个罪的等级，否则法定刑的变动只能整体进行。三是高级阶段。不仅将罪行做轻重等级的区分，而且每项罪名之

---

〔1〕 赵廷光：《量刑公正实证研究》，武汉大学出版社 2005 年版，第 135~136 页。

间都有严格的轻重顺序。[1] 在此基础上，边沁对罪刑阶梯进行了进一步细化。[2] 我国有学者采用了这样的评价标准：法定刑上限相同的，以下限重者为较重之刑，反之下限相同的，以上限重者为重；上下限均不相同的，以上限重者为重，上下限均相同的，应以具有并处附加刑者为重，其中"应当"并处附加刑的重于"可以"并处附加刑的。[3] 除此之外，以上限较重为首要，下限较重为次要。比如，"7 年以上有期徒刑或无期徒刑"要重于"10 年以上有期徒刑"。上述理论，为对现行刑法中的犯罪进行分层提供了有益的启示。

1. 我国犯罪分层的学说探讨

我国现行《刑法》虽未对犯罪之轻重作出明确划分，但是，在刑法学界，却不乏相关方面的讨论。我国学者主要围绕是以法定刑抑或宣告刑以及刑期的高低两个方面对犯罪之轻重进行划分。[4] 目前，理论界颇具代表性的观点主要有以下几种：

（1）二分法。[5] 主要是依据法定刑或者宣告刑将犯罪分为轻罪和重罪两个层次，其中根据划分标准的法定刑或者宣告刑的不同，又可以分为"3 年说""5 年说"等类型。

在法定刑的观点中，第一类是"法定刑 3 年说"。有的学者认为，《刑法》第 67 条规定，犯罪以后自首且"犯罪较轻"的

〔1〕 参见郑伟：《重罪轻罪研究》，中国政法大学出版社 1998 年版，第 11~12 页。

〔2〕 参见［英］边沁：《道德与立法原理导论》，时殷弘译，商务印书馆 2000 年版，第 1 页下。

〔3〕 赵廷光：《论罪行》，载《中国法学》2004 年第 3 期。

〔4〕 参见叶希善：《犯罪分层研究——以刑事政策和刑事立法意义为视角》，中国人民公安大学出版社 2008 年版，第 325 页。

〔5〕 少数学者在二分的基础上，还对轻罪和重罪进行了二次划分，从轻罪中划分出微罪，但是这种微罪已经不具有独立的存在价值，其自身品格完全被轻罪所覆盖，故不划分为本报告中的微罪范畴。

可以免除处罚，暗示了可以从理论上将犯罪分为重罪与轻罪。区分重罪与轻罪应以法定刑为标准，而不宜以现实犯罪的轻重为标准。从《刑法》第 7 条属人管辖、第 8 条保护管辖、第 72 条缓刑等规定看，可以考虑将法定最低刑为 3 年以上有期徒刑的犯罪称为重罪，其他的犯罪则为轻罪。[1] 有的学者认为轻罪应当主要包括以下三类行为：《刑法》规定的法定刑最高为 3 年有期徒刑的部分犯罪；劳动教养处罚的部分行为；部分需要予以犯罪化的危害行为，例如见死不救等。[2] 有的学者指出，我国的重罪与轻罪的分界线以 3 年有期徒刑为宜，3 年以上有期徒刑的犯罪为重罪，其他犯罪则为轻罪。[3] 有的学者认为，应当以法定刑为标准，将法定最高为 3 年有期徒刑以下刑罚的案件确定为轻微犯罪。[4] 第二类是"法定刑 5 年说"。有的学者认为，应以 5 年有期徒刑作为轻罪与重罪的划分界限，法定最高刑为 5 年以下的有期徒刑为轻罪，法定最高刑为 5 年以上的有期徒刑为重罪。[5] 有的学者认为，应将我国《刑法》中的犯罪分为轻罪和重罪两种类型，法定最高刑为 5 年有期徒刑以下刑罚为轻罪，法定最低刑为 5 年有期徒刑以上刑罚的为重罪。[6]

在宣告刑的观点中，第一类是"宣告刑 3 年说"，有的学者认为，应当判处的刑罚为 3 年以上有期徒刑的犯罪可视为较重

---

〔1〕 参见张明楷：《刑法学》（第 3 版），法律出版社 2007 年版，第 91 页。

〔2〕 高长见：《轻罪制度研究》，中国政法大学出版社 2012 年版，第 214 页。

〔3〕 王文华：《论刑法中重罪与轻罪的划分》，载《法学评论》2010 年第 2 期。

〔4〕 王军、张寒玉：《公诉工作中对轻微犯罪实行轻缓刑事政策问题研究》，载《人民检察》2007 年第 4 期。

〔5〕 参见郑丽萍：《轻罪重罪之法定界分》，载《中国法学》2013 年第 2 期。

〔6〕 田兴洪：《宽严相济语境下的轻罪刑事政策研究》，法律出版社 2010 年版，第 61 页。

之罪，应当判处的刑罚不满 3 年有期徒刑的犯罪可视为较轻之
罪。[1]有的学者认为，将应当被判处 3 年有期徒刑以下刑事制
裁措施的犯罪作为轻罪处理，符合百姓的法律习惯，也符合国
家兼顾法律效率、公平的法治理念。轻罪是指应当被判处三年
有期徒刑以下刑事制裁措施的犯罪。[2]第二类是持"宣告刑 5
年说"，有的学者认为，鉴于我国整个刑罚设置偏高与偏重的现
状，可将应处 5 年有期徒刑作为重罪轻罪的分水岭，即应处 5
年以上有期徒刑、无期徒刑或者死刑的犯罪为重罪，应处 5 年
或者 5 年以下有期徒刑、拘役或者管制的犯罪为轻罪。[3]

（2）三分法。主要是依据法定刑或者宣告刑将犯罪分为微
罪或者轻微罪、轻罪和重罪三个层次，简言之：①在法定刑的
观点中，有的观点认为应以拘役刑、3 年有期徒刑为标准划分微
罪、轻罪、重罪。在我国刑法中，重罪和轻罪只是司法（和学
理）上的称呼，以法定刑 3 年有期徒刑为界，其上的称重罪
（重刑），其下的称轻罪（轻刑）。虽然法定刑 3 年以下有期徒
刑称轻罪，但是拘役比轻罪更轻，称作"微罪"应是理所当
然。微罪就是可处拘役或以下之刑的罪。"[4]②在宣告刑的观
点中，有的学者认为，应当以 3 年和 10 年为标准划分轻微罪、
轻罪、重罪。"将 3 年有期徒刑作为轻微罪和轻罪之间的界限
比较合理"，"将可能判处 10 年有期徒刑为重罪的起刑点更为
妥当。"[5]

---

〔1〕　周振想编著：《刑法学教程》，中国人民公安大学出版社 1997 年版，第
271 页。

〔2〕　杜雪晶：《轻罪刑事政策的中国图景》，中国法制出版社 2013 年版，第 11 页。

〔3〕　卢建平、叶良芳：《重罪轻罪的划分及其意义》，载《法学杂志》2005 年
第 5 期。

〔4〕　参见储槐植：《解构轻刑罪案，推出"微罪"概念》，载《检察日报》2011
年 10 月 13 日，第 3 版。

〔5〕　孙道萃：《犯罪分层的标准与模式新论》，载《法治研究》2013 年第 1 期。

（3）四分法。有的学者把犯罪分为四个轻重等级：微罪，最低一级（最轻微），属违警行为，最高处 5 天或 7 天监禁；轻罪，最高法定刑为 3 年或 7 年监禁；次重罪，最高法定刑为 10 年或 15 年监禁；重罪，最高一级（最严重），重罪再分为最重罪和一般重罪，最重罪最高处死刑，一般重罪最高处 20 年或 30 年剥夺自由刑。[1]

通过上述的梳理，可以看出，学界对犯罪分层的研究集中在划分标准是实质标准还是形式标准、划分的依据是法定刑还是宣告刑、划分的犯罪层次和界限等问题。然而，考虑到我国目前尚无犯罪分层的系统理论，所以犯罪分层不是建构性的理论，而是对现有刑法规范的解释工具，故需要结合我国现行《刑法》中的罪刑配置情况来进行犯罪分层。

2. 我国犯罪分层的应然构建

由于我国对犯罪层次的划分依然停留在学理层面，不具有规范意义，故而在犯罪层次的具体含义和范围上存在不同认识，也无可厚非。但是，仍有必要依照犯罪治理和刑法典自身的特点来选择适合我国《刑法》的犯罪层次概念和犯罪分层的划分标准。具体而言：

（1）坚持以实质标准兼顾形式标准的综合标准。在划分标准上，形式标准具有简洁明快、一目了然的特点，更利于操作，因此形式标准应是最为理想的。然而，从罪刑关系上来说，应当是"先有犯罪、后有刑罚"，故以刑罚轻重来先行对犯罪进行描述，则是倒置了因果关系。[2]实质标准认为，"对处刑之轻重

---

〔1〕 参见叶希善：《犯罪分层研究——以刑事政策和刑事立法意义为视角》，中国人民公安大学出版社 2008 年版，第 325 页。

〔2〕 参见孙道萃：《以罪制刑的理论视域及反思》，载赵秉志主编：《刑法论丛》（第 37 卷），法律出版社 2014 年版，第 58 页。

起支配作用的，应当是犯罪的严重程度"[1]，只有通过严重程度标准才能从本质上揭示一种犯罪为何成为重罪的缘由。然而，犯罪的严重程度并非逻辑判断，而是纯粹的价值判断，评价主体的立场和标准的差别，将会导致对犯罪严重程度完全不同的评价结论；"严重程度"以及相类似的"严重性""社会危害性"等表述也具有相当的模糊性。因此，单纯使用实质标准，难以对犯罪进行明确、有效的界定。只有兼顾形式标准和实质标准，方才能实现对犯罪的合理分层。

（2）以宣告刑作为犯罪分层的标准。法定刑标准说认为，应当以法定刑为标准划分犯罪，法定刑的高低就表明了刑法对犯罪行为的类型化，法定刑高的表明罪行就重，法定刑低的表明罪行就轻，"法定刑是衡量和区分罪行轻重的唯一标准"[2]，"根据每个罪的法定刑幅度和刑种，就能看出它的轻重"[3]；宣告刑标准说认为，应以宣告刑为标准来划分犯罪。[4]有学者认为，以法定刑标准则存在"恶法亦法"的危险。"如果立法者对犯罪的严重程度进行了充分的研究，最后取得相对一致的看法并被立法者吸收的话，这种危险就趋于最小或不存在；如果没有经过研究，仅仅凭借立法者——极少数人——的主观判断，那么对犯罪的严重程度的判断极可能出现'恶法'现象：把严重程度低的犯罪规定为严重程度高的犯罪，把严重程度高的犯罪规定为严重程度低的犯罪甚至无罪。"[5]有的学者认为，"每

〔1〕　[法]卡斯东·斯特法尼等著：《法国刑法总论精义》，罗结珍译，中国政法大学出版社1998年版，第183页。

〔2〕　参见赵廷光：《量刑公正实证研究》，武汉大学出版社2005年版，第110~111页。

〔3〕　赵秉志主编：《刑法新探索》，群众出版社1993年版，第336页。

〔4〕　见前述关于犯罪分层的有关引注。

〔5〕　叶希善：《犯罪分层研究——以刑事政策和刑事立法意义为视角》，中国人民公安大学出版社2008年版，第86页。

个国家的每部《刑法》都为每一犯罪配置了高低不等的法定刑，也即标明了每个罪行轻重的法定刑读数。但由于这些读数从来没有说明过求解的方式和程序，因此，无从解释每一读数的由来和读数之间的差异。"[1]

综上，应当以宣告刑为标准对犯罪进行划分，以法定刑为准的犯罪分层在一定程度上显露出僵化的倾向，在转换为司法视野下的犯罪分层时，可能面临分层理解错位的窘境。立法者和司法者的视角不同，但是立法者的犯罪分层观念需要转换为司法者，否则犯罪分层的初衷无法实现。对于司法者而言，如果仅仅按照法定刑来考察犯罪分层，这其实意味着因果关系的颠倒。司法者的最终任务是定罪量刑，法定刑是定罪后的量刑凭据，是过渡到宣告刑的"基准"。司法者在法定刑的基础上，还要考察犯罪行为人的罪过、主观恶性、人身危险性、情节等因素，刑罚只有最终被宣告以后，才具有真正考量犯罪轻重的效用。犯罪本身就是一个动态的过程。各地由于经济社会发展情况不同，犯罪的形势和特点各不相同，用简单的法定刑标准肯定无法客观反映微罪、轻罪、重罪的实际情况，尤其是在刑事政策的角度来看，必须通过宣告刑来实现对特定犯罪的刑事打击和预防。

（3）以宣告刑是1年和5年有期徒刑作为微罪、轻罪和重罪的划分界限。犯罪分层是一个价值判断，在轻罪与重罪的划分界限上，究竟以怎样的刑度作为标准，难以通过演绎推理来论证。在理论上，往往将最高刑为有期徒刑3年以下的犯罪认定为是轻罪，[2]主张重罪应当是法定刑为3年以上的犯罪。从

---

〔1〕 赵廷光：《罪刑均衡论的兴衰与罪责刑均衡论的确立》，载《山东公安专科学校学报》2003年第4期。

〔2〕 储槐植：《解构轻刑罪案，推出"微罪"概念》，载《检察日报》2011年10月13日，第3版；张明楷：《刑法学》（第4版），法律出版社2011年版，第94页。

刑罚轻缓化的角度分析，这是合理的结论，但是由于我国长期以来实行的重刑主义，且缺乏立法层面的重罪、轻罪概念，故只能从司法现状及其实践样态中寻求合理的界定标准。结合我国的立法与司法现状，应当将应处 5 年以上有期徒刑、无期徒刑、死刑的犯罪划定为重罪，应当将处 1 年以上不满 5 年有期徒刑的犯罪划定为轻罪，应当将处 1 年以下（不含 1 年，下同）有期徒刑、拘役、管制以及单处附加刑的犯罪划定为微罪。

第一，关于重罪和轻罪。以 5 年有期徒刑为界主要出于如下考虑：其一，我国司法统计的惯例。中国法律年鉴和最高人民法院历年的犯罪案件统计数据，都采用 5 年有期徒刑作为分界线来划分轻重犯罪。虽然司法统计中没有明确采用轻重罪的概念，但是将 5 年以上有期徒刑、无期徒刑和死刑作为一个统计口径，因此在司法实践中，对重罪的界定应当是以 5 年有期徒刑为界限的。其二，考虑重罪在犯罪整体中的比例的结果。微罪、轻罪和重罪的比例是相对应的，在一定的犯罪空间下，重罪占据的空间应当也是特定的，根据中国法律年鉴有关数据，2008—2012 年，全国法院审理刑事案件生效判决中 5 年以上有期徒刑、无期徒刑、死刑案件判决人数占全部生效判决的百分比分别为：2008 年 15.77%，2009 年 16.30%，2010 年 15.81%，2011 年 14.21%，2012 年 13.48%，从这些数据可以看出，以 5 年为界，可以将 80% 以上的案件作为轻罪、微罪处理，大体上符合"二八理念"[1]，有利于明确刑法的打击重点，提高司法效率。

之所以将宣告刑是 5 年有期徒刑作为区分轻罪和重罪的刑度界限，从某种程度上是对当前司法惯例，特别是司法统计现

---

〔1〕　即运用 20% 的精力（或力量）办好 80% 的常规性事情；拿出 80% 的精力（或力量）研究解决 20% 的疑难（非常规性）问题。胡崇安：《"二·八"理念视野下的轻微刑事案件快速审理》，载《中国检察官》2009 年第 3 期。

状的一种"迁就"，所以并不意味着这种刑度的划分就是科学合理的。从长远来看，在刑罚整体趋轻以后，用宣告刑是 3 年有期徒刑作为划分依据，更有利于实现刑罚轻缓化。因此，在将来的司法统计中，最高司法机关应当将 3 年有期徒刑而非 5 年有期徒刑作为划分轻罪和重罪的刑度依据，以此实现和刑法规范及刑法学界通行观点的对接；而且，在修订立法和起草司法解释的过程中，如果为了体现轻罪和重罪在具体刑法制度上的差异，也应当将 3 年有期徒刑作为划分的依据。

第二，关于微罪和轻罪。以 1 年有期徒刑为界进行划分，主要出于以下考虑：在宽严相济刑事政策推行以后，我国的刑事立法、司法领域开始在实体与程序两个层面积极探索轻微犯罪的特殊处理机制。2012 年《刑事诉讼法》第 271 规定："对于未成年人涉嫌刑法分则第四章、第五章、第六章规定的犯罪，可能判处 1 年有期徒刑以下刑罚，符合起诉条件，但有悔罪表现的，人民检察院可以作出附条件不起诉的决定。"2014 年 6 月 27 日，全国人大常委会通过了《关于授权最高人民法院、最高人民检察院在部分地区开展刑事案件速裁程序试点工作的决定》，对于部分案件进一步简化刑事诉讼法规定的相关诉讼程序。[1] 这一决定明确了在简易程序之下，对更加轻微的刑事案件，开展速裁程序试点。虽然这是试点，但是，从立法机关和司法机关所认定的轻微案件的范围限定看，对微罪的立法、司法共识是可能判处 1 年有期徒刑以下的刑事案件。

---

[1] 具体的案件类型是：对事实清楚，证据充分，被告人自愿认罪，当事人对适用法律没有争议的危险驾驶、交通肇事、盗窃、诈骗、抢夺、伤害、寻衅滋事等情节较轻，依法可能判处 1 年以下有期徒刑、拘役、管制的案件，或者依法单处罚金的案件。

第五章

我国轻刑化的改革方向（下）
——刑事程序、犯罪附随后果及配套措施

　　我国轻刑化改革是一个系统工程，不仅需要犯罪分层观念等方面的支撑，而且还需要刑事程序的完善、犯罪附随后果的改革以及相关配套措施跟进，为轻刑化推进创造良好的制度保障和便利条件，从而更好地促进轻刑化的贯彻落实。

一、刑事程序制度的完善

（一）刑事诉讼程序的分流

　　刑事程序分流制度在世界各国已有不同程度的发展。在我国，职权主义诉讼的影响仍然深刻，刑事司法活动仍然在相当范围内继续固守着有罪必罚、严格追诉的国家本位型程序模式，长期以来的"严打"刑事政策和居高不下的羁押率等便是例证，这不利于惩罚犯罪与保障人权的并重及其实现。同时，随着恢复性司法理念的兴起和报复性正义理念的开始衰落，传统的刑罚功能引起了广泛而深刻的反思，刑罚作为犯罪的责任实现方式不再拥有天然的正当性。在现代刑事法学观念中，国家对于犯罪人的论罪科刑，不仅应注重对犯罪人的处罚，而且更应注重刑罚的效果。[1]

---

　　〔1〕　张菲菲：《刑事诉讼审前分流程序的构建》，载《江苏警官学院学报》2009 年第 2 期。

在刑事诉讼中，如果对每一起案件都采用普通程序，经历侦查、起诉、审判三个阶段，势必会增加司法资源的消耗，刑事司法系统也会不堪重负。因此，可以借鉴西方国家的程序分流机制并结合中国国情，我国的程序分流主要有两种类型：一种是审前分流，即在侦查或起诉阶段中，以适当方式对符合条件的案件作出处理，并施以非刑罚性的处罚，从而不再提交法庭审判；另一种是审判分流，在审判阶段，适用较普通审判程序更简易的程序，对案件进行审判的诉讼制度。这两种类型涵盖了我国刑事诉讼的三大阶段。

1. 侦查阶段的分流

在国外，侦查阶段的分流主要体现为以下几类案件：一是轻微扰乱社会秩序的案件。在英国，警察会通过固定刑罚或当场处罚方式处理一系列机动车轻微犯罪的案件。在日本，对违反道路交通安全法而未造成严重后果的违章行为，可由警察处以交通违章，而无须进入审判程序。二是轻微犯罪案件。在英国，对于大多数的轻微犯罪案件，警察会以警告或告诫的方式进行分流。在荷兰，轻罪是不能够被判处监禁判决的，一般都是由警察直接处理即可。三是严重犯罪案件。在荷兰，重罪一般会处以罚金或者监禁，但是有些案件也可以直接由公诉人处理或者由警察处理，在庭审之前就会被分流。四是特殊类型案件。如未成年人犯罪案件、精神病人犯罪案件、毒品案件等。在德国，初犯的少年及未成年人在作为刑事犯罪嫌疑人接受第一次讯问时，可由警方给予警告的处分即可。在英国，对于有精神疾病的犯罪者，警方可交由健康机构处理。

（1）侦查分流的内容。它主要是指具体的分流方法，即犯罪嫌疑人应在特定的时间地点如何行为。我国的程序分流设计并不完善，因此在这里主要借鉴国外的做法，包括警察警告、被害人-犯罪嫌疑人调解程序、社会公益服务。具体而言：

第一，警察警告，关注的核心是通过组织者的功能，让犯罪人感受到其行为的错误，促使其内心形成正确的认知，从而帮助其进行改正；同时也可以避免法庭审判对犯罪嫌疑人本身的价值造成打击。一般是指在一定范围内对犯罪嫌疑人的行为进行训诫并警告，对其犯罪行为进行记录以便其再犯时作为宣判依据。警察警告的实施对象主要是青少年犯罪嫌疑人。

第二，被害人-犯罪嫌疑人调解程序，是指在侦查机关的主持下，通过双方的交谈让被害人的疑问得到解答，从而双方达成谅解、补偿协议的一种程序。在该程序中，侦查机关最需要做的是提供一个可以充分沟通的对话环境。它的目的是满足被害人补偿的需要，这已经在我国的刑事和解制度中有所体现。而且，可以针对实际情况采取经济补偿等方式，帮助被害人减轻损失。侦查机关可以针对该种分流方式进行登记以备日后审判作为依据。

第三，社会公益服务，主要适用于侵犯了公共利益的轻微刑事犯罪。侦查机关可责令犯罪嫌疑人在法定期限内为社会公益事业提供一些法律规定的服务性业务。在执行完毕前，由社区或民间组织对该犯罪嫌疑人的行为作出考核、评价等结果，并将结果上报侦查机关，作为是否采取进一步处罚措施的参考意见。社区公益服务作为一种矫治方式不是用来给犯罪人带来屈辱感和负罪感，该种做法在我国的社区矫正制度也被吸收。

（2）目标性定位。我国侦查阶段实行程序分流要实现"效率"与"公正"两大目标。为此，需要有主体性定位、程序性定位、范围性定位、内容性定位作为目的性规范。

第一，依据我国的司法实践，应该对侦查阶段"程序分流"的主体分为三类，分别是决定主体、监督主体和参与主体。决定主体应当为侦查机关，侦查机关作为侦查权的享有者对犯罪案件的性质和罪行的严重程度有着最权威的把握，能清楚地判断该案是否有实行"程序分流"的必要和条件。监督主体应当为检察机关，检察机关是我国法定的法律监督机关，可依法对各类诉讼活动进行法律监督，由它来对侦查机关的分流决定进行监督符合其自身性质和工作任务。参与主体应当为犯罪嫌疑人、辩护人和被害人。

第二，"程序分流"在侦查阶段上是一种"轻罪不处罚"的体现。所以，在适用的过程中，应规定严格的程序以保证该措施不被滥用，不要使其变为缺乏监督制约的处分措施。在侦查阶段的"程序分流"中，应当设置严格的审查报批程序。具体承办案件的侦查人员应当听取犯罪嫌疑人和被害人双方的意见，并出具书面申请报告。人民检察院认为分流决定不适宜的，有权要求侦查机关说明分流的理由和依据，认为理由和依据不充足的，人民检察院有权撤销分流决定继续诉讼程序。

第三，关于劳动教养制度是否实际承载了部分程序分流的功能。劳动教养制度为我国所独创，其不仅适用于一般违法，而且也适用于部分已经构成犯罪，但情节轻微依法需要判处刑罚的行为。但是，从本质上来看，劳动教养制度与西方各国实行的程序分流制度还是有明显区别的。劳动教养制度从性质来看是一种行政处罚措施，目的在于对行为人的违法犯罪行为进行惩戒。但是，它在具体实施中出现偏差，有的严重背离了其初始宗旨和制度创建目的，片面强调加大惩戒力度，一些劳教案件的办理甚至比较随意，严重背离了程序分流的方向，废止劳动教养的利大于弊。

（3）构建设想。

首先，在立法上肯定公安机关分流案件的权力，并划定分流的范围。对于疑罪案件，规定事实不清、证据不足，经法定补充侦查程序仍然不符合起诉条件的，以及符合我国《刑事诉讼法》第15条规定的情形的案件，应当作撤销案件处理。对于轻罪案件，分流的范围应当考虑如下几点：其一，犯罪的情节。罪行轻微可以免除刑罚的案件；对于初犯、偶犯以及刑法所保护的未成年、老年人、残疾人等，如果罪行稍重，仍可考虑进行宽大处理。其二，主观条件。犯罪嫌疑人应当承认自己的罪行，有认真悔罪的情节，并愿意通过其他方式弥补自己对法益所造成的侵害。该程序可以由公安机关自行提出，也可以由犯罪嫌疑人自行提出，在考虑犯罪嫌疑人、被害人的利益后作出决定。

其次，针对轻罪的案件分流之后，应考虑如下举措，化解矛盾，使犯罪嫌疑人回归社会：针对未成年人予以警告；针对有特定被害人的案件予以调解；针对无特定被害人的案件，责令犯罪嫌疑人参加社区服务。分流后的惩罚应当全部保存记录，以影响再犯时检察官的起诉及作为法院对其定罪的证明。

最后，设置监督机制，规定当事人的权利救济程序。我国的侦查权实行双轨制，公安机关与检察机关对自侦案件都有侦查权，而公安机关受检察机关监督、检察机关受上一级检察机关监督。因此，在做出程序分流决定时，公安机关应报请同级检察机关参与监督，检察机关自侦的案件应报给上级检察机关批准并接受监督。对于被害人不满意分流决定的救济，可以有三种途径：申请上级公安机关进行复议；申请检察院进行监督；撤销后的案件符合自诉条件的可以依法向法院起诉。而犯罪嫌疑人认为应当撤案未撤案的，也可以申请上级公安机关复议或检察院监督。

2. 审查起诉阶段的程序分流

审查起诉是刑事诉讼的重要环节，具有衔接侦查活动和审判活动的特殊作用，因此，审查起诉阶段的程序分流不仅客观存在，而且可以发挥特殊的作用。

（1）完善酌定不起诉的适用。

第一，应当适当扩大酌定不起诉的适用范围。不起诉制度的程序分流价值，主要体现在酌定不起诉的程序分流功能上。原《刑事诉讼法》第173条将"犯罪情节轻微"和"依照刑法不需要判处刑罚或者免除刑罚"并列为酌定不起诉的实体条件，难免在失之严苛的同时过于模糊，而且2012年《刑事诉讼法》并未修改。但是，为了强化不起诉制度在公诉程序分流中的作用，必须明晰和相对扩大不起诉制度的适用范围，这既是主要法治国家的做法，也是我国司法实践的需要。对于酌定不起诉的范围，可以做较宽的解释，即无论何种罪名，是轻罪或重罪，只要属于"犯罪情节轻微"，就可以适用酌定不起诉。[1] 至于如何定义"犯罪情节轻微"，可以将其限定在依法可能判处3年以下有期徒刑、拘役或者管制，并处或者单处罚金的案件。这不仅可以将酌定不起诉的适用范围扩大，而且扩大范围是明确和适度的，既能够很好地发挥酌定不起诉的作用，提高诉讼效率、解决社会纠纷，又在达到教育、改造犯罪者的目的的同时还有助于其重返社会。

第二，简化程序，保障当事人的参与权。程序的公正设置是保障案件实体公正的重要条件，过于繁琐的程序不仅会延误公正的实现效果，而且导致程序的适用者望而生畏，不利于诉讼经济。我国现行的相关刑事诉讼法律规定的检察机关办案人员对案件作出酌定不起诉决定的适用程序过于复杂。因此，要推进不起诉制度的适用，必须完善适用程序。针对实践中广泛存在的不起诉案件一律经过检委会讨论决定的现象，应将一般

---

〔1〕 杨波：《起诉便宜原则的法理性透析》，载《当代法学》2002年第3期。

不起诉案件的决定权交由检察长决定，确属疑难、复杂、争议较大的案件，才需报检委会讨论决定。同时，要加强案件当事人的程序参与，考虑到酌定不起诉的适用与被不起诉人和被害人有着紧密的联系，酌定不起诉的过程应尊重被不起诉人的主体地位，将控辩合意制度适当地引入到酌定不起诉程序之中。酌定不起诉适用过程中也应充分重视被害人的知情权和程序参与权。

在实践中，由于检察机关在作出酌定不起诉时，往往不会去征求被害人的意见，而简单将不起诉决定予以告知，这使得被害人在大多数情况下难以接受不起诉决定。部分被害人不断向检察机关申诉，或向法院起诉、甚至四处上访告状，所以检察机关应当在作出不起诉决定前充分听取被害人的意见，保障其知情权和参与权，做好释法说理工作。在必要时，还可以召开酌定不起诉听证会，广泛听取侦查人员、犯罪嫌疑人及其辩护人、被害人及其诉讼代理人和人民监督员对案件是否起诉问题的意见和理由。

第三，健全和完善不起诉制度适用的配套措施。

首先，改革不起诉制度的专项考评考核机制。检察机关的内部考评考核机制，与检察官的切身利益休戚相关。从微观层面讲，不起诉制度的考评考核机制往往决定了检察官是否愿意或敢于对特定案件作不起诉处理，尤其是那些存有争议的案件。因此，检察机关应当改变目前存在的以不起诉案件数量进行考核的内部机制，代之以过错责任为标准的科学、合理的考评，将考核的重点从不起诉率转移到不起诉理由是否充分、是否存在违法违规。唯此才能改变检察干警存在的"不起诉要做很多工作，承受各种风险，不如直接起诉简单方便"的观念，提高积极性。

其次，建立司法替代支付制度。被害人是否获得赔偿，是影响不起诉制度适用以及对特定案件作出不起诉处理，是否会引起申诉、涉检上访风险的重要因素。在实践中，被不起诉人往往因为经济困难无法迅速对被害人作出赔偿，为此可以建立司法替代支付制度。先由财政对未能获得被追诉人赔偿的被害人予以救助，然后再由有关机关向被不追诉人追偿。

最后，建立不起诉案件回访考察机制。不起诉案件回访考察机制，是指检察机关在做出酌定不起诉后，在一定时间内对被不起诉人进行考察、帮助、教育的一种制度。通过回访被不起诉人，使被不起诉人回归社会后能够继续得到关心、帮助，从而有助于走出心理阴影，尽快融入社会；通过回访被不起诉人，能够有效监督被不起诉人，督促其珍惜来之不易的机会，从而减少或杜绝重新犯罪；通过回访被不起诉人，总结不起诉工作中的经验，寻找问题，为以后的工作提供借鉴。回访被不起诉人，由承办案件的检察官、内勤和部门负责人进行，每年进行一次，向被不起诉人所在的派出所、居（村）民委员会和邻居了解被不起诉人回归社会后的表现，从中发现问题，解决问题，进而总结经验。

（2）完善未成年人附条件不起诉制度。

首先，预防和减少未成年人犯罪是一项社会系统工程，需要在党委领导和政府支持下，全社会共同参与。积极动员社会公益组织、有社会责任感的企业参与到社会支持体系的建立和完善中，为不具备帮教条件的涉罪未成年人寻找观护基地，共同对涉罪未成年人进行考察帮教。有条件的地方还应当探索建立种类繁多的观护基地体系，以实现对涉罪未成年人的个性化帮教。

其次，增加附条件不起诉的考察帮教人员，实现帮教人员联动负责。未成年犯罪嫌疑人所在学校、单位、居住地的村民委员会、居民委员会等的有关人员应当配合检察机关的考察帮教工作。对被附条件不起诉人的考察帮教是附条件不起诉制度的关键，关系到被附条件不起诉人能否真诚悔过、深入反省，也关系到其人身危险性是否降低，是否能避免再犯的可能。所以，应该引入社会力量对涉罪未成年人进行帮教，争取社会力量对未检工作的有力支持；对于有条件吸纳其他未成年人保护机构的检察机关，可以由人民检察院牵头成立考察小组，小组成员由案件承办人、司法社工、学校、其他社会帮教机构代表等组成，共同讨论拟定考察帮教计划及方案。人民检察院对于涉及对被附条件不起诉的未成年犯罪嫌疑人的矫治和教育工作，可以委托司法社工组织、观护基地、青少年心理健康咨询中心等专业机构进行，这些机构定期向人民检察院汇报考察帮教进展，人民检察院监督未成年犯罪嫌疑人履行义务、接受帮教的情况。

最后，在保证办案质量以及正当诉讼程序的前提下，尽量简化附条件不起诉程序，使办案人员从不必要的繁琐程序中解脱出来。建立相关考核和激励机制，调动办案人员办理附条件不起诉案件的积极性，从而确保附条件不起诉制度实施的动力源泉。

3. 审判阶段的分流与立法完善

审判阶段也是程序分流的一个重要阶段。但是，相比于侦查阶段和审查起诉阶段，审判阶段的程序分流有其特殊性，也即审判阶段的程序分流往往具有事后性和有效性，这是因为侦查活动和审查起诉活动已经在相当程度上确定了程序分流的"量"。尤其是当侦查活动和审查起诉活动的"程序分流"活动具有很高的质量和正确性时，在审判阶段进行大范围和大幅度的程序分流难度较大，也不现实。但是目前，我国正在推进"以审判为中心"的司法改革，所以，审判阶段还应当重视程序分流，并以此促成轻刑化的有效实践。

在审判环节，贯彻轻刑化理念需要严格依法定程序进行，既要遵循实体正义，也要坚持程序正义，二者不可偏废其一。从程序分流的"过滤"作用看，简易程序是审判阶段有效实现程序分流的重要方式，因为简易程序适用的案件往往是轻罪，而且一般属于事实清楚、证据充分、被告人认罪的。鉴于被告人认罪的悔罪事实，而且考虑到案情本身较为轻，所以对于这种轻罪案件，是推动轻刑化的重要环节，既不违背事实和法律，也可以获得双方的认可，因而适用简易程序有助于兼顾正义和效率之间的关系。

刑事简易程序的设计初衷是提高司法效率和节约司法资源。虽然1996年《刑事诉讼法》对简易程序做出了规定，但是随着案件数量的快速递增，各地的办案压力日益增大，使得已有的简易程序逐渐不适应实践需要。[1] 主要的一个问题就是，在新《刑事诉讼法》实施以前，在审判阶段有两种简易程序：一种是普通简易程序；另一种是认罪后的简易程序。在实践中，前者的案件适用一般为预期在有期徒刑3年以下，这是一个隐形的限制；后者在《关于适用普通程序审理"被告人认罪案件"的若干意见（试行）》中予以规定，但是由于最高人民法院、最高人民检察院、司法部《关于适用普通程序审理"被告人认罪案件"的若干意见（试行）》已经被废止了，使得适用范围更为有限。所以，各地在具体适用简易程序时较为谨慎，使得简易

---

[1] 参见高飞：《刑事简易程序改革与完善研究》，载《中国刑事法杂志》2008年第2期。

程序的适用率偏低。[1] 基于现实需要，扩大简易程序的适用范围是共识所在。

2012 年《刑事诉讼法》吸收了有关"被告人认罪案件"的司法解释的一些内容，扩大简易程序案件的范围，形成了统一的刑事简易程序。[2] 扩大简易程序的适用范围是为了提高司法效率，同时也是有效应对轻罪案件数量不断快速递增和轻罪案件占所有刑事案件总数的比例不断递增的必然举措。从简易程序的适用条件看，主要包括三个方面：一是案件事实清楚，证据充分的；二是被告人承认自己所犯罪行，对指控的犯罪事实没有异议的；三是被告人对适用简易程序没有异议的。所以，从这些适用条件的实质内容看，被告人所犯的罪行属于轻罪或轻微罪，与轻刑化的实践息息相关。而且，根据《刑事诉讼法》第 210 条的规定，可能判处的刑罚是否在 3 年有期徒刑以上或以下是决定是否在简易程序内继续简化及其程度的决定因素，所以简易程序是轻刑化实践的重要程序制度保障。更准确地讲，由于适用条件的认罪特殊性、案件范围的轻罪属性等，适用简易程序往往意味着在处罚上至少会从轻，甚至是减轻或者免除。

然而，根据现行法律的规定，适用简易程序是否会从轻处罚却缺乏相应明确的规定，实践中也缺乏一个统一的操作标准。因此，为了充分发挥简易程序的程序分流作用，尤其是发挥简易程序适用后可以从轻、减轻甚至免除处罚的特殊作用，从而扩大轻刑化的实践范围，应当从立法层面考虑确认适用简易程序可以考虑从轻处罚、减轻处罚、甚至免除处罚的司法观念，

---

〔1〕　参见宋英辉：《我国刑事简易程序的重大改革》，载《中国刑事法杂志》2012 年第 7 期。

〔2〕　参见杨雄、刘宏武：《论统一的刑事简易程序》，载《法学杂志》2012 年第 12 期。

对于轻罪案件或轻微案件，一般适用简易程序，只要在法律允许的范围内，应当考虑宽大处理，以从实质层面贯彻轻刑化的理念。只有将适用简易程序的法律后果明确界定为"轻刑化"，才能更好地贯彻犯罪分层观念的初衷，才能从审判阶段根据简易程序和普通程序的差异实现重罪和轻罪的划分，进而为审判环节实现轻刑化提供最有效的方法和途径。但是，也应当设置相应的例外情形或排除情形，从而防止司法恣意现象的发生，最终确保简易程序和轻刑化的良性互动与共同协作。

与此同时，在实现的方式和途径上，审判阶段的轻刑化还需要重视刑罚执行阶段的辅助和配合。这是因为审判阶段的轻刑化理念往往表现为宣告刑，但是，宣告刑具有静态性，刑罚执行环节将宣告刑转换为动态的。只有在刑罚执行环节认真贯彻轻刑化的理念，才能很好地衔接审判阶段甚至侦查阶段以及审查起诉阶段的各种努力，否则，容易功亏一篑。为此，对适用简易程序的案件，需要完善减刑、假释制度。对于一些积极悔罪、认真改正的罪犯，可以适当加大减刑、假释的适用力度，从而缩短实际执行的刑期，尽快帮助罪犯重返社会，降低再犯率。在刑罚执行中，应当秉持刑罚谦抑性立场，以宽严相济的刑事政策原理为指导，让一些符合条件的罪犯回归社会。同时，加大社区矫正的适用力度。特别对于一些轻微犯罪案件，应该大比例适用社区矫正，从而发挥社区矫正在改造罪犯中的积极作用，避免短期监禁刑的弊端，防止交叉感染。

（二）非羁押保障措施的完善

非羁押刑事诉讼强制措施的广泛正确运用也是轻刑化的具体体现，它有利于促使羁押措施真正回归其本质，同时有利于诉讼当事人的人权司法保障。因此，应当进一步完善取保候审和监视居住制度，切实保障犯罪嫌疑人、被告人的合法权益，同时完善其他非羁押保障措施及配套措施，顺应刑罚轻缓化的潮流。

1. 取保候审制度的完善

（1）明确取保候审的适用范围。对可能判处 3 年以下有期徒刑、管制、拘役或者独立适用附加刑的犯罪嫌疑人，一般应准予取保候审。对于年龄在 65 周岁以上老年人、患有严重疾病或正在怀孕、哺乳自己婴儿的妇女，也应准予取保候审。对过失犯罪、未成年人犯罪等，原则上适用取保候审。同时，立法还应该对取保候审的适用条件作出禁止性规定。对具有下列一种或多种情形的犯罪嫌疑人、被告人，人民法院、人民检察院和公安机关不得取保候审：一是可能判处死刑、无期徒刑或者 3 年以上有期徒刑的；二是累犯、惯犯或犯罪集团的主犯；三是可能对被害人、证人、鉴定人及其近亲属的人身或财产进行侵害的；四是以自伤、自残、自杀办法逃避侦查的；五是曾被取保候审而有逃避或其他妨碍刑事诉讼行为的；六是住址或者身份不明的；七是其他可能有碍侦查、起诉、审判情况的。

（2）建立科学的"社会危险性"评估机制。目前，我国并不存在有效和制度化的取保候审风险评估制度。在司法实践中，司法机关往往根据案件的性质、情节、犯罪嫌疑人是否是本地人等简单情况做出是否取保候审的决定。正是由于缺乏有效的取保候审的风险评估措施，使得司法机关在实践中畏首畏尾，对取保候审的适用始终存在顾虑。因此，应借鉴国外保释前的社会调查制度，建立并完善适合我国国情的取保候审中的社会调查制度。针对犯罪嫌疑人或被告人的身心情况、家庭情况、成长经历、社会交往情况、案发前后的表现等进行调查，为司法机关准确判断犯罪嫌疑人或被告人的社会危险性提供科学依据，从而提升取保候审的适用率。

（3）完善取保候审的风险控制机制，提升司法人员适用取保候审的内心确信。对被取保人的监督不到位、控制力度不够是制约我国取保候审适用的又一大障碍。我国取保候审由公安机关执行，但是警力不足的公安机关无法有效执行对被取保候审者的监督，这使得执行流于形式，难以有效地监督被取保人。因此，取保后的风险控制不到位，使得取保候审的适用风险大大增加，被取保人违反义务的情况比较多，对脱保行为无法进行有效的控制，这在一定程度上增加了决定机关的顾虑，阻碍了司法人员对取保候审的适用。为了提升司法人员适用取保候审的内心确信，应当完善取保候审的风险控制机制，并积极采取以下具体措施：一是在取保候审的监管中建立一种相对限制人身自由的措施，如国外的保释拘留所、保释旅馆，也可以将我国现在的监视居住改造为取保候审的方式之一；二是通过电子化的装置控制，如采用电子手镯等设备；三是通过附设特定的义务来对特定事项进行限制，如扣押证件、限制出境等；四是定期报告制度；五是协调社区共管机制，例如街道办事处、居民或村民委员会或者专门的社会组织参与监管等；六是取保候审期间的检查评估，了解被取保人在取保候审期间的风险值有无变化；七是责任追究，例如没收保证金、收监。违反取保候审规定的，可以再设定罪名，以后再犯罪不得适用取保候审等。

（4）完善取保候审的救济程序。在我国，取保候审的决定机关拥有较大的权力。对是否决定要取保候审，采取一种类似于行政化的手段予以决定，而且缺乏制约的监督机关。这必然导致作为当事人的犯罪嫌疑人或被告人及其法定代理人、近亲属或者犯罪嫌疑人、被告人委托的律师及其他辩护人处于弱势状态，如果对法定机关不予取保候审的理由存有异议，既不能申请复议，也不能向人民法院申诉；同时，法律也没有规定作为监督机关的人民检察院应该如何行使监督权，从而使犯罪嫌疑人、被告人处于孤立无援的境地，因此有必要建立相应的救济程序。

第一，在取保候审决定程序中增设听证程序。我国刑事诉讼法应在取保候审决定程序中增设听证程序，改变目前行政化的决定程序模式。法定机关应当当面听取被羁押的犯罪嫌疑人及其聘请的律师（或为其指定的提供法律援助的律师）和同级检察机关（当检察机关为决定机关时则为上级检察机关）对于申请取保候审的言词意见，并在一定期限内作出同意或者不同意的答复。

第二，赋予申请人对不予取保候审决定复议和起诉的权利。在刑事诉讼法中应明确规定：申请人收到不予取保候审决定书后，可以向法定机关的上一级机关申请复议。复议机关或人民法院应在收到复议申请书或起诉书后，应在法定期限内作出复议决定或裁判。

第三，加强检察机关对取保候审变更、撤销的监督权。参照德国刑事诉讼法的规定，应当详细规定检察机关对羁押、取保候审的变更及取保候审的撤销应当履行以下检察监督的义务：检查在押人犯变更取保候审的手续是否完备；每 2 个月对看守所内羁押人犯的羁押是否即将到期、是否已超期、延长羁押期限的法律手续是否完备进行一次复查，及时发现每个环节发生的违法行为并提出纠正；对在押人犯超羁押期限的，应当报告检察长，并及时向办案单位提纠正，属于上级承办案件的在押人犯超羁押期限的，应当报请上级检察院向办案单位提出纠正；每 2 个月对被取保候审人的执行情况进行一次复查，对于不履行监管职责、不及时撤销取保候审提出纠正。

2. 监视居住制度的完善

在我国刑事强制措施体系当中，监视居住是一种强制力高于取保候审，低于拘留、逮捕的措施。在实践中，由于立法的可操作性不强，监视居住执行地点不明，使得司法实践中的适用率低下，甚至被异化为消化案件的渠道，大部分采取监视居住的当事人最终都被解除了监视居住。其中主要的问题出在监视居住场所：一方面，监视居住人并不收押于看守所，这就导致了其缺乏最后一道可能的安全保障；另一方面，如果缺乏良好的监管方式，将使脱逃成本降低，监视成本升高，在实践中甚至成了一种不可行的强制措施。

因此，要解决监视居住在实践中面临的可操作性的困难，首先应考虑的是监视居住场所，既要考虑被监视居住人权利的保护，又要兼顾司法资源的分配，而且各地应按具体情况分别采取不同的措施：各地公、检、法机关可以先对本单位执行指定居所监视居住的情况进行统计分析，对于那些指定居所监视居住适用率较高的地区，可以采取一次性投入的方式，由当地司法行政机关建立监视居住宾馆并进行管理，而指定居所监视居住的决定机关在使用监视居住宾馆时，必须向司法行政机关支付少量费用；对于那些指定居所监视居住适用率较低的地区，可以采取分散化投入方式，即在临时租用的宾馆房间或工作单位、居住社区、特定公共场所执行。

3. 完善非羁押保障措施的制裁体系

惩罚犯罪和保障人权是我国刑事诉讼的目的，非羁押保障措施在赋予刑事被追诉者"释放"的权利之际，也必然要求其遵守一定的义务，对违反义务的处罚构成了非羁押保障措施制度的制裁体系。

从取保候审和监视居住的实施情况看，我国对被取保候审人以及保证人、被监视居住人违反取保候审义务或者监视居住义务的制裁的力度不够，客观上影响了非羁押保障措施功能的发挥。在轻刑化的推动下，取保候审和监视居住等非羁押保障措施将会被大幅度适用。为了确保非羁押保障措施功能的良好发挥，必须完善违反非羁押保障措施所附义务的制裁体系。因此，应当在强化处罚措施力度的基础上，借鉴外国的做法，将违反保释义务予以刑罚处罚。针对违反一般非羁押保障措施附加义务的犯罪嫌疑人，视情况给予具结悔过、没收保证金、变更强制措施的处罚；对于适用非羁押保障措施后逃跑的犯罪嫌疑人、被告人，在刑法上设置藐视司法罪或者藐视法庭罪，如果符合这一罪状的，与原罪名数罪并罚。针对保证人违反保证义务的，视情节给予没收保证金、罚款、司法拘留的处罚；对于保证人有帮助被保证人逃跑的，按共同犯罪处罚，不构成共同犯罪的，以包庇罪处罚。在刑事附带民事诉讼中，如果保证人帮助被保证人逃跑的，还应当承担民事连带赔偿责任。

　　在实践中，存在一些不能提供保证金或者找到保证人担保的弱势群体。如果这些人符合适用取保候审的其他条件，但因为无法提供保证人或者保证金，致使取保候审的适用存在着困难。同时，在法律程序上又不存在其他的羁押替代性措施，导致强制措施适用出现盲区，对此应当增加非羁押保障措施的种类，如个人具结、扣押相关证件等方式。个人具结这种非羁押保障措施的适用范围，可以参照美国的做法，即个人具结只适用于一些犯罪情节轻微、逃跑的可能性不大、社会危险性较小的犯罪嫌疑人、被告人。这些人，只要其向法院提交一份书面保证，承诺按时出庭参加诉讼，处理审前事务的法官就可以裁量是否予以释放。个人具结这种非羁押保障措施，可以弥补取保候审适用上的盲区，解决那些处于社会弱势群体"取保候审难"的问题，促进社会公平、正义价值的实现。扣押相关证件也是一种有效非羁押保障措施，这在法国、德国得到了运用。我国可以将扣押驾驶执照、身份证等与公民出行自由有关的证件作为一种非羁押保障措施的手段。至于扣押证件这种手段是单独作为一项制度，还是作为个人具结、取保候审等替代性制度的附加条件，可以考虑赋予其独立的非羁押保障措施地位，既可以单独适用，也可以附加适用。除了以上两种非羁押保障措施外，我国非羁押保障措施制度的构建还可以根据具体情况引进其他国家先进的非羁押保障措施。

4. 完善非羁押保障措施的配套制度

非羁押保障措施制度运行的社会效果的好坏，不仅取决于该制度本身的完善和实践可行程度，而且还与其他相关的社会制度的运行情况息息相关。例如，英国设置保释支持小组与保释旅馆来负责为未成年人和无家可归的人制定保释计划、协助法官进行保释评估、负责保释执行，实际上在一定程度保障了被追诉者的保释权利，并且加强了对被保释者的监管、节约了司法成本。我国的取保候审、监视居住措施缺乏来自社区、家庭、学校等社会力量的参与和支持，也是非羁押保障措施运行不畅的重要原因之一。因此，可以借鉴英国和其他一些国家保释保障机制的设置经验，逐步构建和完善审前羁押替代性措施的配套性制度，为我国审前羁押替代性制度提供相应的保障机制。而且，由于社会组织的充分参与，能调动起"最广大人民群众"的力量，共同参与到实施非羁押替代措施的宏大工程中，其效果已经被国外的司法实践所证明，因此，重点是社会组织的参与。

（1）健全政府向社会组织购买公共服务的法律和制度体系。健全《政府采购法》，将采购法中的"服务"从后勤类服务扩展到公共服务，形成公共服务购买领域统一的、权威的和具有指导性的法律法规，规范购买行为。完善中央层面顶层制度设计，确立政府向社会组织购买服务的基本原则和方向，加快推进事业单位管理体制改革。建立以公共财政资源支持为主，以事业单位和社会组织为服务主体的公共服务多元参与模式，为社会组织提供公平的资源支持和发展环境。同时，鼓励各地结合本地区经济社会发展的实际，制定有较强操作性和地方特色的配套政策，建立健全上下结合的政策体系，努力完善与之相应的配套制度，为政府购买社会组织服务提供有力的制度保障。

（2）加强地方政府的扶持力度。社会组织应当加强自我管理、自我发展和自我完善，同时地方政府和司法机关应当给予社会组织更多的支持，特别是在政策、人才、资金等方面。要改革社会组织管理体制，释放社会组织合法性空间，促进服务购买领域的竞争，充分发挥社会组织在公共服务体系中的重要作用。爱心企业应当积极主动承担额外的社会责任，在人力、物力上加大投入，积极提供合适保证人承担保证责任。地方政府可以考虑给予一些政策方面的倾斜，如给予税收优惠等；特别是对于那些运行良好的单位，还应资助和表彰，鼓励其热心公益、奉献爱心的行为。唯此，才能共同推进政府与社会组织的合作，实现社会发展、政府高效、社团活跃、群众受益的"共赢"局面。

（3）加强社会组织自身建设。要提高社会组织的职业化发展、专业化建设的能力和水平，提高专业人员的职业素养，不断提升服务工作的有效性。此外，还应当建立激励制度，提高社会工作者的待遇。目前，社会工作者待遇相对较低，既影响了工作积极性，也难以吸引高素质人才。在很多地区，社会工作者的地位较高并受人尊敬，比如在我国香港特别行政区，社工专业毕业生一般要比其他专业毕业生的薪水高出约20%左右。然而，根据北京市海淀区的情况来看，司法社工从事未成年人考察帮教工作更多的是一种谋生手段。政府应当建立健全社会工作者的激励制度，提高待遇保障，避免这一领域人才流失。

（4）加强对政府购买服务的监督管理。政府购买公共服务的监督可分为内部监督和外部监督两类。在内部监督方面，政府购买公共服务可分为两个层面：一方面财政部门对财政购买资金使用情况的监督；另一方面购买服务的部门对提供服务的质量、数量的监督。可以考虑建立购买公共服务的效率评价体系和效果评价体系，通过问卷调查等方式测评政府购买公共服务的完成质量和效果。外部监督主要指独立的第三方监督机构，如会计事务所、法律事务所、审计事务所、专业调查公司等机构，对资金回报率的确定、成本的核算、价格确定、服务质量的标准等进行监管，消除经营者与消费者之间、经营者与监督管理者之间存在的信息不对称，确保评估信息的真实性。此外，还可由社会公众通过上级主管部门和媒体反馈监督服务的效果。

二、犯罪附随后果的立法完善

犯罪行为的刑罚附随后果（以下简称"犯罪附随后果"），是指在刑事法律法规之外，针对犯过罪或受过刑事处罚的人所创设的一种限制性处罚后果，其基本内容是对刑事违法人获得某些权利或从事特定活动的资格进行一定的限制或剥夺。

在我国的法律体系之中，存在着大量的剥夺或限制犯罪人某种资格的规定。在我国目前的刑事司法体系中，这种游离于刑法体系之外，对刑事违法人创设不利影响的规制方式有其深厚的土壤，然而这必定对犯罪行为人的人权保障、再社会化增添隐患，因此有必要厘清这种限制性后果的法律性质，关注其在我国法律体系中的规制现状，对目前犯罪附随后果存在的问题予以反思，以探寻惩防犯罪与刑罚轻缓谦抑的有机统一。

（一）附随后果纳入到资格刑体系

根据我国《宪法》的相关规定，"资格"应当是同选举权、人身自由权等公民的基本权利一样，任何机关或团体非依照法律规定和正当的司法程序，不得任意剥夺公民这类的基本权利。在国际上，对于公民权利的剥夺只能由法官依照法律规定行使，这已成了一个惯例。然而，我国的附随后果实质上游离于行政处罚和资格刑之间，兼具二者但又不全备二者的法律特性，为犯罪行为人创设了兼具严厉性与普遍性的不利后果，这并不符合罪刑法定的原则，更有违宪之嫌。鉴于资格对公民的重要意义和限制资格的现有模式所存在的多重弊端，我国应当果断的改变现行立法模式，采取资格刑的立法模式，明确只有司法机关才拥有剥夺这种基本权利的权力。从而，既可厘清附随后果目前在我国模糊的处境，又可以弥补我国并无剥夺资格的刑法规定的制度漏洞。

化解附随后果的制度危机，应当将犯罪人某些资格的剥夺或限制纳入刑法典中，并整合散见于其他法律法规中的附随后果，一并纳入刑罚体系之中。其他法律法规可以以照应式的规定对刑法的内容加以强调，但是不能独立作出剥夺或限制犯罪人资格的规定。简言之，可以考虑在《刑法》总则中规定剥夺资格刑的种类、适用条件和期限，剥离"资格罚"和"资格刑"之间模糊不清的部分，实现行政处罚中的资格罚和刑事处罚中的资格刑的清晰节分；在具体规制上，要强调资格刑适用的针对性，将是否剥夺资格与该资格可能造成的执业危险挂钩，以免出现刑罚过剩；在期限上除特别严重的犯罪如判处死刑、无期徒刑外时间上不宜过长。

（二）建构科学的前科消灭制度

目前，在我国法律体系中，犯罪附随后果的规定较为广泛，但是定性较为模糊。而且，附随后果的持续性、广泛性往往具有一定的副作用，也即使得刑事违法人被贴上"犯罪"的标签，从而被正常的社会群体活动所排斥。在自我认知与社会环境的双重交互下终生浸淫在"犯罪分子"的负效应中。与此同时，我国法律规定了前科报告制度，使得受过刑罚的人即使在刑罚执行完毕后仍要面临再次的资格剥夺与经历暴露，使得犯罪记录实质上成为无限期存在的消极影响。而且，目前由于附随后果执行的开放性，持续的期限并无明确限制，在适用时几乎都是全部适用而并无选择适用，没有法官裁量、酌情决定的余地。从刑罚目的出发，应当尽量少的限制和剥夺犯罪人的自由和人权，而不能一味地将犯罪人视为社会的敌对分子，使其终身背负刑罚之累。刑罚不单单为了惩罚，而更在预防。因此，有必要在将附随后果纳入资格刑法定体系之中后，对资格刑的执行制度加之个性化设置，以避免刑罚过剩。

西方国家都有前科消灭制度，对被宣告刑罚的罪犯在符合法律规定的情况下，经过法定程序把之前的定罪和服刑记录消除，以消除犯罪的后遗效果。该制度目前在我国还处于"只闻楼梯响"的境地，在法律法规中没有明确规定，也没有一部独立的刑事执行法，但是 2012 年修订后的《刑事诉讼法》对未成年犯罪规定了犯罪档案封存与查询制度，从未成年犯罪入手，切实减少刑罚的负面效应，这是一种良好的指引，启发我们在资格刑的执行过程中突破以往机械适用的弊端，引入个性化的前科消灭制度。笔者的大致思路是：应在未成年犯罪记录封存制度的基础上，首先从司法实践入手，将犯罪档案的封存和记录制度逐步扩大到成年人犯罪中，比如可以先适用于在校大学生；其次可以按照罪名，对于轻罪或者微罪实行类似未成年犯罪记录封存的制度，而对重罪则可以根据一定的期限，规定超过期限后实行犯罪记录封存制度。进一步讲，在实行差别化的犯罪记录封存制度后，借鉴当前公民个人信用记录定期消除的制度，[1]根据受刑事处罚人的现实表现和风险评估等因素，对符合条件的犯罪人在刑罚执行完毕后一段时间内消灭前科记录。但可以按照重罪、轻罪和微罪的不同，或者犯罪性质的不同（如累犯、再犯或者危害国家安全等严重犯罪）等，分别规定不同的前科消灭期限。以此对犯罪前科的负面效应，达到釜底抽薪、因案制宜的效果，彻底破除"存在违法犯罪行为——终生承担附随后果"这一刚性法律范式。

三、司法绩效考核的检察改革视角

绩效考核是强化司法机关内部管理、监督和指导的必要手段。实施考核机制能够将司法工作的各项办案指标量化考评，并对其发展变化进行分析和研究，为宏观指导和分类指导提供依据；能够发现规范化建设中存在的问题，并给予针对性的督促和整改，保证各项工作沿着规范的轨道发展；能够调动司法人员的工作积极性，激励司法人员创先争优，尽可能地加大工作力度，提高责任心，主动履行各项职责。但是，随着市场经济的发展、社会民主化程度的提高和刑法体系的发展完善，我国刑事立法积极推行宽严相济的刑事政策，实现刑事司法上的刑罚轻缓化，刑事执行上的非监禁化。现行考核机制总体上是有效的，但是，在实际操作中，存在考核体系不科学、甚至"唯考核论"，以至产生了弄虚作假的错误倾向。特别是推行轻

---

[1] 根据中国人民银行的相关规定，公民因透支信用卡等造成的失信记录，有效期为5年，如能连续5年足额还款，5年后不良记录将予以删除。

刑化过程中，大量非羁押、非监禁措施，以及不起诉、判缓刑等被应用，司法机关"得分"的考核项均发生了质的变化，难免出现考核工作与刑事司法轻刑化的发展趋势不相适应的问题。轻刑化理论再完美，如果与司法实际运作机制相悖，都只会被虚化且束之高阁。因而，唯有正视考核的问题，科学的完善考核评价体系，才能不仅不阻碍轻刑化发展，而且还更加有利于轻刑化的顺利推进。这里仅以检察机关内部考核为切入点，对当前存在的绩效考核机制进行评析，结合轻刑化改革方向，对改进这一管理机制提出建议。

（一）检察机关的绩效考核

绩效考核，又称为绩效评估，从文意理解，即对成绩和效果的考评。从管理学来看，组织绩效的实现依赖于个体绩效的完成，绩效考核的目的主要是通过考核活动提高绩效，保证个体完成既定工作任务，实现组织的绩效目标。

绩效考核作为一项制度最早产生于企业管理中，20世纪后半期，西方国家将绩效考核制度引入到公共服务、政府部门等领域。1999年，我国与欧盟开展绩效管理合作研究项目，铁路检察机关作为最高人民检察院指定的试点单位在检察系统率先探索绩效管理。2002年3月，最高人民检察院颁布的《人民检察院基层建设纲要》的第10、18条明确指出："以考核干警的能力、绩效为核心，探索建立能级管理机制。在明确内设机构和工作岗位职责的基础上，分类分级明确工作目标，以动态考核为主、定性与定量相结合，实行全员能力和绩效考核，奖优罚劣。改革完善业务工作考核办法"；"注重对办案质量、效率和综合效果的考核评价。"[1]

---

[1] 该纲要已失效。但可参见2003年5月9日最高人民检察院发布的《〈人民检察院基层建设纲要〉2003年度实施方案》。

2010 年，最高人民检察院发布《最高人民检察院考核评价各省、自治区、直辖市检察业务工作实施意见（试行）》和《最高人民检察院考评各省、自治区、直辖市检察业务工作项目及记分细则（试行）》，进一步促进检察机关绩效考核的科学化、规范化和制度化。

（二）北京市检察机关考核制度的现状与反思

北京市人民检察院为落实最高人民检察院关于全国基层检察院建设的工作要求，推进北京市基层人民检察院建设，在总结以往基层院考核经验基础上，制定了《北京市基层人民检察院建设考评实施办法（试行）》和《北京市基层人民检察院建设考评实施细则》，建立健全基层院考核体系。这里以北京市基层检察院绩效考核的主要内容为例，分析目前基层院考核的现状。

绩效考核以被考核者在本职工作中所承担的最基本、最重要的任务作为考核内容。根据《北京市基层人民检察院建设考评实施办法》的规定，基层人民检察院建设量化考评包括检察业务建设及业务管理机制考评（72 分）、检察队伍建设及队伍管理机制考评（15 分）、检务保障建设及行政管理机制考评（9 分）以及全院共性项目考评（4 分）。从分值的比重可以看出，检察业务考核所占权重最大，这是由检察业务以办案为中心，最能反映检察机关履职情况的特点决定的。近年来，北京市检察机关对绩效考核机制的完善高度重视，及时根据实际情况修改基层院建设考评重点内容，如大幅删减综合保障类指标，简化检察业务管理规范考评，信息、调研、创新典型、信息化运用 4 个考评点在年底各项业务工作中均不开展考评。但是，仍存在以下几个问题：

1. 量化考核产生负面效应

现行考评机制中，普遍存在许多数量性指标，以至于对执法过程、社会效果的评价相对弱化。如北京市检察院公诉部门考核中对一些指标进行了控制，如结案率（权重8%）、法院无罪判决数（权重10%）、撤回起诉率（权重12%）、自侦案件相对不起诉率（权重5%）等。但是，这些做法的基本情况为：

第一，法院无罪判决数。追求较低的无罪判决率有一些历史原因，全国普遍以较低的无罪判决率作为考核标准，北京市基层院考核也不例外，无罪判决案件所占比重较大，而且扣分较多。

第二，撤回起诉率。撤回起诉制度刻意避免错案、提高诉讼效率、实现自我纠正，但是，对检察机关诉讼权的自我否定，有损检察机关权威和法律监督者的形象。因此，北京市检察机关在考核中限制撤回起诉率。

第三，自侦案件相对不起诉率。自侦案件相对不起诉率等于或高于10%的，减2分；相对不起诉率等于或高于10%后，每增加相对不起诉一人，减0.5分。自侦案件在侦查阶段往往已经定了调子，因此，在审查起诉阶段缺乏监督，案件质量不高，导致无罪判决率高于普通刑事案件。为保证办案质量，北京检察机关在考核中设置起诉率。

第四，诉讼监督指标。人均纠正漏罪漏犯数（权重10%）、人均监督纠正侦查、审判活动中违法情形数（权重8%）、人均提出刑事抗诉数（权重9%）、人均法院采纳抗诉意见数（权重12%）、严重瑕疵案件数（权重10%）、列席审判委员会数（权重3%）、人均督办案件数（权重3%）。但是，这些规定和要求客观上存在有些工作容易量化，有些工作难以量化的情况，采取量化考核的方式对检察工作的评价缺乏客观性，在依据这些指标进行考核的过程中，产生了一些负面效应：一是弄虚作假、突击立案。有些检察人员为了达到考核的要求不惜虚假填报数据，瞒报、乱报，甚至制作虚假证明材料。二是有些被考核者产生"以分数论英雄"的片面认识，部分检察人员将主要精力放在考核中"得分"项目，忽视所谓"吃力不讨好""得势不得分"的项目。

公正与效率是现代司法的核心，二者最佳的结合应为在公正的前提下努力提高效率，在提高效率的基础上保证公正。在检察业务而中，有的案件可能因为犯罪嫌疑人在逃等原因一拖几年；但是，有些久拖不决的案件并非疑难案件，而是办案工作有问题。因此，检察业务考核应当结合效率与公正。在保证办案效率的前提下，应当更多的关注办案公正、效果。办案效率的指标是可以明确和量化的，主要体现为办案周期和结案率。然而，在实践中，对案件办理的法律效果和社会效果的评价存在缺失。大多数情况下，除非是错案或当事人追究，否则办案人员不会被问责。因此，案件办理效果依赖办案人员的积极性和责任感，如果办案人员工作作风不够严谨，忽视细节问题，很容易造成当事人的误解，甚至引起申诉、上访，长此以往严重影响案件质量和司法机关公信力。基于人权主义精神和人道主义精神，司法机关应当由简单的"案结事了"转变为更致力于预防犯罪和修复受损的社会关系，并与轻刑化背景相适应。但是实际运行却是背道而驰的，因此应建立办案效果考核制度，促进社会和谐稳定。

2. 考核指标设计的科学性不强

考核指标设计科学性不强问题主要集中在两个方面：

第一，有些考核指标形式化。比如，不加区别地将所有撤案、不捕、不诉、无罪案件都作为案件质量不高看待，人为地导致一些不构成犯罪、不该逮捕、不该起诉的案件被勉强立案、逮捕、起诉。如逮捕后撤销案件、不起诉、判决无罪的案件和不逮捕经复核改捕后被判处有期徒刑以上刑罚的案件，占同期审结审查逮捕案件的总人数的比率，每出现0.01%，减10分；法院判决无罪案件经北京市检察机关案件质量考核为C类案件的，每出现一人减2分；经北京市检察机关案件质量考核为D类案件的，每出现一人减4分；撤回起诉人数占同期提起公诉人数比率，每出现0.1%，减1分；撤回起诉案件经北京市检察机关案件质量考核为C类案件的，每出现一人减2分；经北京市检察机关案件质量考核为D类案件的，每出现一人减4分。

第二，将绝对办案数量作为考核指标，容易挫伤工作积极性。一般而言，检察业务考核包括三个层次：一是对办案人员所办理个案的考核；二是本院对各部门的考核；三是上级院对下级院工作的考核。因此，检察业务考核不仅针对检察官，而且针对检察院。以抗诉为例，A单位100件案件中抗诉案件3件，抗诉率为3%；B单位1000件案件中抗诉案件10件，则抗诉率为1%。从绝对的数量看，B单位抗诉案件多，但是，A单位的抗诉工作显然做得更好。因此，由于案件资源、刑事案件总量的不平衡，不能简单地用绝对数量来评价业务工作。

有些工作是数据统计和排名反映不出来的，需要针对不同的情况具体分析。如目前的考核大多对无罪案件一刀切的减分，但是无罪案件并不意味着一定是错案，导致无罪判决的原因是多样的，法院、检察院的认知不一致、证人翻供、法律修改等都可能导致无罪判决的结果。在犯罪趋势较为严峻的情况下，检察机关办案量必将大幅度上升，检察干警工作压力增强，保障办案质量才尤为重要。因此，检察机关绩效考核应当在继续坚持办案质量与数量相结合的基础上，下大力气加强办案质量的考核。从考核的总体工作来看，办案数量在一定程度上反映工作力度和主动性，即便基于不同院的受案量可以设立不同的考评基数，使不同的院处在一个相对公平的位置。但是，总体上对办案数量还是有一定要求的，数量考核有其存在的必要性。然而，随着轻刑化的渗透，有些工作是被动的，需要积极主动开展的。因此，在考核数量的同时，要根据不同业务部门的特点逐渐将考核重点转移到质量上来。

3. 考核条线化与部门衔接不足

不同业务部门自上而下进行考核，容易造成一些涉及几个部门的工作出现部门间扯皮和矛盾。前后环节的部门对办案质量要求不同，若后一环节严格把关，有时必须"牺牲"甚至否定前道环节的工作成绩。如逮捕后撤销案件、不起诉、判决无罪的案件和不逮捕经复核改捕后被判处有期徒刑以上刑罚的案件，占同期审结审查逮捕案件的总人数的比率，每出现 0.01%，减 10 分。在实践中，由于证据变化、证据规格差异、认识分歧等原因，个别案件立案后撤案、不捕、捕后不诉，甚至诉后判无罪，都是一种符合客观实际的正常现象。然而，由于目前的考核机制在不同部门之间缺乏衔接，前道环节的案件质量都会被视为有问题，容易造成部门间的矛盾。所以，出现了"我的成绩就是你的失误"的考评机制异化情况。尤其是不加区别地将所有撤案、不捕、不诉、无罪案件都作为案件质量不高看待的现状，人为地增加了一些不构成犯罪、罪不该逮捕、起诉的案件被勉强立案、逮捕、起诉、判决。其实，从上级考评的指标上看，案件无质量问题，然而，对于犯罪嫌疑人、被告人而言这是不折不扣的错案和劣案。

诉讼过程的基本规律是从立案到侦查、审查起诉、一审、二审，逐步查清事实、恰当地适用法律，后一个过程是对前面过程的总结和检验，出现后一环节否定前面环节的情况很正常，因此对起诉率、无罪判决率的考核显然不符合诉讼的客观规律。不同的检察业务环节，也具有不同的特点，需要根据客观实际设置评价标准。如果完全按照相同的标准来设定指标，就可能导致考评体系的不合理，就难以达到考评的目的，因此完整性指绩效考核应当涵盖检察机关重点工作的各个环节。比如，一般情况下，职务犯罪大要案数是检察机关绩效考核的重要加分项，但是，对大要案的处理结果往往缺乏考核，大要案立案后有可能撤案、没有提起公诉或者被判无罪，对大要案的考核应该涵盖诉讼的全过程。与此同时，要坚持"统一性"，它主要是指检察机关各业务部门之间相互协调配合，使检察业务绩效考核形成一个均衡的体系。各业务部门之间由于工作内容的差异，考核内容和方式必然也存在差异，但从检察工作整体来看具有一定的关联性。

（三）检察机关绩效考核的改革建议

由于刑事政策的不断发展演进和检察机关绩效考核制度本身的不足，学者对检察机关绩效考核制度的质疑较多，甚至有学者认为检察机关绩效考核制度破坏了刑事诉讼的分权制约结构，缺乏正当性。尽管检察机关绩效考核制度确实存在一些问题，从长远来看，检察机关绩效考核或许会淡化。但是，绩效考核目前仍然是检察机关人事管理的基础环节和重要手段，其积极作用远大于弊端，应当在实践中不断予以完善和改进。

1. 弱化数量考核与加强质量考核

办案数、判决率等量化指标有其存在的必要性，但是它在一定程度上影响检察机关公正客观的办理案件，不利于减少审前羁押率和适用非监禁刑。如捕后不诉率使得公诉部门在做出不起诉决定时面临很大的压力，甚至为了全院利益而放宽起诉标准，将一些证据不合起诉标准的案件提起公诉。因此，应当淡化量化指标对考核分数的影响，加强质量考核。比如，检察人员正确履行职责，在行使追诉中提出错误逮捕、庭审违法等纠正意见，对确有错误的判决提出抗诉等，确保检察权惩治犯罪和保障人权的双重功能。

2. 把握关键指标与突出考核重点

针对目前考核指标体系太繁杂、不分主次的情况，为了充分发挥考核的导向作用，应当减少不必要的考核指标，取消与诉讼规律相违背的指标，增加与检察业务紧密相关的指标和权重，将考核力量集中到主要业务工作上来。行政管理、队伍建设等工作可以通过内部监督的方式检查督促，应当从检察机关绩效考核予以删除。但是，检察机关正确行使职能，贯彻宽严相济刑事政策，参与社会综合治理，化解社会矛盾的指标应当更多地纳入到考核中，如羁押必要性审查数量、变更强制措施率、刑事和解数量、维护当事人利益取得较好法律效果和社会效果等，进而推动我国刑事司法向轻刑化方向发展。此外，还应更加关注"率"，而淡化"量"，并设定一定的比率区间。在区间内即可，超出区间外则具体问题具体分析。通过动态检查存在的问题，既可以避免为了数字、排名而扭曲司法行为，又可以及时发现存在的问题，确保司法工作沿着正确的轨道运行。

3. 强化动态考核与建立评议制度

为及时掌握案件办理情况，审查承办人是否正确履行职责和义务，防止部门检察院为了完成考核指标，突击性的凑起诉数、结案数等数字，检察业务考核应当是一个连续的常态工作。[1]应当建立案件动态抽查和评议制度。目前，最高检网上

---

〔1〕　参见谢岸烨：《检察机关绩效考核制度之完善》，载《中国刑事法杂志》2009 年第 8 期。

办案平台加强了办案流程监控和案件信息统计，能够及时对案件进行监控、预警、检查、考评等。但是个案评议、出庭情况评议等工作仍缺乏有效的途径。可以考虑建立案件抽查制度，对有争议的个案或无罪判决案件具体分析考核，并定期对案件进行全面的分析梳理，对反映出的普遍性问题及时进行修正。鉴于检察官出庭支持公诉、化解社会矛盾等工作在卷宗中不能完全反映出来，然而这些工作在整个案件办理中的地位不容忽视，所以应设立案件评议制度，对检察官文案之外的工作进行动态的考核，全面掌握办案质量，推动和引导更多的基层院及业务部门依法规范开展工作，以求真务实的态度切实维护当事人的合法权益和社会公平正义。

4. 完善考核体系与协调部门关系

办案是一个统一的过程，检察业务部门在考核中应当作为一个整体来看。否则，会出现前文所述捕后撤案、捕后不诉等前后诉讼阶段的部门之间考核指标相冲突的情况。如控申工作的成绩建立在前一环节工作差错的基础上，前一环节没有问题，后一环节相应就没有成绩，割裂开来考评是不合理的。为避免各部门各自为政，应当科学配置内部各项检察权，确保检查职权充分发挥作用。应当加强部门间的协作，设置涉及部门协调的指标，比如设立向其他部门移送线索数的指标、执行首办责任的息诉指标等。甚至可以采用以院为单位的考核取代部门条线考核，强化各项检察权合力的发挥，避免前一环节为追求考核达标而刻意立案、办案，后一环节撤案纠错也加分的局面，最终侵害当事人合法权益，有损司法权威。

当前，检察机关，公安机关、法院不仅都存在绩效考核问题，而且都存在唯数字论、唯排名论的不良倾向。但是，十八大、特别是十八届三中、四中全会以来，随着司法改革的全面推行，司法考核机制也在发生重大变革。2014 年 2 月，最高人民检察院出台《关于进一步改进业务考评工作的意见》，提出检察工作 26 项核心业务指标，并明确取消排名，改为公布核心数据指标。2014 年 12 月，最高人民法院也宣布取消对各省级院年终绩效考核的排名。2014 年 12 月，北京市检察院根据高检院文件精神，重新修订出台了《检察业务考评实施方案》，明确取消"算分"和"排名"，以公布核心数据为主。2015 年 1 月 20 日召开的中央政法工作会议明确要求，中央政法各单位和各地政法机关要对各项执法司法考核指标进行全面清理，坚决取消刑事拘留、批捕率、起诉率、有罪判决率、结案率等不合理的考核项目。绩效考核对于司法管理必不可少，但是，考核仅是手段，绝非目的。在现阶段，无法完全废除考核这项管理手段，只能对考核进行改进改良，扬长避短，充分发挥它的引导作用，使司法可以良性运转。

四、警惕与规制职务犯罪轻刑化的变异

轻刑化是我国刑事法体系发展的大势所趋。但是在司法实践中，也必须高度警惕轻刑化的异化现象。否则，不仅使轻刑化的社会效果大打折扣，而且会使已有的轻刑化成果付之东流，甚至会使轻刑化改革夭折。近年来，职务犯罪的轻刑化现象就是一例。职务犯罪是刑事犯罪的一种，在整个轻刑化的大背景下，从最终走向来看，职务犯罪轻刑化是大势所趋。然而，从我国目前司法实践来看，职务犯罪判决轻缓化比例大大高于普通刑事犯罪。这一方面说明轻刑化浪潮对职务犯罪判决也有影响，但是如果独独对职务犯罪适用特殊优待，加大轻刑判决比例，势必会出现"失之于宽、失之于软"的问题。这不仅有违司法公正，而且客观上起到了对职务犯罪推波助澜的作用，甚

至会引发公众对轻刑化方向的质疑甚至否定。党的十八以来，在党中央的坚强领导之下，我们党以"刮骨疗毒""壮士断腕"的勇气坚决同腐败作斗争，严厉整治形式主义、官僚主义、享乐主义和奢靡之风，坚决反对特权。5年来全面从严治党取得重大进展，刚刚结束的中国共产党第十九次全国代表大会中习近平同志指出：目前，不敢腐的目标初步实现，不能腐的笼子越扎越牢，不想腐的堤坝正在构筑，反腐败斗争压倒性态势已经形成并巩固发展。反腐斗争永远在路上，打击腐败要无禁区、全覆盖、零容忍，坚定不移"打虎""拍蝇""猎狐"。因此，职务犯罪在将来仍旧是打击的重点，在此背景之下的职务犯罪轻刑化趋势就是值得深思甚至是警惕的问题。

（一）职务犯罪判决轻缓化的现状

最高人民法院的数据显示，与 2008 年相比，2010 年职务犯罪案件数量上升了 7.2%。据介绍，2008—2010 年，全国法院共审结国家工作人员职务犯罪案件 79 560 件，生效判决人数 80 883 人。其中，贪污贿赂案件 67 494 件，生效判决人数 69 038 人；渎职案件 12 066 件，生效判决人数 11 845 人。2010 年，全国法院共审结国家工作人员职务犯罪案件 27 751 件，生效判决人数 28 708 人，其中，判处 5 年有期徒刑以上刑罚 5906 人。[1]这说明 2010 年全国法院判决职务犯罪案件中，5 年以下刑罚的为 22 802 人，占总判决人数的 79%。据云南省高级人民法院的调查，近五年来，全省法院适用非监禁刑总体数量较低，未成年、老年人犯罪适用比例不到四成。但是，领导渎职案件适用比例却居高不下，缓刑占适用总人数的九成之多。其中，玩忽职守犯

---

〔1〕 参见《最高法承认职务犯罪案缓免刑比例偏高》，载 http://news. eastday. com/c/20110720/u1a6005571. html，访问日期：2015 年 3 月 22 日。

罪适用比例高达 92.31%。[1]

从地级法院来看，根据山东省烟台市检察机关统计数据，2008 年 1 月至 2010 年 12 月，烟台市两级法院已判决检察机关立案侦查的职务犯罪案件 482 件 602 人，占同期立查案件的91%；其中，2008 年判决 152 件 199 人，2009 年判决 157 件 198人，2010 年判决 173 件 205 人。在已判决案件中，判处 3 年以下有期徒刑的 331 人，占 54.8%，判处拘役的 16 人，占 2.5%，判处免刑的 131 人，占 21.6%。在已判决的 482 件 602 人职务犯罪案件中，判处缓、免刑的 454 人，约占判决总人数的 75.4%；其中，判处缓刑的 324 人，占 53.8%，判处免刑的 130 人，占21.6%。同期，烟台市其他刑事犯罪案件判处缓、免刑比例为47.8%，贪贿和渎职侵权案件缓、免刑比例高出近二十八个百分点。[2]

据此，职务犯罪案件的刑罚轻缓化已是全国普遍趋势。针对职务犯罪案件存在适用缓免刑比例偏高的现象，最高法刑事审判庭第二庭庭长裴显鼎坦言：这几年确实存在职务犯罪案件适用缓免刑比例偏高、适用缓免刑频率比较高的问题。[3]

（二）职务犯罪判决轻缓化的成因

职务犯罪刑罚轻缓居多的原因主要在于以下几个方面：

第一，立法的模糊性。我国刑法关于职务犯罪的量刑普遍较轻，一般量刑多为 3 年以下有期徒刑或者拘役，情节严重的，

---

〔1〕　参见《云南省高院专项调查：渎职案件 9 成以上判缓》，载 http://news.163.com/09/1105/13/5NC09R78000120GR.html，访问日期：2015 年 3 月 22 日。

〔2〕　参见《关于 2008 年以来全市职务犯罪案件判决情况的调研报告》，载 http://jcy.yantai.gov.cn/JCYJCYJ/2011/04/24/562471.html，访问日期：2015 年 3 月22 日。

〔3〕　《最高法将规范职务犯罪适用缓免刑频率偏高问题》，载 http://www.chinanews.com/fz/2011/07-20/3194479.shtml，访问日期：2015 年 3 月 22 日。

处 3 年以上。当案件存在减轻处罚情节时，还可以减轻处罚，这客观上为职务犯罪提供了轻判条件。同时，还存在量刑情节内涵模糊的问题。在职务犯罪的罪状中存在许多"情节严重""情节特别严重""重大损失""特别重大损失""严重后果"的表述，也有"悔罪表现""确实不致再危害社会""情节轻微"等表述。这些表述较为抽象、模糊，弹性较大，大多没有明确的司法解释或指导意见，法官的自由裁量空间大，这是导致量刑地域差异和案件差异的原因之一。比如缓刑，我国《刑法》规定："对于被判处拘役、3 年以下有期徒刑的犯罪分子，根据犯罪分子的犯罪情节和悔罪表现，适用缓刑确实不致再危害社会的，可以宣告缓刑。"这条规定本身就是非常模糊，关于什么是"悔罪表现""确实不致再危害社会"没有明确界定，因而为司法机关对职务犯罪案件适用缓刑提供了法律条件。

第二，法律外因素的干扰导致职务犯罪案件判决普遍轻缓化。非法律因素主要体现在以下几个方面：一是法官自由裁量权缺乏有效监督机制，提供了寻租空间。由于法律规定的模糊性，所以，客观上给予法官较大自由裁量权，这种权力一旦被金钱收买，显然会导致判决的徇私枉法问题。二是地方行政权力的干涉。由于司法机关的人财物受制于地方政府，一些地方政府领导出于种种原因公开为渎职人员说情，这造成司法人员不敢违背地方领导压力而大量适用缓刑判决。三是人情案、关系案。职务犯罪被告人之前大多担任一定领导职务，具有一定的社会影响力和错综复杂的社会关系，因此，会利用关系进行疏通，司法办案人员出于人情考虑会给予较轻判决。

（三）职务犯罪判决轻缓化的有效对策

职务犯罪刑罚轻缓化的现状绝不是我国刑法轻刑化客观发展的自然结果，而是带有种种的暗箱操作和违规办案等值得警惕的司法问题。这不仅有违司法公正，而且不利于反腐败斗争的开展。因此，有必要对职务犯罪判决轻缓化问题进行治理。

1. 严格缓刑、免刑的适用条件和程序

司法机关必须，严格把握职务犯罪案件被告人缓刑、免刑的适用。在腐败猖獗，人民对腐败深恶痛绝的当下，必须慎重对待和从严把握。将社会调查制度融入审判程序中，建立缓、免刑社会调查制度，对职务犯罪案件被告人的成长经历、家庭情况、工作业绩、社会交往、人格特征、道德品行、兴趣爱好等进行广泛调查，并重点围绕"犯罪情节"和"悔罪表现"等适用条件来收集证据。对上述收集的证据材料进行综合评判，从而确定是否适用缓、免刑。健全缓免刑监督机制，在法院内部，对职务犯罪案件被告人适用缓免刑的应当交由审判委员会研究决定；在法院外部，要建立缓、免刑听证制度，法院拟判处缓、免刑的应邀请人大机关、检察机关、公安机关、被告人所在单位、社区等相关人员对能否适用缓免刑进行公开听证，使缓免刑适用受到社会各方面的监督。

2. 加大对职务犯罪分子财产刑的适用范围和幅度并增设罚金刑

职务犯罪不但有损国家的廉洁性，而且绝大部分职务犯罪行为还侵犯国家财产所有权，属于贪利性犯罪。因此，在职务犯罪案量刑时要运用罚金刑进行惩罚。罚金刑的数额可以按照犯罪数额的倍数来确定，犯罪数额越大，罚金数额应该越高，从而彻底消除犯罪分子牟利的贪念。同时，可以考虑把主动退赃、接受罚金、没收财产处罚作为法定从轻的情节。如果宣判前不主动退赃，不接受罚金、没收财产的，应从重处罚。最后，法院要加大财产刑的执行力度，及时对资产进行冻结，防范和避免犯罪分子转移财产；倘若有隐瞒资产的，刑满释放后，无论何时何地，发现有可供执行财产的，应继续执行。

3. 准确适用法律、做到宽严适度

法院在案件判决时要严格把握"情节严重""情节特别严重""重大损失""特别重大损失"等法律条文的内涵，弄清立法目的，确保法律的准确依法适用。对于自首、立功情节必须严格依法认定，从轻、减轻的比例幅度也需严格控制，从轻、减轻不是毫不限制的从轻、减轻，必须按照具体案情加以逐一的判断。应当明确"情节轻微""悔罪表现""确实不致再危害社会"等影响定罪量刑法定或酌定情节的具体认定标准，减少缓、免刑比例过高的人为操纵因素；对一些奢望服刑保留财产，拒不退赃、用赃款奢侈挥霍或者进行非法活动的，必须从严处罚，做到罚当其罪。

轻刑化的异化现象不仅表现在职务犯罪领域，而且在其他普通刑事犯罪领域也有所反应。比如，有个别借轻刑的旗号做出有违司法公平之事，尤其是在我国司法工作不透明、司法适用条件不清晰、司法人员素质参差不齐等背景下，一个具体的案件，到底该不该适用轻刑，更多地取决于司法人员的主观判断。这种司法的随意性滋生了腐败，也严重削弱了司法的公信力。因此，必须坚决防止轻刑化的异化现象，包括强化内外部监督，加大司法公开力度，统一司法适用标准（如进一步细化取保候审、不起诉、缓刑等的适用条件）等，堵住权力寻租的漏洞，使轻刑化成为公正透明环境下的一个司法运行常态。唯此，轻刑化才能被公众所认可，轻刑化才能成为不可阻挡的发展趋势，进而推动中国刑事法治体系朝着更科学和文明的方向前行。

结　语

　　轻刑化是一个大概念，它是刑事法体系和结构整体发展的一种趋势。刑事法本身也是一个大范畴，包括理论研究、刑事立法、刑事司法等各个方面，而其中的刑事立法又可细分为实体法、程序法、执行法，刑事司法又可以分为刑事侦查、审查起诉、刑事审判和刑事执行。因此研究刑事法的轻刑化，需要有大视野、宽思路，还要有全局观念。因为刑事法是一个很严肃的命题，触及刑事法就意味着有"大麻烦"了，一般来说不是什么"好事"，与刑事法的任何一个环节"沾边"，都让人倍感压力和痛苦。因此轻刑化是刑事法整体的轻刑化，任何一个环节的轻刑化都可以被包含在轻刑化之内，但只有全部的轻刑化才是真正意义上的轻刑化，才能真正使人降低与刑事法"亲密"接触所带来的"不爽"。

　　整体轻刑化是我们的目标，但在实践过程中，肯定是"大处着眼、小处着手"，从每一个环节的每一个细节中入手。这正如组织一个工程施工，会有若干个项目小组按照自己的进度计划开展工作，而这不可避免出现了一个问题，这些子项目由于彼此资源、水平、调度等因素，进度会有差别，如果不及时处理，就会"窝工"，严重的还会导致整体工程的返工。同样的道理，轻刑化在各个环节的进程也存在差异，必须高度重视这些差异导致的不协调问题，因为如果这些问题不能妥善解决，就会影响轻刑化的整体效果，严重的还会导致某一环节轻刑化成果因为无法得到相应回应而前功尽弃。因此，要采用一体化的思想，站在一定的高度，"又见树木还要见森林"，在推进各环节轻刑化的同时，宏观把握、协调配合，促进整体轻刑化的稳步发展。

在审视中外历史上轻刑化思想和实践的基础上，重点总结回顾了我国宽严相济刑事政策实施以来在制度层面和实践层面轻刑化的主要成果，这些成就让人感到欣喜和看到了希望。与此同时，本书也客观分析当前轻刑化存在的主要问题。在此基础上，对我国下一步轻刑化改革做出了总体规划：在构建"大刑法"统一平台的基础上，实体层面对犯罪按照罪刑轻重进行分层，然后制定严格的入罪标准，进一步严密法网，强化有罪必罚，降低刑罚总量，进一步扩大非监禁刑适用比例；程序层面则在侦查、起诉、审判和执行各个环节进行繁简分流，推行轻刑快审，减少审前羁押，保障当事人权益。

与此同时，必须认识到，轻刑化不仅要在理论和制度层面进行突破，而且还必须高度重视实践层面的推进。文章主要论述了要在四方面加大力度：一是改革现有考核机制。司法机关普遍存在内部考核机制，这些机制的某些运行与司法规律和"轻刑化"方向不符甚至"背道而驰"，必须进行改革，否则即使司法人员"有心"接受轻刑化，而迫于考核压力，也只能"顺其自然"。二是扩大民间组织的参与。轻刑化中大量的非羁押、非监禁措施的应用，必然极大地增加操作成本。而司法机关本身已经不堪重负的工作量实在难以面对这些"额外"的工作。因此，必须"发动群众"，引入社会力量，借助民间组织来更好地运行非羁押和非监禁的后续工作。三是改革刑罚附随后果体系。犯罪标签理论由来已久，在中国的实践可谓

"炉火纯青"，一旦成为"罪犯"，其本人、亲属乃至相关联系人都得被"株连九族"，时间延续甚至终生。因此，轻刑化改革，必须重视降低这些"法外施恩"，最大限度地将刑罚惩罚控制在合理的限度内。尤其是本文主张扩大犯罪圈，建立"大刑法"，更要极度重视将刑罚附随后果按照不同层级和种类的罪名进行重新挂接或者脱钩，坚决防止"好事办坏"。四是避免轻刑化的异化。以近年来热议的职务犯罪轻刑化问题为视角，分析了轻刑化理念及其实践被歪曲异化的危害，郑重阐明轻刑化的本来含义，划清轻刑化与被异化后的职务犯罪轻刑化的界限，防止轻刑化的宏大工程被某些异化因素所拖累甚至毁灭。

轻刑化在我国宽严相济刑事政策的背景下取得了可喜的成绩，但是必须清醒认识到，宽严相济刑事政策包含"宽"和"严"两部分内容，两者在不同的历史时期所占的分量有所不同。而轻刑化却是仅指向一个维度，那就是刑事法的轻缓和宽缓。因此，宽严相济在不同的时期对轻刑化的推动作用大小有所差别。但同时我们也必须认识到，辩证法始终强调对立统一，"严"和"宽"的比重虽然对轻刑化推动大小有差异，但"严"和"宽"又都是推动轻刑化必不可少的因素之一："宽"是轻刑化的应有之义，无须赘述；"严"是当严则严，"严"和"宽"的度是相对的，此时的"严"也许是彼时的"宽"，没有当有的"严"就无法衬托出该有的"宽"，没有必要的"严"，我们期盼的"宽"也会最终因为无法实现刑罚目的而被中断甚至废弃。因此，从这个意义上看，"严"是实现"宽"的必要条件，只有对部分行为的"严"，才能毫无顾忌地去实现对其他行为的"宽"，"严"和"宽"相生相伴，彼此互补，共同沿着轻刑化的方向前行。[1]

最后，笔者要坦诚，鉴于篇幅和能力有限，对轻刑化如此"硕大"的一个题目，笔者也只是挑选了一些比较重要的问题进行探讨。此外，对于某些重要的问题，笔者也没有详细论述，如对于下一步轻刑化改革中，在程序层面要扩大侦查、起诉、审判环节的繁简分流，扩大终结性处分权等问题，这些问题本身很重要，但在本文中只是略微描述，主要原因是这些问题已经有多个学者进行深入探讨，笔者能力有限，只想"站在他们肩膀上"继续攀登，因此选取了其他一些笔者感兴趣的且有发挥空间的点进行了探索。轻刑化是一个宏大的工程，笔者的文章仅是为此做了一点微不足道的贡献，笔者期盼有更多的仁人志士加入到轻刑化的研究事业中来，共同为推动轻刑化的发展做出积极的贡献。

---

　　[1]　自 2013 年开始，"两高"相继出台了《关于办理利用信息网络实施诽谤等刑事案件适用法律若干问题的解释》《关于办理醉酒驾驶机动车刑事案件适用法律若干问题的解释》《关于办理危害食品安全刑事案件适用法律若干问题的解释》等司法解释，体现了对部分行为的"严打"态势。此外，党的十八大以来，新一届党中央查处贪腐案件力度空前，民间对惩治腐败犯罪也呼声极高。因此，这些都体现了国家根据形势发展，在某些方面侧重宽严相济中"严"的成分。笔者认为，这些"严"顺应民心民意，顺应时代发展，是英明之举。但是，这些"严"绝非对宽严相济中"宽"的否定，更非对宽严相济刑事政策的否定。诚如前文所说，必要的"严"是为了更好地"宽"，只有此"严"，才能彼"宽"。因此，在对某些危害行为进行"疾风骤雨"的"严打"后，"经历风雨见彩虹"，我们会在不久后看到对其他行为更加的宽缓和宽容，中国轻刑化改革必将在新一届中央集体的领导下，迈开更大的步伐、取得更大的成绩，一个更加和谐文明的刑事法体系、法律体系、社会体系离我们越来越近，法治文明、社会文明的目标必定会逐步实现。

参考文献

一、著作类

1. 白建军:《罪刑均衡实证研究》,法律出版社 2004 年版。

2. 蔡枢衡:《中国刑法史》,中国法制出版社 2005 年版。

3. 陈光中:《〈中华人民共和国刑事诉讼法〉修改条文释义与点评》,人民法院出版社 2012 年版。

4. 陈光中:《刑事诉讼法》(第 5 版),北京大学出版社、高等教育出版社 2013 年版。

5. 陈瑞华:《比较刑事诉讼法》,中国人民大学出版社 2010 年版。

6. 陈瑞华:《程序正义理论》,中国法制出版社 2010 年版。

7. 陈瑞华:《刑事诉讼的前沿问题》(第 3 版),中国人民大学出版社 2011 年版。

8. 陈瑞华:《法律人的思维方式》,法律出版社 2007 版。

9. 陈兴良:《本体刑法学》,商务印书馆 2001 年版。

10. 陈兴良:《规范刑法学》(第 2 版)(上册),中国人民大学出版社 2008 年版。

11. 陈兴良:《判例刑法学》(上卷),中国人民大学出版社 2009 年版。

12. 陈兴良:《刑法的价值构造》(第 2 版),中国人民大学出版社 2006 年版。

13. 陈兴良:《刑法的知识转型》,中国人民大学出版社,2012 年版。

14. 陈兴良:《刑法适用总论》(下卷),法律出版社 1999 年版。

15. 陈兴良:《刑法哲学》(上),中国政法大学出版社 2009 年版。

16. 陈兴良：《刑法知识论研究》，清华大学出版社 2009 年版。

17. 储槐植、江溯：《美国刑法》（第 4 版），北京大学出版社 2012 年版。

18. 储槐植：《刑事一体化》，法律出版社 2004 年版。

19. 储槐植：《刑事一体化和关系刑法论》，北京大学出版社 1997 年版。

20. 储槐植：《刑事一体化论要》，北京大学出版社 2007 年版。

21. 储槐植等：《刑法机制》，法律出版社 2004 年版。

22. 邓正来、［英］J. C. 亚历山大编：《国家与市民社会：一种社会理论的研究路径》，中央编译出版社 2005 年版。

23. 《邓小平文选》（第 3 卷），人民出版社 1993 年版。

24. 杜雪晶：《轻罪刑事政策的中国图景》，中国法制出版社 2013 年版。

25. 冯卫国：《行刑社会化研究：开放社会中的刑罚趋向》，北京大学出版社 2003 年版。

26. 高铭暄、马克昌：《刑法学》（第 5 版），北京大学出版社，高等教育出版社 2011 年版。

27. 高铭暄、赵秉志：《新中国刑法立法文献资料总览》（中册），中国人民公安大学出版社 1998 年版。

28. 高铭暄编著：《中华人民共和国刑法的孕育与诞生》，法律出版社 1981 年版。

29. 高铭暄、马克昌主编：《刑法学》（第 6 版），北京大学出版社 2014 年版。

30. 高长见：《轻罪制度研究》，中国政法大学出版社 2012 年版。

31. 郭建安、郑霞泽：《限制对人身自由的限制——中国行政性限制人身自由法律处分的法治建设》，法律出版社 2005 年版。

32. 韩忠谟：《刑法原理》，北京大学出版社 2009 年版。

33. 何秉松主编：《刑法教科书》（2000 年修订·上卷），中国法制出版社 2000 年版。

34. 何华辉：《比较宪法学》，武汉大学出版社 1988 年版。

35. 何勤华等：《中西法律文化通论》，复旦大学出版社 1994 年版。

36. 洪浩：《检察权论》，武汉大学出版社 2001 年版。

37. 胡康生、郎胜主编：《中华人民共和国刑法释义》（第 3 版），法律出版社 2006 年版。

38. 胡联合:《转型与犯罪——中国转型期犯罪问题的实证研究》,中共中央党校出版社 2006 年版。

39. 胡云腾:《存与废——死刑基本理论研究》,中国检察出版社 2000 年版。

40. 黄华生:《论刑罚轻缓化》,中国经济出版社 2006 年版。

41. 黄卫平、王永成主编:《当代中国政治研究报告》,社会科学文献出版社 2009 年版。

42. 康树华:《当代中国热点与新型犯罪透视》,群众出版社 2007 年版。

43. 李海东:《刑法原理入门》(犯罪论基础),法律出版社 1998 年版。

44. 李希慧:《刑法各论》,中国人民大学出版社 2007 年版。

45. 梁根林:《刑事法网:扩张与限缩》,法律出版社 2005 年版。

46. 梁根林:《刑事政策:立场与范畴》,法律出版社 2005 年版。

47. 梁根林:《刑事制裁:方式与选择》,法律出版社 2006 年版。

48. (台)林东茂:《刑法综览》(修订五版),中国人民大学出版社 2009 年版。

49. (台)林山田:《刑罚学》,台湾商务印书馆股份有限公司 1983 年版。

50. (台)林山田:《刑法的革新》,台湾学林文化事业有限公司 2001 年版。

51. (台)林钰雄:《新刑法总则》,中国人民大学出版社 2009 年版。

52. (台)林钰雄:《刑事诉讼法》(上册总论编),中国人民大学出版社 2005 年版。

53. 刘仁文:《刑事一体化下的经济分析》,中国人民公安大学出版社 2007 年版。

54. 刘志伟:《刑法总论》,中国人民大学出版社 2007 年版。

55. 卢建平:《刑事政策与刑法变革》,中国人民公安大学出版社 2011 年版。

56. 卢建平:《中国刑事政策研究综述》,中国检察出版社 2009 年版。

57. 卢建平主编:《刑事政策学》,中国人民大学出版社 2007 年版。

58. 马克昌主编:《近代西方刑法学说史》,中国人民公安大学出版社 2008 年版。

59. 马克昌：《刑罚通论》（第 2 版）武汉大学出版社 1999 年版。

60. 马克昌主编：《外国刑法学总论》（大陆法系），中国人民大学出版社 2009 年版。

61. 苗有水：《保安处分与中国刑法发展》，中国方正出版社 2001 年版。

62. 欧阳涛等：《经济领域严重犯罪问题研究》，法律出版社 1984 年版。

63. 曲新久：《刑法的精神与范畴》（2003 年修订版），中国政法大学出版社 2003 年版。

64. 孙力：《罚金刑研究》，中国人民公安大学出版社 1995 年版。

65. 田兴洪：《宽严相济语境下的轻罪刑事政策研究》，法律出版社 2010 年版。

66. 王平：《中国监狱改革及其现代化》，中国方正出版社 1999 年版。

67. 王世洲：《德国经济犯罪与经济刑法研究》，北京大学出版社 1999 年版。

68. 王以真主编：《外国刑事诉讼法》（新编本），北京大学出版社 2004 年版。

69. 王勇：《定罪导论》，中国人民大学出版社 1990 年版。

70. 王作富：《刑法分则实务研究》（第 4 版）（中册），中国方正出版社 2010 年版。

71. 魏平雄等主编：《犯罪学教科书》，中国政法大学出版社 2008 年版。

72. 吴宗宪等：《非监禁刑研究》，中国人民公安大学出版社 2003 年版。

73. 吴宗宪：《西方犯罪学史》，警官教育出版社 1997 年版。

74. 夏宗素主编：《劳动教养制度改革问题研究》，法律出版社 2001 年版。

75. 薛剑祥：《宽严相济刑事政策及其司法实现》，法律出版社 2013 年版。

76. 肖金明：《行政处罚制度研究》，山东大学出版社 2004 年版。

77. 谢川豫：《危害社会行为的制裁体系研究》，法律出版社 2013 年版。

78. 杨仁寿：《法学方法论》，中国政法大学出版社 1999 年版。

79. 叶希善：《犯罪分层研究——以刑事政策和刑事立法意义为视角》，中国人民公安大学出版社 2008 年版。

80. 喻伟主编：《刑法学专题研究》，武汉大学出版社 1992 年版。

81. 张晋藩主编：《中国法制史》（第 3 版），中国政法大学出版社 2007

年版。

82. 张军等：《刑法纵横谈》（总则部分·增订版），北京大学出版社 2008 年版。

83. 张明楷：《刑法分则的解释原理》，中国人民大学出版社 2004 年版。

84. 张明楷：《刑法学》（第 2 版），法律出版社 2003 年版。

85. 张明楷：《刑法格言的展开》（第 3 版），北京大学出版社 2013 年版。

86. （台）张平吾编：《犯罪学与刑事政策》，台湾桃园警察大学出版社 1999 年版。

87. 张小虎：《刑罚论的比较与建构》（下卷），群众出版社 2010 年版。

88. 张远煌：《现代犯罪学的基本问题》，中国检察出版社 1998 年版。

89. 杨敦先、曹子丹：《改革开放与刑法发展：1992 年刑法学术研讨会论文精选》，中国检察出版社 1993 年版。

90. 杨春洗：《刑事政策论》，北京大学出版社 1994 年版。

91. 赵秉志主编：《扰乱公共秩序罪》，中国人民公安大学出版社 1999 年版。

92. 赵秉志主编：《刑法学总论研究述评》（1978—2008），北京师范大学出版社 2009 年版。

93. 赵秉志主编：《刑法总论》（第 2 版），中国人民大学出版社 2012 年版。

94. 赵秉志主编：《刑法总则要论》，中国法制出版社 2010 年版。

95. 赵秉志主编：《英美刑法学》（第 2 版），科学出版社 2010 年版。

96. 赵廷光：《量刑公正实证研究》，武汉大学出版社 2005 年版。

97. 赵志华：《论刑罚轻缓化的实现途径》，人民法院出版社 2012 年版。

98. 甄贞主编：《刑事诉讼法学研究综述》，法律出版社 2002 年版。

99. 郑泽善：《刑法总论争议问题研究》，北京大学出版社 2013 年版。

100. 周光权：《刑法总论》（第 2 版），中国人民大学出版社 2011 年版。

101. 叶希善：《犯罪分层研究——以刑事政策和刑事立法意义为视角》，中国人民公安大学出版社 2008 年版。

102. 郑伟：《重罪轻罪研究》，中国政法大学出版社 1998 年版。

二、论文类

1. 惠晓梅：《实行刑罚轻刑化之我见》，载《实事求是》2009 年第 3 期。

2. 储槐植：《论刑法学若干重大问题》，载《北京大学学报》（哲学社会科学版）1993 年第 3 期。

3. 李卫红：《当代中国犯罪观的转变》，载《法学研究》2006 年第 2 期。

4. 张宇琛：《中国刑法重刑化之文化解读》，载《湖南社会科学》2013 年第 1 期。

5. 储槐植：《美国刑事政策趋向》，载《北京大学学报》（哲学社会科学版）1985 年第 3 期。

6. 储槐植、赵合理：《国际视野下的宽严相济刑事政策》，载《法学论坛》2007 年第 3 期。

7. 黄华生：《两极化刑事政策之批判》，载《法律科学》2008 年第 6 期。

8. 卢建平：《犯罪分层及其意义》，载《法学研究》2008 年第 3 期。

9. 卢建平、叶希善：《犯罪分层与刑法完善》，载《中国犯罪学研究会第十六届学术研讨会论文集》（上册）。

10. 田兴洪、刘师群：《轻罪刑事政策论纲》，载《法学杂志》2010 年第 4 期。

11. 张智辉：《刑法改革的价值取向》，载《中国法学》2002 年第 6 期。

12. 刘家琛：《宽严相济 逐步实现刑罚轻刑化》，载《法学杂志》2006 年第 4 期。

13. 赵志华、鲜铁可：《轻刑化问题实证研究——以轻刑化趋势和犯罪态势的内在平衡为视角》，载《中国刑事法杂志》2011 年第 9 期。

14. 储槐植：《建立刑事一体化思想》，载《中外法学》1989 年第 1 期。

15. 储槐植：《再说刑事一体化》，载《法学》2004 年第 3 期。

16. 周光权：《刑法学知识传统中的"人"》，载《金陵法律评论》2001 年第 1 期。

17. 康树华：《新社会防卫论评析》，载《当代法学》1991 年第 4 期。

18. 鲜铁可：《安塞尔新社会防卫思想研究》，载《中外法学》1994 年第 2 期。

19. 储槐植：《欧美刑法改革》，载《国外法学》1987 年第 1 期。

20. 卢建平、叶良芳：《重罪轻罪的划分及其意义》，载《法学杂志》2005 年第 5 期。

21. 文史参考杂志社：《1949—2010：死刑 60 年》，载《文史参考》2010 年第 20 期。

22. 苏惠渔、孙万怀：《"严打"方针的刑法学思考》，载《法学》2002 年第 1 期。

23. 齐文远、周详：《"严打"方针的刑法学思考》，载《法学论坛》2002 年第 5 期。

24. 李恩慈：《论社区矫正的几个问题》，载《中国法学》2004 年第 4 期。

25. 王志祥、韩雪：《我国刑法典的轻罪化改造》，载《苏州大学学报》（哲学社会科学版）2015 年第 1 期。

26. 张明楷：《刑事立法的发展方向》，载《中国法学》2006 年第 4 期。

27. 刘艳红：《我国应该停止犯罪化的刑事立法》，载《法学》2011 年第 11 期。

28. 刘艳红：《〈刑法修正案（八）〉的三大特点——与前七部刑法修正案相比较》，载《法学论坛》2011 年第 3 期。

29. 赵秉志：《〈刑法修正案（七）〉的宏观问题研讨》，载《华东政法大学学报》2009 年第 3 期。

30. 卢建平、刘春花：《刑事政策与刑法的二重协奏——1949 年以来中国刑事政策的演进与刑法的变迁》，载《河北学刊》2011 年第 4 期。

31. 黄太云：《〈刑法修正案（八）〉解读》（一），载《人民检察》2011 年第 6 期。

32. 陈兴良：《〈刑法修正案（九）〉的解读与评论》，载《贵州民族大学学报》（哲学社会科学版），2016 年第 1 期。

33. 孙晓梅：《废除"嫖宿幼女罪"的研究综述》，载《中华女子学院学报》，2013 年第 3 期。

34. 梁根林：《中国死刑控制论纲——立足于具体国情的制度设计》，载《北大法律评论》2005 年第 1 期。

35. 陈兴良：《死刑政策之法理解读》，载《中国人民大学学报》2013 年第 6 期。

36. 陈立毅：《我国未成年人刑事案件社会调查制度研究》，载《中国刑事法杂志》2012 年第 6 期。

37. 蒋雪琴：《我国未成年人社会调查制度实践考察》，载《兰州大学学报》（社会科学版）2014第5期。

38. 姜涛：《刑罚轻缓化与中国刑罚制度改革》，载《四川警官高等专科学校学报》2006年第6期。

39. 宋英辉：《酌定不起诉适用中面临的问题与对策——基于未成年人案件的实证研究》，载《现代法学》2007年第1期。

40. 劳东燕：《公共政策与风险社会的刑法》，载《中国社会科学》2007年第3期。

41. 刘仁文：《关于调整我国刑法结构的思考》，载《法商研究》2007年第5期。

42. 邓文莉：《罚金刑配置模式之研究》，载《法学评论》2008年第4期。

43. 宫厚军：《刍议我国罚金刑之完善》，载《法学论坛》2006年第4期。

44. 蔡军：《刍议入罪慎行与严密法网二律背反之化解》，载《江西社会科学》2013年第6期。

45. 蔡雅奇：《我国现行罚金刑的缺陷及其完善略论》，载《法制与社会》2007年第12期。

46. 张明友，罗大成：《论我国刑法中的罚金刑》，载《重庆文理学院学报》（社会科学版）2008年第3期。

47. 杨凤宁：《罚金刑替代短期自由刑探讨》，载《法治论丛》2007年第1期。

48. 孙道萃：《犯罪分层的标准与模式新论》，载《法治研究》2013年第1期。

49. 王文华：《论刑法中重罪与轻罪的划分》，载《法学评论》2010年第2期。

50. 徐岱、刘佩：《论犯罪分层理论的立法走向——以宽严相济刑事政策为视角》，载《北方法学》2010年第5期。

51. 白建军：《犯罪轻重的量化分析》，载《中国社会科学》2003年第6期。

52. 赵廷光：《论罪行》，载《中国法学》2004年第3期。

53. 王文华：《论刑法中重罪与轻罪的划分》，载《法学评论》2010年第

2 期。

54. 王军、张寒玉：《公诉工作中对轻微犯罪实行轻缓刑事政策问题研究》，载《人民检察》2007 年第 4 期。

55. 郑丽萍：《轻罪重罪之法定界分》，载《中国法学》2013 年第 2 期。

56. 赵廷光：《罪刑均衡论的兴衰与罪责刑均衡论的确立》，载《山东公安专科学校学报》2003 年第 4 期。

57. 胡崇安：《"二·八"理念视野下的轻微刑事案件快速审理》，载《中国检察官》2009 年第 3 期。

58. 张菲菲：《刑事诉讼审前分流程序的构建》，载《江苏警官学院学报》2009 年第 2 期。

59. 杨波：《起诉便宜原则的法理性透析》，载《当代法学》2002 年第 3 期。

60. 高飞：《刑事简易程序改革与完善研究》，载《中国刑事法杂志》2008 年第 2 期。

61. 宋英辉：《我国刑事简易程序的重大改革》，载《中国刑事法杂志》2012 年第 7 期。

62. 杨雄、刘宏武：《论统一的刑事简易程序》，载《法学杂志》2012 年第 12 期。

63. 谢岸烨：《检察机关绩效考核制度之完善》，载《中国刑事法杂志》2009 年第 8 期。

64. 李震：《论刑罚轻缓化》，山东大学 2008 年博士学位论文。

65. ［法］马克·安塞尔：《从社会防护运动角度看西方国家刑事政策的新发展》，王立宪译，载《中外法学》1989 年第 2 期。

66. ［英］罗杰尔·胡德：《死刑废止之路新发展的全球考察》，付强校译，高铭暄点评，载《法学杂志》2011 年第 3 期。

67. ［德］汉斯·海因里希·耶赛克：《世界刑法改革运动概要》，载中国社会科学院法学研究所法学译丛编辑部编：《法学译丛》1981 年第 1 期。

三、译著类

1. ［德］弗兰茨·冯·李斯特：《德国刑法教科书》，徐久生译，法律出版社 2006 年版。

2. ［德］冈特·施特拉腾韦特、洛塔尔·库伦:《刑法总论Ⅰ——犯罪论》（第 5 版），杨萌译，法律出版社 2006 年版。

3. ［德］汉斯·海因里希·耶赛克、托马斯·魏根特:《德国刑法教科书》（总论），徐久生译，中国法制出版社 2001 年版。

4. ［德］克劳斯·罗克辛:《德国刑法学总论》（第 1 卷），王世洲译，法律出版社 2005 年版。

5. ［德］马克思、恩格斯:《马克思恩格斯选集》（第 3 卷），中央编译局译编，人民出版社 1972 年版。

6. ［德］马克斯·韦伯:《经济与社会》（下卷），林荣远译，商务印书馆 1997 年版。

7. ［法］孟德斯鸠:《论法的精神》（上册），张雁深译，商务印书馆 1982 年版。

8. ［法］米海依尔·戴尔马斯-马蒂:《刑事政策的主要体系》，卢建平译，法律出版社 2000 年版。

9. ［法］让·雅克·卢梭:《社会契约论》，何兆武译，商务印书馆 1963 年版。

10. ［美］R. M. 昂格尔:《现代社会中的法律》，吴玉章、周汉华译，中国政法大学出版社 1994 年版。

11. ［美］博登海默:《法理学——法律哲学与法律方法》，邓正来译，中国政法大学出版社 1999 年版。

12. ［美］哈伯特·L. 帕克:《刑事制裁的界限》，梁根林等译，法律出版社 2008 年版。

13. ［日］曾根威彦:《刑法学基础》，黎宏译，法律出版社 2005 年版。

14. ［日］川端博:《刑法总论二十五讲》，余振华译，中国政法大学出版社 2003 年版。

15. ［日］大谷实:《刑法讲义总论》（新版第 2 版），黎宏译，中国人民大学出版社 2008 年版。

16. ［日］大谷实:《刑事政策学》，黎宏译，法律出版社 2000 年版。

17. ［日］大冢仁:《犯罪论的基本问题》，冯军译，中国政法大学出版社

1993 年版。

18. ［日］大冢仁：《刑法概说》（总论）（第 3 版），冯军译，中国人民大学出版社 2003 年版。

19. ［日］山口厚：《刑法总论》（第 2 版），付立庆译，中国人民大学出版社 2011 年版。

20. ［日］田口守一：《刑事诉讼法》（第 5 版），张凌、于秀峰译，中国政法大学出版社 2010 年版。

21. ［日］西田典之：《日本刑法总论》，刘明祥、王昭武译，中国人民大学出版社 2007 年版。

22. ［日］盐野宏：《行政组织法》（第 3 版），杨建顺译，北京大学出版社 2008 年版。

23. ［意］切萨雷·贝卡里亚：《论犯罪与刑罚》，黄风译，北京大学出版社 2008 年版。

24. ［英］J. C. 史密斯、B. 霍根，《英国刑法》，马清升等译，法律出版社 2000 年版。

25. ［法］马克·安塞尔：《新刑法理论》，卢建平译，香港天地图书有限公司 1990 年版。

四、其他

1. 储槐植：《解构轻刑罪案，推出微罪概念》，载《检察日报》2011 年 10 月 13 日，第 3 版。

2. 付强、于艳丽：《建立健全动态绩效考核机制》，载《检察日报》2014 年 3 月 21 日，第 3 版。

3. 卢建平：《一个刑法学者关于醉驾入刑的理性审视》，载《法制日报》2011 年 5 月 25 日，第 10 版。

4. 赵秉志、张伟珂：《醉驾入罪的法理分析》，载《检察日报》2011 年 5 月 17 日，第 3 版。

图表索引

后　记

　　很多年前曾听一位资深的教授说过，硕士和本科的水平差不太多，但博士与硕士的水平差距则相去甚远，因为本科是掌握基础，硕士是了解前沿，博士则是站在前沿。当时觉得这些话很不理解，一步一个台阶读学位，为什么不是"等差序列"？也正是这种懵懵懂懂，才会让自己"初生牛犊不怕虎"，在硕士毕业工作若干年后，选择了继续攻读法学博士学位。能够有机会继续深造，除了自己的"无知者无畏"，还有我所在单位北京市海淀区检察院良好的学习研究氛围，在这里不是"不进则退"，而是"不快进则退"。当然，能够有机会"挑战"博士"皇冠"，最重要的还是我碰到了我的"领路人"——卢建平老师；时值卢导在我院挂职副检察长，常常因为案件、调研等事宜有机会与他"亲密接触"，久而久之，逐渐博得了他的"好感"，于是我"斗胆"提出了自己"跟他"的想法，卢老师宽厚仁心、爱兵如子，没办法拒绝我，只能"欣然接收"我这个弟子。入门前卢导明确：除了认真上课、参加学术活动外，必须把博士论文写好，不合格不许"出门"。

　　四年的博士学习生涯，让我感慨良多。与自己读本科、硕士时单纯的学校生活相比，博士学习则具有很强的目标性，视野开阔了以后自然想的也就多了。原本以为自己多年的检察工作经历、百余件的案件积累，肯定会让自己的博士学习，特别是博士论文写作轻松搞定，但真正投入到研究写作中去才发现这真是个艰苦卓绝的过程，彼时才体会到前文那个资深教授所说的，为什么硕士毕业会与博士毕业水平差距如此之大，那是因为博士论文的写作要投入多得多的精力。

人的差距多体现在思维能力的高下，而是否具有前瞻性思维则更是这种差距的关键所在。起初我的论文也想选择具体的罪名或是检察实务中的具体实操问题，多次甄别发现要么点太小、层次太低，要么缺乏指导意义，于是因此陷入迷茫中。但与卢老师进行多次"促膝谈心"后，让我在感受他独特个人魅力的同时，更加体会到他学术思想的博大精深和高瞻远瞩。尤其是卢老师的"犯罪分层"理论和设想，让我一下子对刑法从"看树木"到"看森林"，对刑法学整体和发展态势有了更深的理解。在卢老师的引导下，我开始对刑法的发展态势有了浓厚的兴趣，特别是结合宽严相济刑事政策的实施，对我国轻刑化趋势开始了深入的研究。通过艰苦的写作，我终于完成了自己的博士学位论文，那时我对中国刑法发展真正有了"一览众山小"的感觉，真正看到了中国刑法未来轻刑化不可逆转的发展趋势。

这本书是我阶段性思考和思维形成的结晶：通过研究刑法发展的轻刑化趋势，让我们看到了未来刑法修订的大致思路，也由此看到未来刑事法治发展的主要方向，更看到了未来我国法治建设的基本脉络。如果能在以后的刑事法发展的其他方面贡献绵薄之力，我将深感欣慰。再次感谢我的博士学习生涯，感谢我的导师卢建平教授，感谢我在北京市海淀区检察院工作的领导和同事，也感谢我的家人，有你们热情的支持和帮助，我会继续前行，为党的十九大报告中提出的"建设法治中国梦"做出更加积极的努力。